Le Cauchemar de Descartes

Stéphane Charpier

Le Cauchemar de Descartes

Albin Michel

À Jean-Marie et Suzanne

AVANT-PROPOS

> La science consiste à créer des dilemmes pour résoudre des mystères.
>
> FRANK HERBERT

Quand vous étiez enfant, et peut-être même encore aujourd'hui (c'est mon cas), vous aimiez toquer sur la paroi des aquariums et vous vous amusiez de voir les poissons se disperser soudainement dans toutes les directions. Ce que vous ne saviez pas, c'est que les poissons fuyaient en réalité un prédateur imaginaire. Peut-être aussi aviez-vous remarqué que, si vous frappiez le bocal à coups répétés, le nombre de poissons pris de panique diminuait. Pour vous, cette observation était anodine ; pour moi, elle se traduisit par cinq années de recherche fondamentale et dicta mon sujet de thèse de doctorat en neurosciences. Ce fut également le point de départ d'une longue série de travaux qui me conduisirent à explorer les mécanismes de perte de conscience au cours de certaines crises d'épilepsie (les crises d'absence), et aujourd'hui les frontières physiologiques du cerveau…

Dans la mémoire du poisson rouge

À la fin des années 1980, après avoir obtenu une licence de zoologie, puis une maîtrise de neurophysiologie, à l'université Pierre-et-Marie-Curie, je décidais de me lancer dans une carrière de chercheur, malgré les mises en garde des professeurs qui nous annonçaient, déjà à cette époque, que la profession était bouchée. La première difficulté fut de trouver un laboratoire et, surtout, un sujet de recherche. N'étant pas du sérail et Internet n'existant pas encore, je me procurai l'imposant annuaire papier de l'Inserm. Mon attention fut d'emblée attirée par un laboratoire de l'Institut Pasteur de Paris. Cette célèbre institution n'était pas exclusivement dédiée à l'étude des maladies infectieuses et aux mécanismes de l'immunologie, elle abritait aussi deux équipes de neurobiologistes. L'une était dirigée par le professeur Jean-Pierre Changeux, que la plupart des étudiants en neurosciences connaissaient grâce à son best-seller *L'Homme neuronal*, l'autre par le professeur Henri Korn (1934-2023), médecin et électrophysiologiste, disciple du prix Nobel de médecine 1963 John Carew Eccles, mais aussi membre du cabinet de Pierre Joxe, alors ministre de la Défense.

Je choisis de contacter le laboratoire d'Henri Korn, car l'une de ses thématiques (le réflexe de fuite des poissons) correspondait à l'interrogation, parmi d'autres, qui avait suscité mon envie de faire des études scientifiques : peut-on expliquer les comportements des êtres vivants sur la seule base de la physiologie ? Vous verrez qu'il s'agit de la question centrale de ce livre.

J'ai donc pris rendez-vous avec le professeur Korn, d'abord cordial. Il m'invita à déjeuner un samedi dans un fast-food et me questionna sur ma formation, ma famille, mais insista particulièrement sur ma vie privée, ce qui me surprit [1]. Je compris par la suite qu'il craignait qu'une relation sentimentale trop épanouie vienne interférer avec mes travaux. Il fut convaincu par mon intérêt pour la physiologie comparée et aussi par ma brûlante motivation – il faut dire que j'avais travaillé pendant mes études et mis de l'argent de côté pour effectuer un Diplôme d'études approfondies (l'équivalent de la seconde année de master aujourd'hui), étape indispensable pour postuler à un financement doctoral. Il accepta donc de me prendre en stage, mais sans doute parce que je n'étais pas issu d'un milieu scientifique, il garda ses distances, et nous ne nous sommes jamais tutoyés. Le thème de mes recherches a été fixé le jour même et d'un commun accord : comprendre les mécanismes à l'origine de la diminution de la probabilité de déclencher un réflexe de fuite chez *Carassius auratus* (autrement dit le poisson rouge) stimulé de manière répétée.

À quoi bon se lancer dans une telle étude, qui peut sembler confidentielle et abstraite au premier abord ? En premier lieu parce qu'elle traitait d'un phénomène d'adaptation comportementale ubiquitaire chez les vertébrés, appelé « désensibilisation », qui leur permet de réduire le nombre de leurs réponses à des sollicitations réitérées. Que se passe-t-il quand vous-même êtes surpris par un stimulus vif ? Vous sursautez, n'est-ce pas ; mais qu'il se répète trop souvent, et votre réponse disparaîtra. Il en va de même pour les poissons !

De plus, dans le cas des téléostéens (la majorité des espèces de poissons actuels, à laquelle appartient le poisson rouge), cette adaptation pouvait être directement analysée en plaçant des électrodes dans un neurone particulier : la cellule de Mauthner. Ce neurone d'une taille extraordinaire, découvert par le neuroanatomiste autrichien Ludwig Mauthner (1840-1894) à l'âge de dix-neuf ans, est présent sous la forme d'une paire unique chez les poissons rouges, un de chaque côté du cerveau. Lorsqu'on tape sur l'aquarium, c'est l'activation ultrarapide d'un des deux, provoquée par la propagation du son dans l'eau, qui déclenche la fuite fulgurante de l'animal vers le côté opposé de l'origine du bruit… et qui vous fait sourire ! Un neurone pour une action : voilà bien la situation idéale pour tout apprenti neurophysiologiste désireux d'élucider les mystères du déterminisme comportemental.

Mes recherches impliquaient de développer une procédure expérimentale extrêmement délicate, que je fus le seul à maîtriser en France. Je devais maintenir le poisson en vie en dehors de l'eau, ouvrir délicatement sa boîte crânienne et y placer de fines électrodes qu'il s'agissait ensuite d'insérer dans la cellule de Mauthner, ainsi que dans les neurones qui la connectent. Pour se placer le plus près possible des conditions physiologiques, la température de la salle d'expérimentation était celle de l'eau vive où aiment nager les poissons rouges, comprise entre 10 et 15 °C donc. Les expériences se poursuivaient souvent tard dans la nuit – il était impensable de les interrompre tant que les animaux étaient vivants –, et je revois mon amie de l'époque me tenir compagnie vêtue d'un gros pull, assise sur un tabouret près de moi en train de lire *Dune* de Frank Herbert, tandis que je me lançais à l'assaut des neurones…

Je me concentrais sur ceux qui forment des synapses dites « inhibitrices ». Ces connexions interneuronales libèrent en effet un neurotransmetteur (ici la glycine) qui avait la capacité de bloquer l'activation de la cellule de Mauthner. Expérimenter en physiologie implique de contrôler au mieux les paramètres biologiques tout en analysant ceux qui sont susceptibles de changer dans une condition donnée. Je décidais donc de mimer la répétition des stimuli naturels par des stimulations électriques répétées du nerf auditif du poisson, et d'examiner comment les neurones et les synapses étaient modifiés.

Ainsi, je m'aperçus une nuit que certaines synapses, qui n'étaient pas fonctionnelles avant le conditionnement du nerf, devenaient actives après ! Il était tard, mais je n'hésitai pas à appeler mon directeur de thèse pour lui annoncer la nouvelle. Il prit sa voiture et débarqua en pleine nuit au laboratoire, en pyjama. On scruta ensemble quelques tracés sur un oscilloscope : je venais de découvrir que l'on pouvait réveiller des synapses silencieuses, qui plus est inhibitrices, au cours d'un apprentissage [2]. Fort de ce renforcement de l'inhibition sur le neurone déclenchant la fuite, j'étais à même d'expliquer la réduction de la probabilité de déclencher la fuite chez le poisson, et donc de fournir une base cellulaire au phénomène de désensibilisation comportementale. Bingo !

Sidéré par les psychons

Être chercheur, ce n'est pas seulement faire des expériences, c'est aussi lire, beaucoup, et réfléchir. De nos jours, en quelques clics sur Internet, on a accès à la quasi-totalité de la littérature scientifique ; au début des années 1990, nous recevions les journaux scientifiques par la Poste. C'est ainsi que, chaque semaine, je consacrais une journée entière à la lecture des publications en neurophysiologie. En plein été, je découvris, médusé, dans la revue de l'Académie des sciences américaines, un article de John Eccles, intitulé « Evolution of Consciousness » (Évolution de la conscience) [3]. Le célèbre prix Nobel (l'ensemble de ses publications se trouvait sur une étagère du bureau d'Henri Korn), père fondateur de l'électrophysiologie que je pratiquais, défendait une théorie dualiste des relations entre la conscience et le cerveau, directement inspirée... de René Descartes ! Nous verrons bientôt pourquoi il donne son titre à ce livre.

Selon le neurophysiologiste, l'esprit, représenté par des grains psychiques (d'étranges « psychons »), pouvait agir sur le cerveau, via un procédé quantique [4], et ce depuis l'apparition du cortex cérébral chez les oiseaux au cours de l'ère secondaire (nous reviendrons en détail sur cette théorie). Eccles expliquait donc, par des arguments scientifiques, comment une entité immatérielle, l'esprit ou l'âme (le terme, à connotation religieuse, figure explicitement dans ses articles), ayant sa propre existence, possédant la force de la volonté et la richesse de la pensée, avait la capacité de contrôler notre cerveau et, par conséquent, notre existence. J'étais à la fois abasourdi de l'abandon d'un strict matérialisme par l'un des neurophysiologistes les plus éminents et prolifiques de tous les temps, et émerveillé qu'une théorie scientifico-spiritualiste s'emploie à résoudre l'un des plus grands mystères de l'évolution : l'émergence de la conscience.

À la même époque, je fis un rêve. J'étais allongé, immobile, sur un lit sans couverture dans une petite maison vide. Malgré l'absence de fenêtres, on y voyait comme en plein jour, et, bien que ses murs de pierre fussent impénétrables, je percevais clairement qu'elle se trouvait en pleine campagne toscane, un jour de printemps. Puis ma vision se recentra sur l'intérieur de la pièce. Là, debout à côté de moi, se trouvait maintenant le grand Léonard de Vinci. Il me montra, en le pointant du doigt, le mur contre lequel se trouvait ma couche. De fines gouttes d'eau ruisselaient, alors qu'il ne pleuvait pas dehors. Il me dit soudain, comme une sentence terrible : « La conscience, c'est ça ! »

Je n'ai pas cessé de penser à ce rêve. En écrivant ces lignes, je réalise que l'on pourrait aisément l'interpréter, de manière simpliste, comme une transposition métaphorique de mes lectures, les gouttes représentant les *psychons* et Léonard l'autorité de l'illustre neurophysiologiste. Mais ce serait sûrement passer à côté de l'essentiel, c'est-à-dire de ce qui n'est pas transposable à la théorie d'Eccles : la maison sans fenêtres et les murs épais, mais transparents. Là s'arrête mon intuition. Peut-être qu'à la lecture de cet ouvrage tout s'éclaircira, je vous laisse résoudre l'énigme…

Un dilemme et une volonté

Si je me suis attardé sur les recherches menées à l'Institut Pasteur, c'est qu'elles ont été déterminantes, à bien des égards, dans mes activités de neuroscientifique et de professeur d'université. Du point de vue méthodologique, je pus appliquer les techniques que j'avais acquises chez le poisson – notamment la possibilité de placer des électrodes à l'intérieur des neurones – à l'étude de nombreuses pathologies neurologiques chez les mammifères, comme les crises d'absence, quand j'eus l'occasion de monter un groupe de recherche au Collège de France ;

puis aux comas les plus profonds, et jusqu'aux conditions les plus critiques pouvant provoquer la mort du cerveau, depuis la création de mon équipe de recherche à l'Institut du cerveau à Paris. Quant à mes questionnements sur la conscience et ses relations avec le cerveau, ils nourrirent mes cours et stimulèrent même la création d'un enseignement dédié aux grandes questions relatives à une branche de la philosophie, la neurophilosophie, qui explore par la métaphysique le fonctionnement cérébral.

Depuis mes années à l'Institut Pasteur, un dilemme m'habite. Il est la graine qui a donné naissance à ce livre : un neurophysiologiste doit-il concentrer ses efforts sur les mécanismes biologiques des comportements, ou bien doit-il tenter de comprendre les relations entre le cerveau et la conscience ? Les deux, bien sûr, car les mécanismes sous-jacents sont nécessairement les mêmes dans les deux cas. Le temps passé à étudier le poisson rouge m'a appris que la physiologie des neurones et des réseaux de neurones pouvait expliquer intégralement un comportement complexe à très haute valeur évolutive. Quant à mes recherches sur l'épilepsie, elles ont montré comment des dysfonctionnements au niveau de certains neurones pouvaient, aussi à eux seuls, dissoudre le contenu de la conscience. Les neurones ont donc cette capacité extraordinaire : ils nous permettent d'agir rapidement et de manière adaptée, sans faire appel à notre conscience ; mais ils produisent également le contenu ineffable de notre pensée.

Les mécanismes à l'origine d'un comportement vital, comme le réflexe de sursaut, sont compréhensibles. En va-t-il de même pour la conscience ? Que nous apprend la science sur les relations entre le fonctionnement cérébral et la dimension subjective de la conscience ? Faut-il se résoudre au dualisme de Descartes-Eccles, dans lequel une transcendance toute-puissante (l'« esprit ») prendrait le contrôle de notre cerveau et de notre existence ? Et qu'est-ce que la conscience, au juste, et quelle est sa véritable fonction ?

Il est temps de se poser toutes ces questions. Marie, jeune femme imaginaire, pur produit de la neurophilosophie, nous ouvrira le chemin vers une résolution improbable de ces mystères…

CHAPITRE PREMIER

Quelque chose de plus

Le secret intérieur

> Il y a quelque chose de plus dans ce qui se passe en toi, seulement tu ne peux pas le dire ; tu ne peux qu'énoncer cette idée générale.
>
> LUDWIG WITTGENSTEIN

Plongeons vers un futur lointain, à une époque où les humains ont acquis un savoir scientifique colossal sur la vie et l'Univers. Afin de résoudre le dernier mystère qui échappe à la connaissance humaine, une jeune femme, du nom de Marie, a été confinée depuis sa naissance dans une pièce où les murs et les objets sont tous noirs ou blancs. Dans sa solitude achromate, la prisonnière reçut l'éducation la plus raffinée et complète, ayant accès à tous les savoirs, mais au moyen exclusif de livres, d'ordinateurs et d'autres documents ne contenant aucune image en couleur. Privée d'expériences visuelles colorées, Marie acquit néanmoins toutes les connaissances sur les propriétés physiques des ondes électromagnétiques, dont celles ayant des longueurs d'onde, comprises entre 380 (violet profond) et 760 (rouge vif) nanomètres, visibles par l'espèce humaine – bref, la lumière.

Elle devint par ailleurs experte dans les mécanismes neurophysiologiques impliqués dans la perception consciente des couleurs. Marie est incollable sur les réponses des photorécepteurs de l'œil aux quanta de lumière, sur la manière dont ces cellules transfèrent ces informations aux cellules formant le nerf optique, ainsi que sur la façon dont ces informations sont traitées dans la longue chaîne nerveuse connectant la rétine aux différentes aires corticales. La jeune femme, à l'instar du Démon de Laplace [1], cette créature omnisciente imaginée par le grand physicien français qui « [...] *connaîtrait toutes les forces dont la nature est animée et la situation respective des êtres qui la composent...* », sait donc tout sur le contenu et les propriétés du monde physique, incluant celles qui caractérisent ce dont elle a toujours été privée au cours de son existence : les couleurs et leur traitement par le cerveau.

De van Gogh à Memling

Un jour, l'expérience menée sur Marie prend fin, et elle est libérée de sa prison blafarde. Précipitée dans le monde réel au printemps, elle découvre « en vrai » les arbres, les fleurs, les cerises, les pommes, vertes et rouges, l'herbe et les dégradés gris-blanc des nuages percés de ciel bleu. Comment se représente-t-elle mentalement ce panache de couleurs dont elle n'avait jusqu'à présent qu'une connaissance théorique ? Est-elle surprise de ce qu'elle voit ? Ou pouvait-elle prédire ce flamboiement visuel ? Voici les questions que nous devons nous poser.

Enivrée par sa liberté retrouvée, elle s'empresse de visiter des lieux réputés renfermer des merveilles de la culture humaine. Elle se rend d'abord à la National Gallery de Londres (qui existe donc toujours), où, pour la première fois, elle se trouve face au tableau peint par Vincent van Gogh dans la campagne de Saint-Rémy-de-Provence en 1889, le *Champ de blé avec cyprès*. Ne se contentant pas de cette première visite, déjà éblouissante, elle saute dans un moyen de transport hypersonique et débarque après quelques secondes à Bruges, en Belgique. Direction le musée-hôpital Saint-Jean. Là, comme tous ceux qui ont eu la chance de pénétrer dans ce temple de l'art flamand, elle se fige devant le célèbre polyptyque de Hans Memling, *Le Mariage mystique de sainte Catherine* (1474-1479).

Marie connaît déjà ces deux chefs-d'œuvre, mais dans de piètres versions numériques en camaïeux de gris. Grâce aux nombreux programmes informatiques mis à sa disposition pendant sa captivité, elle maîtrise donc les noms et les fréquences de rayonnement des différentes couleurs présentes dans ces tableaux et est au fait des mécanismes grâce auxquels le cerveau humain en fait des représentations mentales de tableaux colorés. Mais – et c'est là le point épineux – elle ne les avait jamais vus « en vrai » auparavant.

Expérience de pensée

Essayons un instant de nous mettre à la place de Marie, découvrant par ses propres sens les couleurs ardentes de van Gogh et celles délicates de Memling. Précisons ici qu'il ne s'agit pas d'un récit de science-fiction, ou d'une fable sur l'avenir de l'humanité, mais

Marie connaissait la longueur d'onde des couleurs présentes dans le *Champ de blé avec cyprès* de Vincent van Gogh, et elle maîtrisait l'ensemble de leurs mécanismes de traitement par l'œil et le cerveau humains. Cela lui aurait-il suffi pour imaginer la version originale de l'œuvre face à cette version en niveaux de gris ?

d'une expérience dite « de pensée ». Cela vous rappellera peut-être, dans le champ de la physique, celle de l'indécis *chat de Schrödinger*. Le malheureux félin se retrouve dans un état « mort + vivant » lors d'une mise en scène imaginaire couplant les étranges propriétés des particules quantiques à une fiole de poison. Même si certaines de ces expériences de pensée sont matériellement réalisables (celle du chat l'est !), elles ne sont pas destinées à être exécutées dans un laboratoire, mais dans notre esprit. Leur but est de stimuler de la manière la plus efficiente nos réflexions sur de grandes questions scientifiques ou philosophiques en suspens.

L'expérience de Marie (irréalisable, celle-ci) relève de la « neurophilosophie », une branche de la métaphysique qui étudie les mystères de la conscience, en particulier sa nature et la manière dont elle nous informe sur la réalité du monde. Elle fut conçue, dans une version plus simple que celle proposée ici, par le philosophe australien Frank Cameron Jackson et apparut pour la première fois en 1986 dans un court mais fameux article au titre intriguant : « Ce que Marie ne savait pas [2] ».

L'incongruité de la situation dans laquelle était plongé le chat imaginaire était censée démontrer les lacunes (supposées) de ce qu'on appelle l'interprétation de Copenhague de la physique quantique. Stipulant que les particules élémentaires sont dans une superposition d'états avant qu'une mesure ne soit effectuée sur elles, le chat devrait, selon la théorie, être simultanément dans deux états incompatibles, mort et vivant, jusqu'à ce que la boîte dans laquelle il se trouve soit ouverte et son état mesuré. L'aventure de Marie nous pousse elle aussi à nous interroger sur la réalité du monde, mais en l'occurrence notre monde intérieur. Elle nous incite à réfléchir sur ce dont est faite notre conscience en nous mettant face à l'énigme suivante : Marie, qui connaît tout sur la théorie des couleurs et les mécanismes de leur perception consciente, apprend-elle quelque chose de nouveau quand elle les voit pour la première fois ?

Ce que Marie ne pouvait pas savoir

Si la conscience se résume à des phénomènes physiques, ici les réponses de la rétine et des neurones du cerveau à la perception des couleurs, alors Marie ne découvrira rien de nouveau devant les tableaux de van Gogh et Memling ! Elle ne sera pas surprise, car elle pouvait anticiper ce que cela « fait » de les voir en couleurs et de se les représenter mentalement. Cette réponse blasée à l'énigme de Jackson est la plus simple et commode. Elle reflète une théorie assez répandue concernant la nature de la conscience : le *physicalisme*. Cette doctrine énonce que toute expérience mentale, que ce soit la perception des couleurs, l'inspiration poétique, le sentiment amoureux ou la construction intellectuelle la plus sophistiquée, peut être « réduite » à des activités neuronales particulières qui, en elles-mêmes, possèdent toutes les informations contenues dans nos pensées et expliquent intégralement les phénomènes mentaux qui leur sont associés. Ainsi, la représentation mentale des couleurs serait équivalente aux réponses combinées de tous les neurones impliqués dans leur perception consciente. Dans cette théorie, l'activité neuronale *est* l'activité mentale, et réciproquement. Nous reviendrons en détail sur les limites, et l'absurdité avérée, d'une telle assertion, qui devrait nous conduire à localiser physiquement au sein du cerveau un phénomène de nature mentale.

Une réponse alternative au dilemme de Marie est que la prisonnière nouvellement confrontée au monde réel serait sidérée et émerveillée par une expérience inédite, et qui était imprévisible malgré toutes ses connaissances théoriques. Cette conclusion, qui découlerait d'une intuition antimatérialiste (rejetée par bon nombre de neurophilosophes) sur la nature des pensées, implique que toutes les propriétés physiques des neurones et du cerveau dans son ensemble ne suffisent pas à expliquer les dimensions subjectives et qualitatives des expériences mentales. Celles-ci constituent ce qu'on appelle l'aspect phénoménal de la conscience, qui englobe à la fois la représentation mentale de ce qui est perçu et le ressenti qu'elle procure. C'est par exemple ce qui se passe lorsque vous lisez ces lignes et que vous engendrez une image visuelle, une réflexion intérieure et un sentiment qui vous est propre.

Si cette conscience phénoménale ne peut être réduite à des mécanismes cérébraux, alors le *physicalisme* est une théorie erronée, et l'association cerveau-pensée serait ontologiquement un couple mixte, intriquant deux réalités de nature différente : la matérialité des neurones et la phénoménalité de l'expérience consciente qui en découle. La conséquence est qu'il était impossible que Marie puisse anticiper *ce que cela fait* de voir des couleurs, car leur représentation mentale est faite d'*autre chose* que de simples équations physiques et de réseaux de neurones, *autre chose* dont elle ignorait tout avant d'en faire elle-même l'expérience.

Vous avez probablement un avis sur l'« affaire Marie » et la nature de la conscience. Peut-être changera-t-il au cours de la lecture de ce livre. En 1934, le philosophe et mathématicien autrichien Ludwig Wittgenstein (1889-1951), camarade de classe d'Adolf Hitler, donna le sien sur cette épineuse question (rédigé au crayon sur un cahier d'écolier [3]), bien avant d'ailleurs que Jackson propose son expérience de pensée. Il rejeta sans détour un strict matérialisme de l'expérience mentale en affirmant qu'il y a *quelque chose de plus* en nous que nous ne pouvons pas « *dire* ». Ce *quelque chose*, d'intérieur et d'indicible, possède un nom en philosophie de l'esprit : les *qualia*. Chacune de nos expériences perceptuelles, de nos sensations corporelles, de nos passions, de nos désirs, de nos émotions, et même de nos « états d'esprit » constitue des *qualia* distincts. C'est de leur association à un instant donné que naît la conscience phénoménale.

Pour le philosophe autrichien, les *qualia* semblent irréductibles à des objets ou des processus physiques, elles sont *autre chose*. Nous reviendrons sur le caractère indicible des *qualia*, mais prenons déjà un exemple pour bien saisir la nature exceptionnelle des phénomènes mentaux. Comment décrire la sensation particulière produite par la perception consciente de la couleur jaune des blés dans le tableau du peintre à l'oreille coupée ? Il ne s'agit pas ici de donner sa longue d'onde précise (quelque part entre 578 et 592 nm), ni de faire un exposé sur l'histoire de l'art ou d'établir des correspondances entre le jaune de van Gogh et nos expériences passées, mais bien d'exprimer par des mots le phénomène mental provoqué par sa vue. Vous conviendrez que le défi, apparemment rudimentaire, qui nous est lancé sur la dicibilité des *qualia* est en fait immense, et peut-être insurmontable.

Une impossible définition

Il est extraordinaire que la conscience phénoménale, ce *quelque chose de plus* que *l'on ne peut pas dire* et qui constitue l'une des principales (ou supposées telles) opérations du cerveau, ne fait l'objet d'aucun consensus, ni pour sa définition ni pour les mécanismes qui la sous-tendent. Afin de bien apprécier cette singularité, comparons le cerveau avec un autre organe, vital lui aussi : le cœur. Le fonctionnement cardiaque est maintenant bien connu, les cellules capables d'autorythmicité (pacemaker, dit-on, en langage physiologique) qui sont à la source du battement cardiaque ont été explicitement décrites, et les mécanismes qui contrôlent la fréquence et la force de contraction du cœur sont parfaitement identifiés. Quant à sa fonction principale, la circulation sanguine, elle peut être définie de manière univoque comme le « *mouvement du sang dans les différents vaisseaux sous l'impulsion de la pompe cardiaque*[4] ».

Quitte à froisser mes collègues cardiologues, le fonctionnement du cerveau, quelle que soit sa taille et quelle que soit l'espèce considérée, est bien plus complexe que celui de n'importe quel cœur. La manière même avec laquelle un simple neurone traite l'ensemble des informations qui lui parviennent, principalement sous la forme de courants électriques produits par des milliers de synapses – ces connexions entre les neurones qui libèrent les neurotransmetteurs –, fait toujours l'objet de recherches. Quant aux vastes réseaux de neurones qui relient les différentes zones du cerveau, on ignore toujours comment ils façonnent les activités qui sous-tendent la sensorialité, la motricité, la cognition et la conscience. Il est néanmoins possible de définir de manière acceptable par chacun d'entre nous ce que sont un mouvement, un processus sensoriel ou une tâche cognitive, sans avoir besoin pour autant de connaître l'intégralité des mécanismes neuronaux sous-jacents. Mais en va-t-il de même pour la conscience phénoménale ? La réponse est non.

Tautologies

Depuis des siècles, nous butons sur notre incapacité à trouver une définition unanime de la conscience phénoménale, alors que nous utilisons cette propriété de notre cerveau environ seize heures par jour, sans nous demander (alors même que nous le devrions) ce qu'elle *est* et ce qu'elle apporte à notre existence. Je teste tous les ans cette bizarrerie gnoséologique dans mes cours de neurophilosophie auprès des étudiants de Sorbonne Université. Encouragés à donner leur propre définition de la conscience, ces apprentis physiologistes, qui savent déjà manier les principes fondamentaux de la biologie et des neurosciences, livrent des définitions variées, souvent astucieuses, mais qui ont toutes comme point commun d'être tautologiques : « *l'état mental qui nous permet de comprendre et de répondre à votre question, monsieur* ! », « *la capacité à connaître le monde qui nous entoure* », ou encore « *nos sensations et nos volontés* ». « État mental », « comprendre » « connaître », « sensations », « volonté » sont autant de termes qui ne sauraient être compris sans faire préalablement référence à la conscience elle-même.

Voyons si les neurophilosophes professionnels se débrouillent mieux que mes étudiants. Commençons par l'un des plus influents dans le domaine, John Searle, professeur de philosophie à l'université de Californie à Berkeley. C'est à lui, et non à un neurobiologiste, que la prestigieuse revue scientifique *Annual Review in Neuroscience* s'est adressée en 2000 pour faire le point sur la délicate question de la conscience [5], comme si un philosophe était mieux placé pour la traiter. Il proposa la définition suivante :

> *La conscience consiste en des états internes qualitatifs et subjectifs, et de processus de prise de conscience* [6] *et de sensibilité. La conscience, ainsi définie, commence lorsque nous nous réveillons le matin après un sommeil sans rêve et se poursuit jusqu'à ce que nous nous rendormions, mourions, tombions*

dans le coma ou devenions « inconscients » d'une autre manière.

Il est frappant de réaliser à quel point cette définition, qui est celle généralement acceptée par la communauté des neuroscientifiques[7], est pléonastique. Comment appréhender les termes « *états internes qualitatifs et subjectifs* » sans une définition préalable du concept de conscience ? La définition de Searle n'est finalement qu'une sorte de description minimaliste, presque triviale, de la conscience, où l'on apprend que, lorsque nous sommes inconscients… nous ne sommes pas conscients, et réciproquement !

On remarquera aussi, et c'est peut-être le plus problématique, qu'il n'est fait aucune référence au cerveau, alors que, et jusqu'à preuve du contraire, pas de conscience sans cerveau (même si la réciproque n'est pas nécessairement vraie, comme nous le verrons…). Il manque aussi une propriété fondamentale de la conscience qui ne peut en aucun cas être omise : l'*état de vigilance*, qui fait que nous sommes éveillés et attentifs ou endormis profondément, ou quelque part entre les deux. C'est sur ces « états » de conscience que se bâtissent et se dissolvent nos expériences internes. La conséquence est que la conscience doit être représentée selon au moins deux dimensions (nous en ajouterons deux autres) de nature distincte : une dimension interne et qualitative (celle de l'expérience subjective, comme l'indique Searle), et une dimension quantitative, que je qualifierai indifféremment d'*état de conscience* ou d'*état de vigilance*. Négliger cette dernière dimension, comme le fait le philosophe californien (et la plupart des neurophilosophes), consiste à amputer la conscience de la scène sur laquelle apparaît son contenu. Privées de l'état d'éveil, les expériences internes nous resteraient invisibles, comme des comédiens muets évoluant dans une salle noire. Attention ! de telles situations peuvent exceptionnellement se produire, mais, comme nous le découvrirons plus loin, ces expériences hors norme se révèlent effrayantes et même dangereuses.

Un concept primaire

La difficulté rencontrée par mes étudiants et par John Searle semble inhérente à tous ceux qui s'efforcent de formuler une définition univoque et non tautologique de la conscience. Elle ressemble à celle de saint Augustin (354-430) s'interrogeant sur le temps [8]: « *Qu'est-ce donc que le temps ? Si personne ne me le demande, je le sais ; mais si on me le demande, je ne le sais plus.* » Prenons un instant pour tenter l'expérience de pensée du théologien de Thagaste (aujourd'hui Souk Ahras, en Algérie), mais appliquée cette fois à la conscience. Interrogeons-nous, vous qui lisez et moi qui écris, sur ce qu'*est* notre conscience à cet instant. Je pense que nous avons tous compris. Notre expérience consciente s'impose comme une évidence existentielle qui instaure notre présence à chaque instant : elle est *nous*. La conscience est donc une sorte de *concept primaire*, au même titre que le temps, et nous ne pouvons imaginer l'absence de l'une ou de l'autre. La conséquence est que nous ne pouvons décrire ce que nous éprouvons consciemment qu'au moyen de métaphores ou de périphrases (qui ne sont que des mots), et que nous sommes incapables d'utiliser le langage pour rendre compte de l'expérience consciente telle qu'elle *est* ! Wittgenstein (encore lui) a donc raison lorsqu'il nous dit, avec sa clarté habituelle : « *Mais l'expérience que je possède semble, en un certain sens, remplacer la description de cette expérience. Elle est sa propre description*[9]. »

Questionner l'indicible

Il faut l'accepter : la conscience phénoménale – sans jamais pouvoir la définir – apparaît comme un concept ou une expérience première, indéfinissable en dehors d'elle-même. Mais est-ce pour autant un obstacle à une étude scientifique de la conscience ? Après tout, le temps, l'espace et la matière, autres concepts fondamentaux qui connaissent la même difficulté à trouver une définition, sont étudiés avec succès par les physiciens sans que leurs recherches soient bloquées par d'interminables débats philosophiques. On doit en conclure qu'il n'existe pas d'impossibilité de principe à une étude scientifique de la conscience, même dans sa dimension indicible.

Armé des outils de la neurophysiologie – les seuls dont je dispose pour affronter le problème de la conscience –, je vous propose un voyage périlleux aux confins des neurosciences. Nous croiserons des philosophes inspirés, mais ignorants du fonctionnement du cerveau ; des neurophysiologistes capables d'expérimenter le libre arbitre et des neurologues médusés au chevet de véritables zombis. Le but de notre périple ? Enquêter sur la nature, l'origine et le rôle de ce *quelque chose de plus*, entendez cette expérience intérieure (ou « privée », comme la qualifie aussi Wittgenstein) qui fonde notre présence au monde, et qui fait ce que l'on *est* en nourrissant notre existence consciente.

Une question surgit toutefois : si ce *quelque chose* n'est pas de nature physique, de quoi est-il donc fait ? De particules de conscience, équivalentes aux quanta de la physique, comme certains le proposent ? Serait-il assimilable à l'âme, ce principe spirituel spécifiquement humain, immortel et de création divine ? Il aurait alors une existence propre, dissociée de celle du corps comme le suggérait Descartes, ou comme pensait l'avoir démontré John Eccles, un des pères fondateurs de la neurophysiologie moderne.

Chimères surnaturelles ? Certainement, car l'inférence entre le contenu de la conscience et une activité cérébrale préalable – selon un processus de cause à effet – est indiscutable. Et cela, nous le savons depuis 1909, lorsque Harvey Cushing (1869-1939), pionnier de la chirurgie du cerveau, a montré qu'une stimulation électrique d'une petite zone du lobe pariétal produisait à elle seule une expérience sensorielle [10]. Nous verrons plus loin que des contenus subjectifs bien plus complexes peuvent être déclenchés par la mise en jeu artificielle du cortex cérébral, démontrant davantage le lien de cause à effet du cerveau vers le mental.

Mais sommes-nous pour autant capables aujourd'hui de proposer une théorie scientifique complète expliquant la nature de la conscience phénoménale et ses modalités d'émergence à partir des neurones ? Nous verrons qu'à l'instar de la physique, les lois de la conscience sont loin d'être unifiées, même si d'énormes progrès ont été faits récemment sur les corrélations entre activité métabolique et électrique du cerveau et expériences mentales. Les théories foisonnent cependant, démontrant à la fois l'imagination sans bornes des neurobiologistes quand ils s'efforcent d'expliquer l'origine des phénomènes conscients et l'impasse dans laquelle ils se trouvent lorsqu'il s'agit de comprendre l'une des fonctions les plus (apparemment) importantes du cerveau.

Certaines hypothèses sont farfelues, ou purement spéculatives ; d'autres s'appuient sur de solides observations expérimentales, comme un nouveau modèle que je proposerai, associant dans un espace à quatre dimensions les facettes objectives et subjectives de la conscience. Mais toutes butent sur l'explication des (nécessaires) mécanismes de conversion des activités neuronales en contenu mental. Cette énigme, qui a surgi avec fracas au XIXe siècle grâce au découvreur de l'influx nerveux (le potentiel d'action), constitue encore aujourd'hui le plus grand défi des neurosciences, nommé à juste titre le « problème difficile ».

Les problèmes ne s'arrêteront d'ailleurs pas là. Il faudra aussi trouver une fonction à la dimension phénoménale de la conscience. Par essence insubstantielle, est-elle néanmoins requise dans nos comportements volontaires, ceux-là mêmes que nous croyons être déterminés par des choix libres et raisonnés, ou n'est-elle en définitive qu'une production annexe de notre cerveau ? Nous verrons que la science et la médecine ont tranché sur cette question, et que nous devrons remettre en cause l'existence de notre si précieux libre arbitre, en balayant notre certitude de pouvoir contrôler en toute conscience, et en toutes circonstances, nos actes.

Le résultat de notre enquête sera difficile à admettre, mais il demeure sans appel : le cerveau n'en fait qu'à sa tête, et la conscience phénoménale qui en émerge a tout d'un épiphénomène, un sous-produit des neurones. Et même si elles fondent notre chère subjectivité, les expériences mentales, en tant que telles, sont sans effet ni sur le cerveau lui-même, ni sur nos comportements, ni sur le monde physique.

Pour arriver à cette conclusion, nous devrons nous attaquer, électrodes en mains, aux mécanismes neuronaux de la conscience, et à son rôle dans notre existence. Mais, pour commencer, examinons la théorie la plus ancienne, et toujours la plus répandue, celle d'une séparation existentielle entre notre esprit et notre corps : le dualisme.

CHAPITRE 2

Conscience et cerveau

L'homme dual

> Tu feras de l'âme qui n'existe pas
> un homme meilleur qu'elle.
>
> René Char

Même si elle est énoncée différemment selon les époques, la « question de la conscience » se réfère toujours aux délicates relations qu'entretient l'esprit (parfois confondu avec l'âme, par ceux qui possèdent des convictions religieuses) avec le corps (ou le cerveau), connues sous la formulation fourre-tout de « *problème esprit-corps* ». Posé dans ces termes, le « problème » instaure d'emblée une distinction de nature entre l'esprit et le cerveau. Il devient alors double : celui de la nature de l'esprit et des relations (réciproques ou non) opérant entre deux mondes distincts, le monde mental et le monde physique. La première théorie scientifique qui naîtra de cette dichotomie est le *dualisme interactionniste*, dont René Descartes fut, et demeure, le champion. Dès le début de son *Traité de l'Homme* [1], le physicien-philosophe campe les bases de sa vision clivée de l'humain :

Les hommes sont composés, comme nous[2]*, d'une Âme et d'un Corps. Et, il faut que je vous décrive, premièrement le corps à part. [...] je suppose que le corps n'est autre chose qu'une statue ou machine de terre...*

Dans sa version moderne et profane, le dogme dualiste de Descartes mêle âme et conscience dans un même creuset métaphysique. L'âme doit alors être comprise comme l'aspect phénoménal de la conscience, ce que Searle appelle « *états internes qualitatifs et subjectifs* ».

Selon l'auteur des *Méditations métaphysiques*, cette forme de conscience est distincte par nature du cerveau et mène sa propre existence, mais elle est connectée au corps selon un processus extrêmement bien huilé. Il le résume ainsi : un flux d'« esprits animaux » (sorte de gaz subtil), habilement dirigé par la glande pinéale sous le contrôle de l'âme, s'écoule dans des nerfs creux et détermine nos sentiments et nos actions. Cette glande, également appelée épiphyse, possède une position anatomique centrale dans le cerveau, mais ses fonctions sont bien moins extraordinaires que celles envisagées par Descartes. Son rôle principal est la production rythmique de mélatonine, l'« hormone de la nuit », qui joue un rôle essentiel dans la coordination des rythmes circadiens en relation avec les cycles d'illumination[3]. Régulant les états de vigilance, sa relation avec la conscience est donc indirecte.

Le mécanisme cartésien était purement hypothétique en son temps, et il a été prouvé qu'il était définitivement faux quand un naturaliste hollandais du nom de Jan Swammerdam (1637-1680) démontra que les « esprits animaux » n'existaient pas[4]. Vous pourriez penser que le dualisme cartésien ne fut qu'une page importante de la

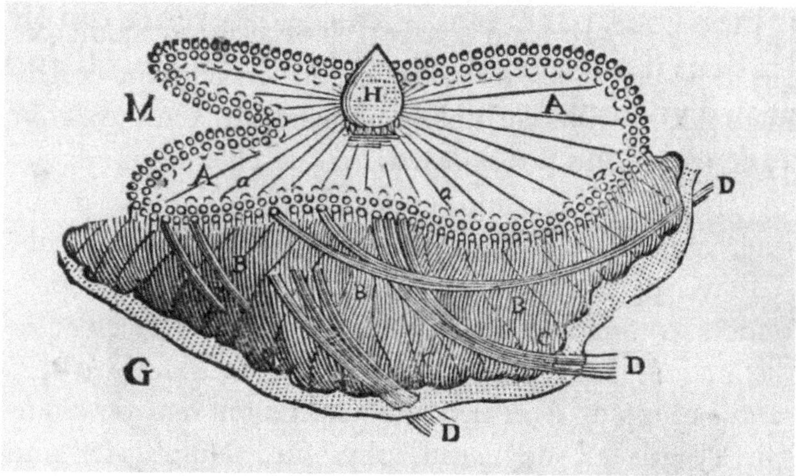

Dans sa théorie dualiste, Descartes fait de la glande pinéale (H) le réceptacle des esprits animaux, où convergent toutes les impressions sensorielles et d'où le cerveau commande les mouvements en propulsant les esprits animaux dans les nerfs (D) puis dans les muscles, permettant ainsi leur contraction.

neurophilosophie, aujourd'hui tournée. Il n'en est rien, comme nous allons le découvrir…

Un dualisme bien ancré

En 2009, deux services de neurologie européens, l'un en Belgique, l'autre en Écosse, ont effectué une enquête conjointe auprès d'étudiants en science et de personnels de santé sur le « problème esprit-corps » [5]. Les quatre propositions à approuver ou rejeter étaient les suivantes (je vous encourage à passer le test !) : l'esprit et le cerveau sont deux choses différentes ; une part spirituelle de nous survit après la mort ; chacun de nous possède une âme qui est séparée du corps ; l'esprit est fondamentalement physique.

Que croyez-vous qu'il arriva ? Il est clair qu'acquiescer aux trois premières affirmations tout en réfutant la dernière fait de vous un dualiste convaincu. On aurait pu s'attendre à une position matérialiste chez les étudiants en science. Eh bien non. Leurs réponses vont très majoritairement dans le sens d'un dualisme transcendantal ! À l'inverse, les personnels soignants, habitués aux souffrances conjuguées de la chair et de l'esprit, nient la distinction de nature entre la conscience et le corps, tandis que plus d'un tiers d'entre eux refusent de croire que l'esprit est de nature physique ! Notons ici une certaine contradiction, car, si l'esprit et le corps sont de même essence, alors la conscience est nécessairement quelque chose de matériel.

J'ai relevé la même ambivalence chez mes étudiants, et chez divers membres de mon laboratoire, pourtant solidement ancrés dans la matérialité du cerveau ! Il semblerait que nous ayons tous (ou presque) une sorte d'intuition de l'immatérialité de nos expériences conscientes, même si nos recherches nous conduisent à disséquer les propriétés physiques des neurones et du cerveau. Ce que l'enquête belgo-écossaise a aussi montré, et cette fois c'est peu étonnant, c'est qu'une croyance religieuse monothéiste est le meilleur prédicteur des attitudes dualistes, lesquelles sont majoritaires chez les femmes et les jeunes adultes.

Quand la conscience quitte le corps

Esprit *vs* corps : le dualisme métaphysique reçoit aujourd'hui un soutien inattendu, celui de médecins spiritualistes qui, se penchant sur le délicat problème des

« expériences de mort imminente » (ou EMI), ont cru y déceler la preuve d'une âme séparée du corps et portant en elle à la fois la conscience de soi et une représentation sensorielle du monde extérieur. Révélées au grand public en 1975 par le célèbre ouvrage du médecin et philosophe américain Raymond Moody, *La Vie après la vie*[6], les EMI ont été longtemps reléguées au rang de sornettes surnaturelles inspirées par un spiritisme désuet.

De nos jours, à ma connaissance, aucun scientifique ou médecin ne nie leur existence, et nous développons actuellement dans mon laboratoire une recherche académique visant à percer leurs mécanismes. Elles surviennent généralement chez des personnes ayant subi un stress physiologique considérable, comme un arrêt cardiorespiratoire ou un accident potentiellement mortel, au cours duquel les sujets ont frôlé la mort. À leur « retour » – notons qu'ils n'ont jamais été morts, puisqu'on ne revient pas de la mort –, les « expérienceurs » (c'est ainsi qu'on les nomme) relatent des sensations ou des aventures hors du commun, qui seraient survenues alors qu'ils étaient (apparemment) plongés dans un état de profonde inconscience.

Les « expériences » à l'approche de la mort sont différentes d'un sujet à l'autre, mais toujours d'une intensité extraordinaire[7]. Elles mêlent parfois un sentiment de félicité ou de plénitude à un voyage furtif dans un tunnel de lumière, où certains rencontrent une personne aimée, souvent décédée, qui les enjoint de retourner au plus vite dans le monde des vivants. Certains expérienceurs se sentent tout-puissants, contemplant un paysage cosmique ou voyageant à la façon d'un trait de lumière dans l'espace interstellaire. D'aucuns affirment que leur esprit a quitté leur corps. Au cours de ces expériences de décorporation (ou extracorporelles), le point de vue perceptif s'élève, et le pseudo-explorateur de l'au-delà accède à une vision extériorisée de sa propre enveloppe charnelle. Enfin, d'autres encore ressentent une accélération du temps ou revivent dans un cinéma intérieur fulgurant (une « revue de vie ») les principaux événements de leur existence.

Le phénomène mental au cours d'une EMI est toujours exacerbé, et son contenu est fantasmagorique, analogue à celui provoqué par la consommation de certaines substances hallucinogènes, comme les psychédéliques qui agissent sur un neuromodulateur cérébral, la sérotonine [8]. Les EMI constituent un double défi pour les neurophysiologistes : déterminer l'instant précis de leur survenue et élucider leurs mécanismes dans le cerveau. Pour ceux qui tentent de forger une explication rationnelle, répondre à la seconde question requiert préalablement d'avoir répondu à la première, car comment identifier le substrat neuronal d'un phénomène mental si on ignore à quel moment il survient ? Et c'est là où le bât blesse !

À l'instar du rêveur qui raconte son rêve une fois réveillé, l'*expérienceur* ne peut relater son voyage prodigieux qu'après avoir retrouvé un état d'éveil conscient. Dans le cas d'un arrêt cardiaque, par exemple, l'EMI peut théoriquement avoir lieu pendant toute la période critique, depuis la perte de conscience, quelques secondes après le dernier battement du cœur, jusqu'à la capacité à s'exprimer de nouveau. Deux, et deux seules, possibilités se présentent alors.

L'hypothèse la plus répandue est que l'expérience se produit peu de temps après que le cerveau a été privé de sang oxygéné, à un moment où le cortex cérébral montre un regain d'activité similaire à celui qui signale la production d'expériences conscientes [9]. Toutefois, nous avons récemment proposé dans notre laboratoire un autre mécanisme. Les EMI se produiraient au cours du « retour », lorsque l'activité cérébrale redevient progressivement normale en passant par des patterns électriques comparables à ceux des hallucinations chez les schizophrènes [10]. Nous avons montré par ailleurs qu'il fallait exclure la période intermédiaire, au cours de laquelle le tracé électroencéphalographique est plat, car les neurones demeuraient alors inactifs et incapables de traiter quelque information que ce soit [11]. Un tel état cérébral, aréactif et sans activité neuronale spontanée, exclut toute possibilité d'activité mentale et est toujours associé à un coma profond.

Quant au contenu des EMI, des mécanismes cérébraux bien connus peuvent être envisagés, sans recourir à des phénomènes paranormaux. Leur ressenti, ponctuellement euphorique, et leur caractère hallucinatoire pourraient s'expliquer par un dysfonctionnement de certains neurones qui, soumis à une privation d'oxygène, libéreraient en excès dans le cerveau divers neuromodulateurs, affectant l'humeur et altérant l'imagerie mentale [12]. Il en va de même pour les expériences extracorporelles, qui surgissent spontanément lors de crises d'épilepsie ou à la suite de lésions cérébrales [13], voire sont déclenchées artificiellement par une stimulation électrique appliquée à la frontière entre les lobes temporal, pariétal et occipital, dans une zone nommée gyrus angulaire [14].

Une conscience désincarnée

Toutes ces explications neurophysiologiques ne suffisent pas à convaincre certains experts de l'EMI, qui préfèrent évoquer des mécanismes surnaturels, en remettant en cause la relation « classiquement » admise entre la conscience et le cerveau. Pour les plus extrêmes, il s'agit de convoquer un passage dans le monde des morts, au cours duquel l'esprit fuit temporairement le corps, alors que le cerveau a cessé de fonctionner. Les adeptes de telles théories paranormales ne sont pas les moins connus et influents. On compte donc dans leurs rangs Raymond Moody lui-même, mais aussi Bruce Greyson, professeur de psychiatrie et de sciences neurocomportementales à l'université de Virginie, et qui étudia les EMI pendant près de cinquante ans, et le célèbre cardiologue néerlandais Pim van Lommel. Ce dernier acquit une influence considérable dans le domaine lorsqu'il publia, en 2001, l'une des plus grandes études rétrospectives sur les survivants d'une crise cardiaque dans la prestigieuse revue *The Lancet*[15]. Prétendant que les EMI surviennent alors que l'électro-encéphalogramme est plat (signe d'un arrêt des activités et des fonctions cérébrales[16]), il n'hésite pas à proposer l'interprétation suivante :

> *Les EMI repoussent les limites des idées médicales sur les possibilités de la conscience humaine et la relation esprit-cerveau. Une autre théorie soutient qu'elles pourraient être un changement d'état de conscience (transcendance), dans lequel l'identité, la cognition et les émotions fonctionnent indépendamment du corps inconscient, mais conservent la possibilité d'une perception non sensorielle.*

Voilà bien une proposition dualiste dans sa forme la plus radicale : une conscience indépendante du corps et qui conserve, malgré l'arrêt des fonctions cérébrales, des capacités de cognition et de perception !

Pim van Lommel en profite pour développer sa propre théorie sur la conscience, essentiellement fondée sur son interprétation dualiste des EMI. Dans un article publié par l'Académie américaine des sciences [17], il compare le cerveau à une sorte de télévision recevant un flux d'informations sous forme de « champs d'ondes » « non locaux » et les transformant en images et en sons ! Il explique ensuite comment il est possible d'évaluer l'effet de cette conscience non locale et « indestructible » sur le cerveau :

> *[…] l'aspect physique de la conscience, notre conscience éveillée ou ego, qui provient vraisemblablement de l'aspect ondulatoire de notre conscience par effondrement de la fonction d'onde, peut être mesuré au moyen de techniques de neuro-imagerie telles que l'électroencéphalographie…*

On se perd un peu dans sa démonstration quand il assimile plus loin la conscience non pas à un phénomène quantique, mais à un champ gravitationnel ! Pour conclure, van Lommel résume clairement sa théorie :

> *Notre conscience non locale […] ne réside pas dans notre cerveau et n'est pas limitée à notre cerveau.*

Soyons clairs : il ne s'agit que de fariboles paranormales, à la limite du délire paranoïde, et l'on peut s'étonner que de telles élucubrations aient été publiées dans des journaux scientifiques et médicaux aussi prestigieux ! Prenons néanmoins un instant pour réfuter la théorie fumeuse du cardiologue, qui n'est basée que sur des spéculations gratuites. Elle part du principe que les EMI se produisent lorsque le cerveau est éteint et que l'électroencéphalogramme est plat. Rien ne prouve que ce soit le cas. Pire : ça ne peut pas l'être, car, comme nous l'avons souligné, les neurones privés d'oxygène ont complètement perdu leur excitabilité et sont donc incapables de

« recevoir » les « ondes non locales » de la conscience, pas plus que toute autre information, d'ailleurs. Il faudrait en outre que cette conscience évanescente, privée de corps, et donc d'organes des sens, soit apte à se représenter les stimuli sensoriels (on ne sait comment) et à produire (selon un mécanisme tout aussi inconnu) une expérience mentale désincarnée et fantomatique.

Bref, la théorie pseudo-scientifique de van Lommel, bien que largement répandue chez les partisans d'une vie après la mort, n'est rien d'autre qu'une fiction. Une autre théorie dualiste, plus aboutie mais loin d'être convaincante pour autant, a été développée par le neurophysiologiste et prix Nobel de physiologie ou de médecine John Carew Eccles.

John Eccles et le monde des psychons

John Carew Eccles (1903-1997) [18] reçut sa prestigieuse récompense en 1963 pour ses découvertes sur le fonctionnement des synapses chimiques. À mettre à son crédit, l'identification des ions (des atomes portant une charge électrique par suite d'un excès ou d'une carence d'électrons) qui traversent la membrane des neurones au niveau des connexions inter-neuronales et la découverte des synapses dites « inhibitrices » (elles contrecarrent l'activation des neurones), dont il avait pourtant nié la possibilité au début de ses recherches sur le cerveau [19]. Il fut certainement l'un des plus grands neurobiologistes de tous les temps, et toutes les pages de ce livre ne suffiraient pas pour rendre compte de ses découvertes sur le fonctionnement des neurones. Eccles fut aussi l'architecte d'un des concepts majeurs des neurosciences. Il

John Carew Eccles (1903-1997), prix Nobel de physiologie ou de médecine en 1963. En plus de ses nombreuses découvertes sur le fonctionnement des neurones et des synapses, il développa une théorie décrivant comment l'esprit agit sur le cerveau selon les principes de la physique quantique.

consiste à appréhender le cerveau comme un réseau de neurones dont le fonctionnement est le résultat d'interactions subtiles entre les synapses, à la jonction de deux neurones, et des propriétés particulières (dites « intrinsèques » dans notre jargon d'électrophysiologistes) des neurones individuels.

Le neurophysiologiste australien était aussi un théiste inspiré et un catholique fervent, membre de l'Académie pontificale et proche du pape Paul VI, avec lequel il organisa en 1964 une conférence sur les mécanismes de la conscience, réunissant les plus grands spécialistes de l'époque[20]. Il était enfin un défenseur d'un post-cartésianisme interactionniste[21] conservant la distinction de nature établie par le philosophe-physicien français entre *res extensa* (la chose étendue dépourvue d'âme, le cerveau en l'occurrence) et *res cogitans* (âme, esprit, conscience). Pour Eccles, donc, l'âme (il utilisa souvent « monde psychique » ou « monde mental », mais il s'agit bien de la même chose pour lui) possède une existence propre et indépendante du fonctionnement du cerveau. Elle est ontologiquement distincte du monde physique (y compris du cerveau), mais se doit d'agir sur les neurones afin d'assurer le fonctionnement approprié des réseaux neuronaux, lesquels produiront ainsi les comportements idoines.

Cette conception des relations neurones-esprit est devenue une recherche à part entière pour John Eccles, qui publia à partir des années 1950 un grand nombre d'ouvrages et d'articles sur le sujet, dans la très sérieuse revue *Nature*[22] et dans les *Comptes rendus* de l'Académie des sciences américaine[23] et de la société royale anglaise[24]. En scientifique rigoureux qu'il était (par ailleurs), il entreprit de démontrer que cette interaction *esprit-cerveau* existait bien et d'en décrire les mécanismes physiques sous-jacents, tout comme le fit en son temps René Descartes avec les relations qu'il imagina entre l'âme, les *esprits animaux* et la glande pinéale [25].

Eccles développa quant à lui un modèle reposant sur l'évolution de la conscience, prétendument parallèle à celle du cerveau, en y incorporant un principe, plus nébuleux, où l'esprit agit sur les neurones selon les lois... de la physique quantique. Il dut d'abord trouver une structure cérébrale – cible du monde mental – adéquate, c'est-à-dire apparaissant chez les espèces ayant d'après lui les premiers signes d'une conscience. Il opta pour le cortex cérébral, structure superficielle du cerveau présente chez les oiseaux et chez tous les mammifères (particulièrement développée chez l'être humain), et qui est effectivement requise pour la production d'expériences conscientes. Les principaux neurones du cortex sont appelés « pyramidaux », car leur corps cellulaire est de forme triangulaire et leurs dendrites principales, sur lesquelles se connectent des milliers de synapses, se regroupent pour former de véritables unités fonctionnelles. Eccles a désigné ces unités sous le nom de « dendrons » et en a fait la structure anatomique réceptrice du monde psychique [26]. Chaque région du cortex possède un très grand nombre de dendrons, 40 millions au total chez *Sapiens*, d'après Eccles, et environ 200 000 dans le cerveau des insectivores.

Quant au monde mental, il fallut lui attribuer des propriétés compatibles avec une action sur les dendrons. Il en fit un monde imaginaire, presque poétique, fait de petits grains de conscience phénoménale : les « psychons », sortes d'éléments de base du monde psychique, des sortes de quanta de conscience. Puisqu'ils existaient indépendamment des dendrons, ils les auraient précédés et auraient donc été présents sur Terre avant l'apparition des oiseaux, il y a cent cinquante millions d'années. Quand l'archéoptéryx (premier oiseau connu) survint, à la fin du Jurassique, les grains de conscience, qui devaient sûrement planer sur un monde privé de subjectivité, purent interagir avec le cerveau et produire ainsi une expérience consciente primordiale… Le monde mental prenait enfin corps !

Eccles dut franchir une dernière étape pour finaliser son modèle : imaginer un mécanisme d'interaction entre psychons et dendrons. Pour ce faire, il s'adjoignit l'aide d'un authentique physicien, Friedrich Beck (1927-2008), de l'université de Darmstadt en Allemagne, qu'il rencontra lors d'une école d'été dans les Alpes tyroliennes en 1991 [27]. D'abord sceptique sur la possibilité de combler le fossé entre les langages si différents de la neurophysiologie et de la physique quantique, Beck finit par accepter le défi intellectuel proposé par Eccles. Leur collaboration se conclura par une publication, dont le titre est assez explicite sur son contenu : « *Aspects quantiques de l'activité cérébrale et rôle de la conscience* [28] ».

Les quanta de la conscience

La théorie élaborée par Eccles et Beck s'appuie sur un fonctionnement « quantique » des synapses qui était déjà décrit au niveau des jonctions nerf-muscle par Bernard Katz (1911-2003), puis neurone-neurone par Henri Korn (1934-2023), mon directeur de thèse à l'Institut Pasteur, dans le cas des synapses du système nerveux central. Selon cette théorie, les neurotransmetteurs sont libérés au niveau des synapses de manière tout-ou-rien, par « paquets » de molécules contenues dans des vésicules qui fusionnent selon une certaine probabilité (~1 chance sur 4) avec la membrane cellulaire. Dans le modèle Eccles-Beck, la conscience humaine, portée par

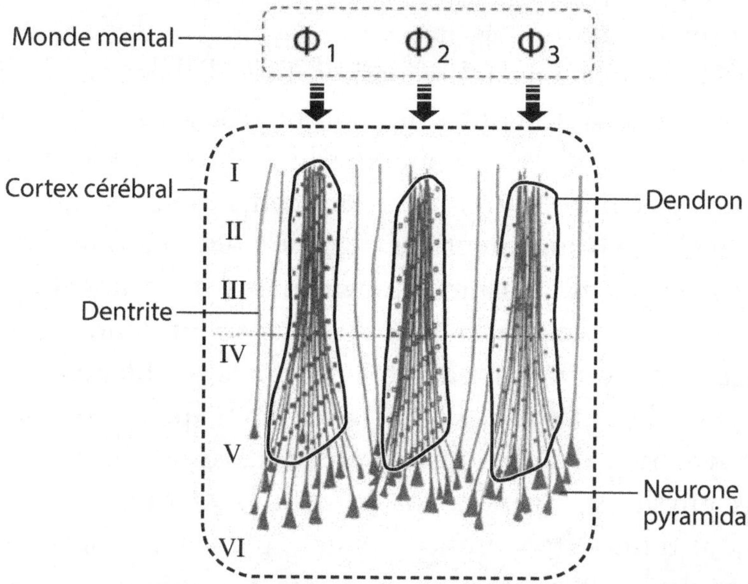

Dans le modèle d'interactions esprit-cerveau de John Eccles, le monde mental est constitué de grains de conscience appelés « psychons » (Φ). Ici, trois psychons agissent sur le cortex cérébral (constitué de six couches de cellules, numérotées de I à VI), au niveau de trois dendrons distincts, représentés par le regroupement des prolongements dendritiques des neurones pyramidaux.

les psychons, pourrait affecter le fonctionnement des synapses (au sein des dendrons) par un « effet tunnel », en favorisant le franchissement d'une barrière énergétique qui séparerait l'état pour lequel la libération des neurotransmetteurs s'effectue ou ne s'effectue pas. Dans le chapitre 7 consacré au libre arbitre, nous verrons qu'Eccles proposa que des psychons porteurs de l'intention mentale puissent moduler la libération de neurotransmetteurs dans les cortex dits « prémoteurs », sélectionnant ainsi nos comportements. Voilà comment le monde psychique influencerait notre cerveau et contrôlerait notre volonté !

Que penser d'un tel scénario ? Tout d'abord qu'il ne possède pas la structure d'un bon modèle scientifique. Il n'est qu'une conjecture mécanistique *ad hoc* conçue de toutes pièces pour aboutir à une conclusion préétablie. Certes, le regroupement des dendrites des neurones corticaux et les mécanismes fondamentaux de la libération des neurotransmetteurs sont des faits scientifiques, mais l'existence d'un monde micrograulaire mental est impossible à prouver. Quant à ses effets quantiques sur les synapses, il s'agit d'une pure spéculation. Je ne suis pas physicien, mais je sais grâce à la physiologie que l'ajout d'un « effet tunnel » pour expliquer la libération des neuromédiateurs n'est en aucun cas utile, et que les mécanismes cellulaires « classiques » sont suffisants pour expliquer les probabilités variables d'activation d'une synapse. Ce processus statistique est contrôlé par la concentration en calcium : plus le taux de calcium est important dans la synapse, plus la probabilité de libérer les neurotransmetteurs est élevée. J'ai eu l'occasion de montrer directement ce mécanisme sur les synapses contrôlant un comportement vital chez les poissons [29], et je n'ai pas eu besoin de faire intervenir quelques mystérieux psychons.

Une autre faiblesse du modèle Eccles-Beck est qu'il ne fournit aucune explication aux *qualia* de type sensoriel.

Pour bien faire, il faudrait un mécanisme inverse permettant aux dendrons de fabriquer des psychons instituant les sensations et les émotions dans le monde mental. Sur ce point, le couple de scientifiques reste muet…

Les dualismes de Descartes et d'Eccles-Beck tentent d'allier foi et science, et il faut admirer l'optimisme (je n'ose utiliser le terme de naïveté concernant ces immenses savants) de telles théories, qui prétendent expliquer comment des phénomènes intangibles (l'esprit ou l'âme), ni mesurables ni manipulables par l'expérience, contrôlent les propriétés physiques du cerveau. Le dualisme interactionniste ne résout ainsi en rien le « problème de la conscience », il ne fait que le creuser en présupposant l'existence de deux mondes distincts par nature, le monde physique et l'esprit, indépendants et menant chacun leur propre existence.

Même si le dualisme est faux, et il l'est, on ne peut rejeter l'existence de la conscience phénoménale. Mais serions-nous capables de l'expliquer selon un mécanisme neurophysiologique compréhensible ? Pour certains, cette quête est perdue d'avance ; pour d'autres, il s'agit d'un faux problème.

CHAPITRE 3

La conscience invisible

La machine vide

Le mystère fait l'homme.

ITALO CALVINO

Les dualistes ont choisi la solution de facilité. Leur conception disjointe des relations entre la conscience phénoménale et le cerveau leur évite d'affronter la véritable question, à laquelle John Eccles s'est heurté sans pouvoir y répondre : comment un objet physique, tel que le cerveau, peut-il produire une expérience subjective, ce « quelque chose de plus » qui nous habite ? Le problème est en fait double. Il désigne à la fois le mécanisme par lequel le cerveau suscite la mentalisation et la représentation matérielle des phénomènes mentaux, lesquels doivent procéder d'activités neuronales spécifiques.

Ces interrogations ne sont pas nouvelles, et nous verrons qu'elles perdurent. Trois siècles avant notre ère, Aristote doutait déjà de la possibilité de percer le secret de la conscience :

Car l'âme est comme le principe des êtres vivants. Nous cherchons donc à saisir et à connaître la nature et l'essence de l'âme et, ensuite, toutes les propriétés dont elle est le sujet... Mais c'est tout à fait et dans tous les sens une des choses les plus difficiles que d'acquérir à son sujet quelque conviction[1].

Tellement difficile que de nombreux physiologistes et philosophes ont décidé d'abdiquer devant ce défi, abandonnant l'idée que la conscience puisse être comprise en termes physiques. De quoi laisser la place à un mystère impénétrable...

L'énigme du moulin

Le premier théoricien du mystère de la conscience fut Gottfried Wilhelm Leibniz (1646-1716), philosophe et mathématicien allemand, codécouvreur avec Newton du calcul infinitésimal. Dans son ouvrage intitulé *La Monadologie*[2], il expose sa théorie antimatérialiste fondée sur un monde constitué de substances simples, sans étendue physique, indivisibles et impénétrables : les « monades ». Éléments ultimes de la nature, elles composent les différents corps et l'âme, et assurent l'harmonie du monde dans son ensemble.

Contrairement à Descartes et Eccles, qui proposent une mécanique interactionniste entre l'immatérialité de l'âme et la matérialité du cerveau, le philosophe allemand rejette la possibilité de trouver une explication physique des relations entre l'esprit et un cerveau qu'il identifie, on ne sait pourquoi, à un moulin. Laissons-lui la parole avec sa fameuse expérience de pensée métaphysique :

Et feignant qu'il y ait une Machine, dont la structure fasse penser, sentir, avoir perception ; on pourra la concevoir agrandie en conservant les mêmes proportions, en sorte qu'on y puisse entrer, comme dans un moulin. Et cela posé, on ne trouvera, en la visitant au-dedans, que des pièces qui se poussent les unes les autres, et jamais de quoi expliquer une perception. Ainsi c'est dans la substance simple, et non dans le composé ou dans la Machine, qu'il la faut chercher[3].

Ici, la « substance simple » est constituée par les monades, qui sont donc la clé des perceptions (des images sensorielles conscientes), mais, comme elles n'ont pas de matérialité, on ne peut identifier en elles ce qui est représenté dans l'esprit. La « Machine » (le cerveau) est pleine de monades qui, privées de contenu physique et ne possédant que des qualités, ne nous montrent rien de tangible. L'étrange moulin est donc vide, bien qu'il contienne métaphysiquement la conscience. Ainsi, Leibniz nie à la fois l'existence d'une représentation physique de la pensée et la possibilité même d'un codage dans le cerveau. Il essentialise la conscience, en la réduisant à la simple monade.

Le moulin plein de vide possède par ailleurs un autre mystère, mais celui-ci reflète une géniale intuition du philosophe, confirmée depuis par les neurosciences : les pièces vides qui « *se poussent les unes les autres* », et cela sans changer la taille de l'ensemble. C'est précisément ce que fait le cerveau lorsqu'il collecte les souvenirs grâce aux neurones et aux synapses qui ont présenté un changement physique lors de l'apprentissage, puis se réactivent pendant la mémorisation, sans pour autant changer son volume !

Les psychons d'Eccles et les monades de Leibniz, éléments de base de la conscience phénoménale, ne sont que des impasses pour une approche scientifique. Les premiers sont des messagers de l'âme plongeant dans les réseaux synaptiques du cortex pour y imprimer les volontés de l'esprit ; les secondes apparaissent comme des atomes de conscience inconsistants et indéchiffrables. Le tout nous montre la stérilité des postures dualistes et antimatérialistes. *Quid* d'une approche radicalement opposée, s'appuyant sur le matérialisme et les neurones ? Serait-il ainsi possible de résoudre définitivement le « problème de la conscience » ? Pour Emil du Bois-Reymond, découvreur du fonctionnement électrique des neurones, et considéré en son temps comme « le plus grand naturaliste d'Europe », la tâche est noble, quoique tout aussi difficile.

La variation négative

Emil du Bois-Reymond (1818-1896) est certainement l'intellectuel oublié le plus important du XIXe siècle, époque à laquelle son portrait trônait dans les vitrines de Berlin à côté de ceux d'Otto von Bismarck et de Frédéric III, roi de Prusse [4]. Né dans une famille bourgeoise de la communauté huguenote, du Bois-Reymond fréquenta le lycée français puis l'université de Berlin, où il étudia un large éventail de matières académiques avant de s'inscrire à la faculté de médecine. En 1841, son mentor, le physiologiste et anatomiste Johannes Peter Müller (1801-1858), lui enjoignit d'approfondir les recherches réalisées en Italie par Carlo Matteucci (1811-1868). Ce physicien et homme politique italien avait été le premier à démontrer une production d'électricité par le muscle lors de sa contraction [5], mais le procédé par

Emil du Bois-Reymond (1818-1896), physiologiste et philosophe allemand. Bien qu'il découvrît les potentiels d'action, il affirma au cours de conférences retentissantes que nous ne saisirons jamais les bases physiques de la conscience.

lequel le nerf occasionne la contraction musculaire restait mystérieux. Ce fut du Bois-Reymond qui élucida ce mécanisme, et ce sera une des plus grandes découvertes de la physiologie, qui ouvrit l'ère des neurosciences modernes.

Le physiologiste allemand publia en 1848 et 1849 une somme considérable de résultats expérimentaux (remplissant mille quatre cents pages !) qui institueront les fondements de l'électrophysiologie, la science dédiée à l'étude des phénomènes électriques dans les tissus vivants. Du Bois-Reymond y rapporte sa sensationnelle découverte : il met au jour une brève onde électrique (environ un millième de seconde de durée) se propageant à quelques dizaines de mètres par seconde dans le nerf et qui provoque secondairement la contraction du muscle qu'il connecte.

Par cette percée, du Bois-Reymond se débarrasse définitivement des esprits animaux de Descartes et explique de surcroît comment fonctionne le système nerveux ! Il baptisera son onde *negative Schwankung* (la « variation négative ») [6], connue aujourd'hui sous le terme technique de « potentiel d'action ». Il s'agit de l'événement électrique élémentaire du système nerveux qui permet aux neurones de communiquer entre eux (et avec les muscles) en activant les synapses. Mieux : il constitue un substrat pour un codage numérique dans le cerveau, comme nous le préciserons plus loin. Cette immense découverte lança sa carrière. Elle lui permit d'obtenir un siège à l'Académie des sciences de Prusse et la direction du premier institut de physiologie de Berlin.

Il faudra attendre plus d'un siècle pour que deux biophysiciens anglais, Alan Lloyd Hodgkin (1914-1998) et Andrew Huxley (1917-2012), lèvent le voile sur les mécanismes intimes du potentiel d'action. Il résulte de flux successifs et ultrarapides d'atomes chargés électriquement, d'abord des ions sodiques, puis des ions potassiques, à travers la membrane du neurone[7].

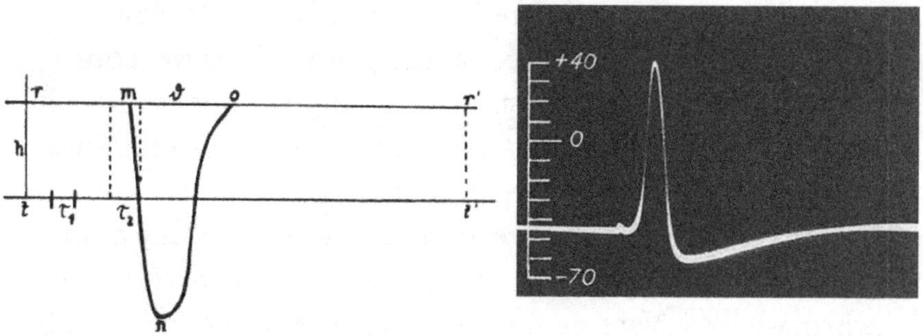

(Gauche) Premier enregistrement de la variation négative, découverte par Emil du Bois-Reymond dans les années 1840. Ce phénomène électrique du nerf (ici la brève déviation du tracé vers le bas) permet aux neurones de communiquer entre eux et avec les muscles.
(Droite) En 1939, Hodgkin et Huxley enregistrent la variation négative, mais cette fois vue de l'intérieur du neurone, ce qui montre directement l'inversion de polarisation électrique de la membrane cellulaire, de – 60 mV à + 40 mV : elle sera nommée potentiel d'action. Son mécanisme moléculaire ne sera découvert qu'en 1952.

Ignorabimus

La renommée d'Emil du Bois-Reymond ne tint pas tant à ses recherches sur le potentiel d'action, qui ne furent comprises que par une poignée de physiologistes, qu'à une série de conférences sur l'efficacité de la science dans la compréhension du monde. Sa première allocution, donnée le 14 août 1872 au Congrès des scientifiques et médecins allemands, était intitulée « *Les limites de la connaissance naturelle*[8] ». Comme l'orateur était connu pour sa conception de la physiologie fondée sur des lois physiques, le public nombreux s'attendait à un prêche dogmatique contre l'obscurantisme. Or c'est une leçon d'humilité qu'il reçut. Au cours de cette conférence, et de celles qui suivirent dans les années 1880 sur « *Les sept énigmes du monde*[9] », du Bois-Reymond s'appliqua à démontrer que la science ne pourra jamais traduire l'activité du cerveau en un compte rendu d'une expérience consciente : « *Ignoramus et ignorabimus* », affirma-t-il (« *Nous ne savons pas et ne saurons jamais* ») !

Le physiologiste lança ainsi une controverse qui enflamma les intellectuels du monde entier et qui ne s'est toujours pas éteinte[10]. Dans son plaidoyer, le savant reprenait d'abord à son compte les conclusions de Leibniz autour de l'incompréhensibilité de la conscience sur une base mécanique. Il prit comme exemple l'effroyable douleur provoquée par une pression du nerf trijumeau : comment pourrait-on l'expliquer par une simple action sur ce nerf crânien qui assure la sensibilité de la face et est connu pour causer la terrible névralgie qui porte son nom ? Là où le physiologiste s'écarte du philosophe, c'est lorsqu'il affirme, à juste titre, que les phénomènes conscients ont tous un substrat matériel antérieur dans le cerveau. Nous sommes à la fin du XIXe siècle, et deux des élèves de Du Bois-Reymond, Eduard Hitzig et Gustav Fritsch, viennent de démontrer (deux ans avant la conférence de 1872) que la stimulation électrique d'une zone spécifique du cortex cérébral pouvait déclencher un mouvement particulier[11]. Il était donc naturel pour le neurophysiologiste allemand de penser que de mêmes relations de cause à effet devaient aussi exister entre le cerveau et les sensations conscientes, et il avait raison !

Le scepticisme de Du Bois-Reymond est souvent interprété, à tort, comme une négation du rôle du cerveau dans la production de la conscience phénoménale. Découvreur du potentiel d'action, il avait très vite compris que la neurophysiologie pourrait établir des corrélations précises entre l'excitation du cerveau et le contenu des expériences sensorielles. Le problème qu'il souleva dans ses conférences était plus profond, et il est toujours d'actualité : comment *expliquer* une expérience mentale, de nature subjective et qualitative, par les propriétés physiques du cerveau ? Voilà le vrai problème posé par du Bois-Reymond, et qu'il pensait sans réponse.

Le mystère du nerf trijumeau

Le « problème du nerf trijumeau » soulevé en 1880 par du Bois-Reymond a fait depuis son chemin chez les neurophilosophes, mais sans qu'ils rendent jamais hommage à son inventeur, et c'est bien dommage. L'énigme du nerf[12] réapparut en 1983 sous la plume du philosophe Joseph Levine, de l'université Harvard, dans un article intitulé « *Matérialisme et qualia : le fossé explicatif*[13] », puis en 1996 dans le fameux « *problème difficile de la conscience*[14] » que nous avons déjà effleuré, imaginé par un autre philosophe, David Chalmers.

À l'instar du physiologiste allemand, Levine attire l'attention sur ce qui lui semble une faiblesse majeure dans l'approche matérialiste de la conscience, qui nous pousserait à conclure que « *la douleur est le déclenchement des fibres C* ». Les fibres en question sont de très fins axones (ces prolongements des neurones, leur permettant de se connecter à d'autres neurones par l'intermédiaire des synapses) présents dans certains nerfs – dont le nerf trijumeau – et qui transmettent au cerveau les informations sensorielles ressenties *in fine* comme douloureuses. Le strict matérialisme (ou physicalisme) ne fait aucune distinction entre l'excitation du nerf et la sensation elle-même. Le philosophe californien reconnaît néanmoins une certaine validité d'un tel raccourci, mais seulement dans un sens physiologique. Il affirme d'un autre côté que la doctrine physicaliste, qui réduit une sensation à des potentiels d'action dans les nerfs et le cerveau, ne nous informe en rien sur *ce que cela fait* de ressentir une douleur, et que penser le contraire est absurde.

Son « *fossé explicatif* » est donc celui qui sépare un phénomène mental, sensoriel en l'occurrence [15], des activités neuronales qui l'accompagnent, et qui sont de tout autre nature. Je peux témoigner de ce gap ontologique. Regarder (ou analyser) sur un oscilloscope, ou sur un écran d'ordinateur, des ondes électriques produites par des synapses, ou des séquences de décharges de potentiels d'action (ce que je fais depuis plus de trente ans) ne permet en rien de déceler les effets subjectifs produits par ces événements neuronaux. Elles sont insuffisantes en soi pour comprendre ce qu'*est* une expérience sensorielle ou douloureuse.

Chez le philosophe Chalmers, aujourd'hui codirecteur du « Center for Mind, Brain, and Consciousness » de l'université de New York, le « fossé » devient « problème difficile ». Bien qu'il soutienne, comme du Bois-Reymond, que le traitement sensoriel et l'élaboration des informations cérébrales en relation avec la conscience sont intégralement explicables par la neurophysiologie, il affirme, encore en 2023 [16], qu'il persistera un double problème, qualifié donc de « difficile » (le « *hard problem* » de la conscience), appelé à rester sans réponse, et cela quelle que soit la sophistication des recherches. Résumons-le ainsi : pourquoi le flux sensoriel dans notre cerveau s'accompagne-t-il d'une expérience à la première personne (subjective et phénoménale) et comment s'opère la transition entre l'encodage sensoriel dans les neurones et la sensation elle-même ? En d'autres termes, pourquoi les phénomènes mentaux, qui sont de nature qualitative, existent-ils, et comment peuvent-ils apparaître au cours d'un processus de cause à effet ayant pour origine des mécanismes strictement physiques dans le cerveau ? La question est effectivement très « difficile » à résoudre !

Peut-on mesurer l'indicible ?

Le « mystère » de Du Bois-Reymond, le « fossé » de Levine et le « problème » de Chalmers soulèvent les mêmes questions, celles de la nature de la conscience phénoménale et de sa relation avec la matérialité du cerveau. Ces trois penseurs ont raison d'être inquiets quant à la possibilité de combler la lacune entre la nature objective du fonctionnement cérébral et les qualités subjectives des expériences conscientes. Il est vrai, comme Wittgenstein nous le signale par le « *quelque chose de plus* », que ces *qualia* ne sont pas réductibles à de simples quantifications physiques (malgré une récente tentative que nous décrirons plus loin), comme celles utilisées pour mesurer l'activité du cerveau.

De fait, il est possible de quantifier le fonctionnement neuronal en temps réel, et avec une très haute précision, au moyen d'unités physiques « classiques », ce que nous faisons tous les jours dans mon laboratoire. Nous utilisons les ampères ou les volts, souvent en fonction du temps, et nous pouvons établir les séquences d'émissions de potentiels d'action et mettre en lumière leur complexité, ce qui nous donne accès à un code neuronal proche de celui des ordinateurs. On peut aussi évaluer le métabolisme du cerveau, par exemple en calculant le débit sanguin cérébral (une pression divisée par une résistance vasculaire) ou par la consommation en glucose (une masse par unité de temps), etc. Mais qu'en serait-il si nous voulions dimensionner physiquement un sentiment, une sensation, une idée, une pensée... ? Est-il concevable d'utiliser les unités de courant ou de tension électrique, ou encore un nombre de potentiels d'action par seconde, pour exprimer ce que l'on ressent en dégustant un grand cru, en admirant la pleine lune ou au cours d'une rage de dents ? Et même, plus simplement encore, pour exprimer ce que cela fait de voir la couleur jaune ?

Tous ces ressentis ne sont appréciables que par leur qualité [17] et descriptibles que par celui qui en fait l'expérience. Ils ne sont donc que des phénomènes mentaux subjectifs et « à la première personne ». En plus d'être inexprimables à l'aide de grandeurs physiques, ils sont indicibles : comment décrire la perception mentale de la couleur jaune, si ce n'est par des analogies avec des objets de couleur jaune ou des correspondances métaphoriques ? À croire que les *qualia* n'existent que vis-à-vis d'elles-mêmes !

Ces difficultés sont réelles et constituent toujours un frein pour une science « complète » de la conscience, laquelle devrait être en mesure de quantifier les *qualia*, ces propriétés subjectives qui *font* les phénomènes conscients. Comment s'échapper d'une telle impasse ?

Les deux faces d'une même pièce

« S'il n'y a pas de solution, c'est qu'il n'y a pas de problème » : le proverbe shadok aurait-il du bon ? Le moyen le plus simple pour évacuer une difficulté embarrassante est de considérer qu'elle n'existe pas. Certains ont fait ce choix radical pour se débarrasser du « problème esprit-corps ». La distinction entre expérience mentale et matérialité du cerveau n'est pour eux qu'une fumisterie, un mythe né d'une intuition trompeuse, celle de la nature immatérielle de nos expériences conscientes. Et cette intuition est forte. Reconnaissons en effet qu'il est difficile d'admettre à cet instant que votre sentiment en lisant ces lignes, ou le mien en les écrivant, est assimilable à un objet physique ou, comme nous l'avons déjà mentionné, à des volts, des ampères ou des milligrammes de glucose ! Je n'ai pour ma part jamais rencontré personne – pas même chez les neurophysiologistes ultramatérialistes – qui me confie que telle ou telle de ses sensations était de cinquante millivolts par seconde et par millimètre carré de surface corticale. D'ailleurs, si cela devait arriver, je demanderais à cet électromètre humain : comment le sais-tu ? Il serait sans aucun doute bien embarrassé pour me répondre !

Et pourtant, une idée largement répandue affirme qu'une telle réduction du contenu mental à un contenu physique est non seulement légitime, mais nécessaire. Il s'agit du « *matérialisme réductionniste* » ou « *monisme* » (par opposition au dualisme), ou encore de la « *théorie de l'équivalence*[18] », autant de terminologies philosophiques compliquées que l'on peut résumer ainsi : les états mentaux *sont* des états physiques[19]. Un camouflet infligé donc à Leibniz, qui aurait été incapable de percevoir dans son moulin les rouages explicites de la conscience. Pour exploiter une image audacieuse, dans le monisme, la conscience et le cerveau seraient comme les deux faces d'une même pièce, juste des points de vue différents pour regarder le même objet. Notons que, dans cette doctrine, la face « cerveau » pèse plus lourd que la face « conscience », qui, elle, jusqu'à preuve du contraire, n'a pas de masse. La pièce est donc truquée, ce qui est embarrassant quand il s'agit de défendre l'équivalence entre les deux faces !

Le monisme est séduisant parce qu'il est simple et qu'il met fin au débat philosophique, maintenant remplacé par une « simple » question d'anatomie et de physiologie. En somme, le contenu de la conscience serait quelque chose comme la circulation sanguine ou le filtrage rénal : un phénomène physique, certes compliqué, mais intégralement réductible à des propriétés matérielles. Peut-on réfuter une telle vision ?

Les arguments intuitifs qui nous poussent à reconnaître la non-matérialité de l'expérience consciente et l'absurdité d'une quantification des phénomènes conscients s'opposeront toujours au réductionnisme matérialiste, mais ils ne suffisent pas. L'objection définitive à la théorie vient de la logique, et non de l'intuition. Elle s'appuie encore sur Leibniz, pas celui du « moulin », mais celui de la logique. Une de ses lois les plus fameuses stipule que des entités x et y sont identiques si et seulement si chaque attribut valide pour x est également valable pour *y*[20]. Le raisonnement pour tester la validité logique du monisme sera donc le suivant : si *x* est le cerveau (tout ou partie) et *y* une expérience mentale, alors chaque propriété du cerveau doit se retrouver dans le phénomène conscient, et *vice versa*. Est-ce le cas ? La réponse est manifestement non !

Considérons l'étendue et la localisation spatiales des mécanismes neuronaux associés à diverses sensations. Nous savons grâce à Harvey Cushing en 1909, puis au neurochirurgien canadien Wilder Penfield (1891-1976)[21], que de petites stimulations électriques du cortex cérébral pariétal produisent des sensations relatives aux différentes régions du corps. Si le monisme était vrai, la loi de Leibniz nous dit que la sensation ressentie, par exemple celle d'un doigt sur la main gauche, serait localisée dans la petite circonvolution du cortex pariétal droit mise en jeu par la stimulation électrique, ce qui n'a littéralement aucun sens. Tout comme d'affirmer qu'une douleur est circonscrite dans une région du thalamus, structure cérébrale profonde relayant les informations nociceptives vers le cortex ; ou encore que l'orgasme féminin est distribué entre le cervelet gauche, l'amygdale et le cortex préfrontal[22]. Mais l'implication la plus absurde du monisme serait qu'une parcelle de cortex pariétal, retirée du cerveau et maintenue en survie *in vitro*, serait capable de ressentir quelque chose, malgré l'absence de corps et d'une personne pour en faire l'expérience ! Vous conviendrez que tout cela est loufoque…

Sortir de l'impasse

Faisons un premier bilan sur la manière d'aborder la délicate question des relations entre la conscience phénoménale et la matérialité du cerveau. Le *dualisme* a montré ses faiblesses en présupposant l'existence à part d'un monde mental (ou d'une âme), dont nous ne savons rien et qui interagit avec le cerveau au moyen de nébuleux mécanismes surnaturels. Le monisme s'est avéré n'être qu'une ruse épistémologique pour se débarrasser d'un problème embarrassant : la distinction évidente entre les phénomènes mentaux et les événements neuronaux ; il conduit à des absurdités indéniables. Quant aux différentes formes de mystère énoncées par du Bois-Reymond et ses suiveurs, elles ne font que jeter l'éponge avant la fin du combat scientifique. De ce point de vue, je préfère l'optimisme de David Hilbert, l'un des plus grands mathématiciens du XXe siècle, qui, répondant au pessimiste *ignorabimus* de Du Bois-Reymond, a proclamé dans un discours radiodiffusé en 1930 que toutes les connaissances sont accessibles par la science, avec sa célèbre formule : « *Wir müssen wissen, wir werden wissen* » (« Nous devons savoir, nous saurons ») [23].

CHAPITRE 4

Trente théories

Corrélation n'est pas raison

> Vous arrivez devant la nature avec des théories, la nature flanque tout par terre.
>
> PIERRE-AUGUSTE RENOIR

Aujourd'hui, l'attitude la plus courante chez les neurophysiologistes qui veulent sortir de l'imbroglio philosophique n'est plus tant de définir ce qu'*est* la conscience, ou comment s'opère la transition entre l'activité neuronale et l'expérience mentale, mais de tenter d'établir des corrélations entre les deux et d'en déduire une théorie concernant le fonctionnement cérébral sous-jacent. Nous verrons que cette approche s'avère très efficace quand il s'agit de décrire les mécanismes cérébraux qui accompagnent les phénomènes conscients.

Mais, même si l'on passe sous silence le *fossé explicatif*, la complexité et la variabilité des corrélats neuronaux de la conscience font qu'il n'existe toujours pas *une* théorie scientifique de la conscience. Depuis 2007, j'en ai dénombré une trentaine, la plupart étant accompagnées d'une nouvelle définition ! Et je ne fais référence qu'à celles publiées dans des journaux internationaux dont les comités de lecture sont composés de scientifiques reconnus dans le domaine.

Entre gaz et liquide

Toutes les théories de la conscience ne sont pas intelligibles, certaines même sont farfelues, pour ne pas dire grotesques. Des chercheurs de la prestigieuse université de Californie à Berkeley [1] affirment par exemple que la conscience résulte d'« *un échange d'énergie dans les deux sens entre le domaine mental conscient et le domaine physique du cerveau* », un phénomène similaire à celui qui s'effectue entre les phases gazeuses et liquides de la matière, et tout ça sous le contrôle d'un « *générateur générique* »... Comprenne qui pourra ! La théorie de Johnjoe McFadden de l'université du Surrey, en Angleterre, n'est pas moins hermétique [2]. Pour lui, la conscience serait « *une manifestation du champ électromagnétique du cerveau capable d'intégrer de vastes quantités d'informations dans un seul système physique* ». Nous ne sommes pas loin de la théorie fumeuse de van Lommel, mais ici, au moins, le champ électromagnétique qui constitue la conscience provient du cerveau...

D'autres théories tombent dans une forme de réductionnisme extrême, assimilant la conscience au fonctionnement de certains neurones, ou sous-parties de neurones, voire aux propriétés de certaines molécules. Celle proposée en 2011 par Lawrence Ward, de l'université de Vancouver, affirme que la conscience phénoménale résulte d'une synchronisation des synapses au niveau des dendrites d'une petite population de neurones dans une sous-région du thalamus [3].

Une autre encore propose que la conscience sensorielle est créée par les champs électromagnétiques produits par le regroupement des dendrites apicales des cellules pyramidales voisines dans le cortex cérébral. Ces dendrites – celles-là mêmes sur lesquelles les psychons d'Eccles venaient se fixer – sont de longs prolongements neuronaux s'étendant vers la surface du cerveau, localement parallèles les uns aux autres, ce qui facilite la sommation des courants électriques produits par les connexions synaptiques. La théorie émise par Laberge et Kasevich en 2007 [4] stipule que, lorsque le champ électromagnétique produit par ces synapses du cortex est suffisamment élevé, il provoque alors un événement cognitif, qui peut être décrit comme une « impression de quelque chose ». Le « *quelque chose de plus* » ne serait donc qu'un champ électromagnétique… Cette notion de seuil électromagnétique pour accéder à une expérience consciente possède des implications dont je vous laisse juger de la pertinence, comme la capacité d'un bon gros électroaimant de produire un phénomène mental !

Quant à la théorie du « cadre passif » d'Ezequiel Morsella et de ses collaborateurs de l'université de Californie [5], elle tente de donner une origine bien singulière à la conscience, qui ne colle pas avec la réalité telle que démontrée par l'expérience. D'après eux, la conscience relèverait d'un phénomène lié aux actions volontaires, dont le but serait de déterminer, sous l'influence prépondérante de l'odorat, l'action de nos muscles pour produire un comportement lorsque différents programmes moteurs sont en conflit les uns avec les autres. Nous verrons dans le chapitre consacré à l'intention d'agir que cette théorie alambiquée doit être rejetée, car les plans moteurs dans le cerveau se construisent bien avant la volonté consciente de bouger, et, surtout, ils n'ont rien à voir de particulier avec l'odorat.

Il serait vain de lister toutes les théories scientifiques sur la conscience, si ce n'est pour illustrer l'imagination débridée des chercheurs – et dire à quel point la question n'est pas réglée. Les plus solides d'entre elles associent, avec un certain succès, les caractéristiques des expériences mentales aux données corrélatives de la neurophysiologie, ou ouvrent de nouvelles perspectives sur la nature même de la conscience phénoménale. Elles sont au nombre de trois, et même si elles restent incapables de combler le *fossé explicatif*, voire de conférer une fonction à la conscience, elles méritent un examen détaillé.

Ordre supérieur

Les « *high-order theories* », ou « théories d'ordre supérieur », considèrent qu'une expérience sensorielle ne devient consciente que si elle est liée à une représentation cérébrale préexistante, qui la « reconnaît » comme conforme à la réalité du monde extérieur [6]. Le contenu de la conscience serait ainsi une sorte de « méta-représentation », la re-présentation d'une image constituant un reflet fiable du monde extérieur. La conséquence est grave : les expériences sensorielles conscientes ne seraient pas des reflets du monde tel qu'il est, mais des représentations de l'idée que nous nous faisons du monde ! Je sens ici un certain désarroi, bien légitime, et je pense qu'il est nécessaire de prendre un exemple.

Selon ces théories d'ordre supérieur, pour correctement rapporter une expérience consciente, par exemple celle de percevoir un vol d'hirondelles dans le ciel (mon expérience actuelle depuis mon lieu de vacances), il faut dire « *je fais l'expérience visuelle consciente d'un vol d'hirondelles* » et non pas « *je vois un vol d'hirondelles* ». Que cela signifie-t-il concernant les mécanismes cérébraux sous-jacents ? Tout d'abord, les neurones du cortex visuel (appelons-les « réseaux de premier ordre », localisés dans la région postérieure du cerveau) assurent une construction neuronale du vol des hirondelles, selon un processus bien connu aujourd'hui. L'image formée sur la rétine est transférée via le nerf optique vers le thalamus, qui relaie les informations sensorielles en direction des aires corticales sensorielles primaires.

Dans notre exemple, le cortex visuel redistribue l'image dans des aires corticales distantes. La représentation de premier ordre ne devient consciente que si d'autres réseaux neuronaux (« réseaux d'ordre supérieur », situés dans la région antérieure du cortex), ayant déjà encodé les éléments constitutifs d'un vol d'oiseaux, « jugent » qu'elle en est un reflet fiable. Ainsi, mon expérience n'est pas la nuée d'hirondelles, mais l'idée consciente que je peux m'en faire.

Conscience et réalité

Aussi étrange que cela puisse paraître, certaines des implications des théories d'ordre supérieur nous amènent à remettre en question notre rapport à la réalité. Tout d'abord, la prédiction qui en découle immédiatement : nous pouvons être conscients uniquement de ce que notre cerveau a décidé de considérer comme réel pour nous. Et cela est vrai ! Avez-vous déjà vu quelque chose de totalement inconcevable ? Non, car, même si les expériences qui se succèdent dans notre esprit ne sont pas prévisibles, et ne sont jamais les mêmes, elles sont toutes constituées de formes, de couleurs, de qualités ou de sensations déjà connues et encodées par nos neurones. Et si une perception ne correspond en rien à une représentation cohérente préétablie, notre cerveau peut la « reconstruire » faussement, c'est-à-dire conformément à nos attentes.

Prenons un exemple, celui de l'échiquier d'Adelson, une illusion publiée en 1995 par Edward Adelson, neurophysiologiste au Massachusetts Institute of Technology, le fameux MIT. Sur cet échiquier, composé donc d'alternance de cases sombres et claires, se trouve un cylindre (vert dans sa version originale) dont l'ombre couvre une case indiquée par la lettre B. Une autre case à distance est taguée par la lettre A. Il nous apparaît évident – c'est ce que nous révèle notre expérience consciente – que B indique une case claire et A une case sombre. Eh bien non, les cases A et B sont rigoureusement les mêmes ! Vous pouvez le vérifier facilement. Il ne s'agit pas simplement d'une illusion d'optique due au contraste entre les cases voisines, ou au trouble visuel causé par l'ombre, mais le résultat d'une représentation préétablie (représentation d'ordre supérieur) de l'aspect cohérent d'un échiquier dans notre cerveau, lequel s'impose à notre conscience.

Le plus intéressant ici, c'est que, même si nous savons que les deux cases sont identiques, nous sommes incapables de nous les représenter comme étant les mêmes, n'est-ce-pas ? Il nous faut en tirer la redoutable conclusion suivante : la cohérence mentale imposée *a priori* par notre cerveau est plus forte que notre connaissance *a posteriori*, et objective, de la réalité. C'est ainsi.

L'échiquier d'Adelson (1995). Bien que les valeurs de gris des cases A et B soient rigoureusement les mêmes, et que nous en soyons informés, nous sommes incapables de les voir identiques. La méta-représentation dans notre cerveau d'un échiquier aux cases de couleurs alternées est plus forte que la réalité de l'image.

Les représentations d'ordre supérieur sont également à même de nous alerter sur l'impossibilité physique d'un objet perçu, quand sa représentation visuelle ne correspond pas à ce que nous attendons d'un objet « normal ». Un exemple célèbre est celui du triangle de Penrose et Penrose [7]. Il s'agit d'un dessin en perspective représentant une structure triangulaire tridimensionnelle. Les lignes du dessin sont reliées entre elles de manière à produire une impossibilité. Comme dans les constructions interdites du dessinateur néerlandais Maurits Cornelis Escher, lorsque l'œil suit les lignes de la figure, nous perdons le fil de l'enchaînement des parties montantes et descendantes de l'objet qui, reconstruit mentalement, n'arrive jamais à acquérir une structure cohérente.

Mais Penrose et Penrose n'ont pas dessiné un objet impossible. Ils ont poussé notre cerveau, par un dessin en deux dimensions, à construire l'image d'un objet dont l'existence dans un espace à trois dimensions est inacceptable, compte tenu de notre représentation du monde. Nous ne sommes pas loin de l'idéalisme de l'évêque et philosophe irlandais George Berkeley (1685-1753), pour qui le monde physique ne saurait exister en dehors des esprits ou des êtres pensants qui le perçoivent [8]. La différence ici est que l'« existence » du monde selon Berkeley est remplacée par sa « cohérence ». Vraisemblablement, nous serions bien en peine d'imaginer un monde doté d'une structure intrinsèquement aberrante, selon notre appréhension de la réalité.

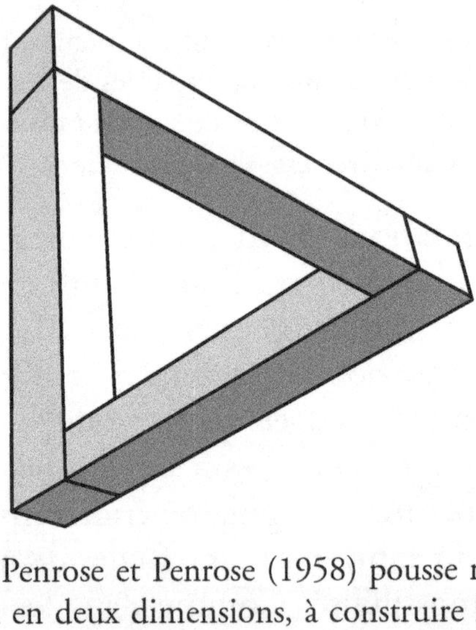

Le triangle de Penrose et Penrose (1958) pousse notre cerveau, par un dessin en deux dimensions, à construire l'image d'un objet dont l'existence dans un espace à trois dimensions est inacceptable. Notre conscience rejette la possibilité d'un tel objet dans le monde réel.

En principe, les théories d'ordre supérieur devraient aussi s'appliquer aux idées endogènes, et pas seulement aux expériences causées par nos sens. Mais, dans certains cas pathologiques, les méta-représentations perdent le contrôle, et la conscience se trouve pénétrée par des idées étrangères. Nous verrons plus loin (chapitre 11) que certaines crises d'épilepsie produisent de « fausses » pensées (comme les sensations de « déjà-vu » ou les « pensées forcées ») qui s'imposent à la conscience malgré leur incohérence, et que les patients, qui conservent toute leur lucidité, sont capables de détecter comme inappropriées ou fausses !

En passant sous silence le problème du *fossé explicatif*, les théories d'ordre supérieur, qui s'accordent assez bien avec notre représentation familière du monde, ne nous apprennent rien, ni sur les mécanismes d'émergence des expériences conscientes ni sur leur rôle. Voyons si une autre approche est susceptible de surmonter les faiblesses des théories d'ordre supérieur...

Espace de travail

Un des modèles dominants actuels, dénommé *Global Workspace* (« espace de travail global », terminologie issue de l'intelligence artificielle), a été initialement proposé à la fin des années 1980 par Bernard Baars [9], chercheur à l'Institut des neurosciences de San Diego, en Californie. Ce modèle repose sur une conception purement théorique du cerveau, lequel serait divisé en « modules » spécialisés, fonctionnant en parallèle mais réalisant des connexions entre eux. La plupart des informations traitées dans ces modules (par exemple sous la forme de séquences particulières de potentiels d'action) resteraient inconscientes, ou ne résideraient qu'à la périphérie de notre sphère consciente. Il est vrai – et c'est heureux ainsi – que tous les stimuli sensoriels qui nous assaillent à chaque instant n'accèdent pas à la même place au sein de notre conscience, car, si c'était le cas, cette dernière serait submergée, se transformant en une sorte de gloubi-boulga phénoménal indéchiffrable.

Selon Baars, quand certaines informations sensorielles entrantes sont sélectionnées par notre attention, ou bien que les exigences d'une tâche comportementale l'imposent, les contenus des modules spécialisés peuvent diffuser et se coordonner. Pour le théoricien californien, c'est cette information partagée au sein d'un « espace de travail global » qui constitue le contenu de notre conscience. Prenons l'exemple de ce que vous êtes en train de faire à cet instant. Une information visuelle (les mots écrits sur cette page) engendre une série de potentiels d'action dans les neurones de votre rétine, puis du thalamus et du cortex visuel. L'attention – et l'intérêt, bien sûr ! – portée sur ce texte rend cette information prédominante dans votre « espace de travail » cérébral. Elle est alors partagée par de multiples centres de traitement distribués dans votre cerveau, lesquels se coordonnent les uns avec les autres grâce à leurs connexions à grande distance.

Voilà pourquoi le contenu de cette lecture occupe la première place dans le théâtre de votre conscience, et que les informations « annexes » traitées au sein d'autres modules (peut-être le bruit délicat de la pluie, le son de la radio dans la pièce voisine ou les petites contrariétés professionnelles...) persistent dans l'inconscience ou restent confinées à la lisière de votre univers mental, au moins pour un moment.

Stanislas Dehaene, Michel Kerszberg [10] et Jean-Pierre Changeux, de l'Institut Pasteur, ont proposé en 1998 une version neuronale de l'espace théorique de Baars, appelée *Global Neuronal Workspace* (« espace de travail global neuronal ») [11], qui est devenue l'une des principales théories neuroscientifiques sur la conscience. Selon eux, l'accès à la conscience se produit lorsque les informations entrantes sont mises à la disposition de plusieurs systèmes cérébraux par l'intermédiaire d'un vaste réseau de neurones dont les axones possèdent des projections à longue portée. Pour Dehaene, l'« accès à la conscience » serait la disponibilité globale d'une information (par exemple sensorielle), la rendant ainsi disponible à tous les centres de traitement du cerveau et donc rapportable à nous-mêmes par l'expérience intérieure et à autrui grâce au langage [12]. Cette diffusion globale d'informations dans le cerveau serait due à la propriété d'« allumage » soudain de neurones à axones longs – distribués dans différentes régions du cerveau, mais particulièrement denses dans les cortex préfrontaux et pariétaux – qui constitueraient ainsi l'« espace de travail global neuronal ». Durant la perception consciente, cet espace neuronal se stabiliserait, pour une durée minimale, dans un état qui lui permet à la fois de s'auto-entretenir et de redistribuer les informations au reste du cortex cérébral, lequel est requis pour produire une expérience mentale cohérente et globale, ainsi que pour lui procurer une certaine qualité.

La force principale de cette théorie réside dans sa capacité à coller avec les différences trouvées dans l'activité cérébrale au cours de perceptions conscientes et inconscientes [13]. Dans une étude menée en 1999 par McIntosh, Rajah et Lobaugh [14] à l'Institut de Baycrest à Toronto, des sujets recevaient les mêmes associations de stimuli (un son et une image) au cours du même protocole d'apprentissage, mais certains n'étaient pas capables de percevoir consciemment le couple de stimulations qui leur était imposé. Les groupes ayant pris conscience des appariements au cours des expériences et ceux qui ne l'avaient pas fait étaient séparés *a posteriori*. Seuls les sujets qui avaient conscience d'une relation systématique entre les deux stimuli sensoriels montraient une activation neuronale conjointe dans les cortex préfrontaux droit et gauche, et avec d'autres régions cérébrales éloignées, comme les cortex d'association sensorielle et le cervelet. Bref, comme l'avait prédit la théorie, une collaboration entre les cortex préfrontaux et pariétaux semble bien être requise pour prendre conscience des stimuli.

Pour certains, l'« espace de travail global neuronal » présente un réel intérêt évolutif. Avec sa capacité à trier les événements qui doivent être conscientisés de ceux qui n'ont pas besoin de l'être, il pourrait fournir au cerveau une propriété bénéfique à l'individu, propriété qui aurait été sélectionnée au cours de l'évolution, du moins chez les espèces possédant de nombreuses aires corticales aux fonctions distinctes. Dans un monde plein de dangers et d'opportunités imprévisibles, où la perception est souvent brouillée par des ambiguïtés sensorielles, une sélection appropriée des informations pertinentes faciliterait ainsi la détection rapide et précise d'un danger ou d'une proie.

Cette hypothèse, avancée par Baars lui-même, ne tient que si la production de phénomènes mentaux conscients par l'espace de travail est elle-même capable d'avoir un effet bénéfique sur le comportement. Nous verrons que ce n'est pas le cas, et que les réseaux de neurones moteurs qui dépendent des réseaux de décision (y compris ceux de l'espace de travail) sont largement suffisants pour initier et produire un comportement optimal. D'ailleurs, la plupart des comportements vitaux, comme le réflexe de fuite chez les poissons ou son équivalent chez l'être humain (le réflexe de sursaut), ne mobilisent pas le cortex cérébral et ne requièrent aucune expérience consciente pour s'accomplir avec succès.

Conscience et computation

Le dernier modèle qui agite la communauté des neurobiologistes est celui de l'*information intégrée*. Sa particularité est qu'il prétend fournir une réponse complète au problème de la conscience, y compris l'élucidation des bases neurales des délicates – et indicibles – *qualia*. Proposé en 2004 par Giulio Tononi, de l'université du Wisconsin [15], il tente de décrire la conscience en termes purement mathématiques comme la capacité d'un système à intégrer des informations. L'idée n'est pas nouvelle, puisqu'elle avait été suggérée au début du XIXe siècle par Augusta Ada King (1815-1852), comtesse de Lovelace et fille du poète anglais Lord Byron.

Co-inventrice de l'informatique avec Charles Babbage (1791-1871), Ada, la « princesse des parallélogrammes » (petit nom donné par son mari), se fixa pour objectif de découvrir le fonctionnement de l'esprit grâce aux mathématiques. Portée par sa fougue intellectuelle, elle écrivait :

> *J'espère un jour parvenir à mettre en équations les phénomènes cérébraux : trouver une ou des lois décrivant l'interaction des molécules du cerveau.*

Le rêve d'Ada a été partiellement exaucé par deux physiologistes anglais, Alan Lloyd Hodgkin (1914-1998) et Andrew Huxley (1917-2012), qui élaborèrent au début des années 1950 un modèle (dit « H-H », les initiales de leurs noms) décrivant avec une grande précision le fonctionnement électrique des neurones au moyen de circuits électriques et d'équations différentielles. Ce modèle H-H est très robuste quand il s'agit de prédire l'évolution des fluctuations électriques dans la membrane cellulaire des neurones, mais, hélas, il n'informe en rien sur la nature de la conscience ou sur la structure de la pensée. Il nous indique « juste » comment l'activité d'un neurone varie au cours du temps.

Alors qu'Hodgkin et Huxley publiaient leur modèle, le mathématicien britannique Alan Turing (1912-1954), cryptologue et pionnier de l'intelligence artificielle, lança la mode, toujours en vogue, d'assimiler le fonctionnement du cerveau à celui d'un ordinateur. Il alla jusqu'à avancer qu'un ordinateur correctement configuré pourrait, par sa seule capacité de calcul, être conscient, capable de penser et, au-delà, faire preuve de subjectivité [16]. Cette idée d'une conscience-machine est celle du « fonctionnalisme [17] », théorie (encore une) dans laquelle les expériences mentales doivent être considérées pour *ce qu'elles sont* et non pas selon les mécanismes particuliers dont elles sont le produit.

Ainsi, quand vous effectuez un calcul mental, par exemple 704 × 2 = 1408, et qu'une machine (en l'occurrence un ordinateur) reproduit la même opération avec le même succès, alors il n'y a aucune raison de distinguer l'acte mental de l'opération informatique. L'origine biologique de la conscience n'a donc ici aucune pertinence particulière, ce qui compte, c'est juste le calcul réalisé par le cerveau et la machine, lesquels sont les mêmes. La conclusion qui en découle est simple : cerveau = machine.

Tononi s'inscrit dans la tradition fonctionnaliste, même s'il ne prétend pas (pour l'instant) fabriquer une

Ada Lovelace (1815-1852), fille de Lord Byron et co-inventrice de l'informatique, caressa au début du XIXe siècle le rêve fou de mathématiser le fonctionnement du cerveau pour mieux comprendre la nature humaine.

machine consciente. Son projet, inspiré par les rêves d'Ada Lovelace et les chimères d'Alan Turing, consiste à assimiler la conscience à un flux d'informations intégrées dans un vaste réseau d'éléments ayant des relations causales les uns avec les autres. Examinons de plus près ce modèle dont le but est de donner « *un cadre pour évaluer la quantité et la qualité de la conscience*[18] ». Nous verrons ses points forts et ses faiblesses, car il possède les deux !

Les axiomes de la conscience

La théorie de l'information intégrée repose avant tout, et c'est là son originalité, sur les propriétés phénoménales de la conscience, qui prennent la valeur d'« axiomes », c'est-à-dire de propositions évidentes et vraies quant à ce qu'est l'expérience consciente, et qui seront donc intégrées dans le modèle sans avoir besoin d'être prouvées. Ce choix d'un point de départ qualitatif constitue une véritable inversion de paradigme par rapport aux autres théories de la conscience que nous avons discutées, qui se fondent davantage sur une approche corrélative entre l'activité cérébrale et l'expérience consciente. Dans le cas de l'*information intégrée*, il s'agit précisément de mathématiser le subjectif, une gageure que du Bois-Reymond aurait louée, mais avec scepticisme.

La méthode de Tononi est la suivante : préciser les conditions qui doivent être remplies dans les mécanismes physiques du cerveau (ceux des neurones et des synapses) pour rendre compte de la phénoménologie des expériences conscientes. En d'autres termes, les expériences conscientes ont des propriétés particulières, et l'on doit les retrouver dans le cerveau. Alors, il deviendra possible de décrypter dans les neurones les informations (physiques) qui constituent les expériences mentales.

Quelles sont donc ces mystérieuses propriétés qui pourraient être communes à l'aspect subjectif (l'expérience) et objectif (les neurones) de notre conscience ? La

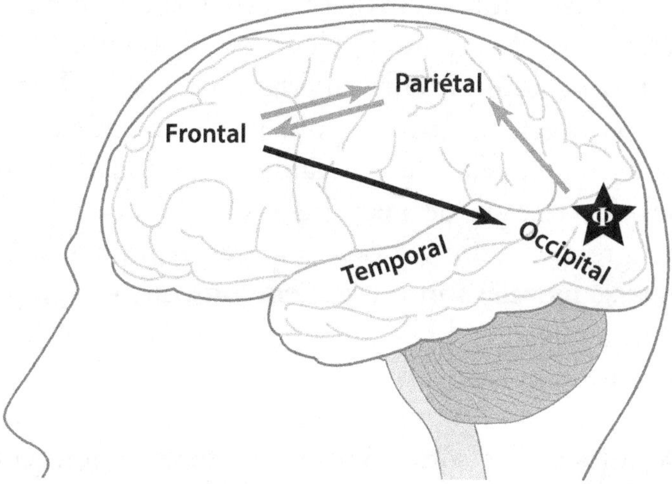

Représentation simplifiée des principales théories actuelles sur les bases cérébrales de la conscience. Les flèches grises indiquent les interactions à grande échelle entre les régions frontale, pariétale et occipitale du cortex cérébral, censées produire les expériences conscientes dans la théorie de l'espace de travail global neuronal. La flèche noire illustre comment une méta-représentation (théorie d'ordre supérieur) d'une « réalité du monde » dans le lobe frontal autorise une image visuelle produite dans le cortex occipital à devenir consciente. Dans la théorie de l'information intégrée, la conscience serait la conséquence d'une quantité élevée d'information (Φ) produite dans une « *hot zone* » postérieure du cerveau.

première est le caractère « intrinsèque » de l'expérience consciente, c'est-à-dire son existence propre et distincte du monde extérieur. Elle est, comme nous l'avons déjà souligné, un phénomène *à la première personne* : vous pouvez rapporter, grâce aux différents moyens de communication en votre possession, vos ressentis à autrui, mais il ne saurait en aucun cas en faire l'expérience lui-même (j'exclus ici les « transmissions de pensées » qui, selon toute vraisemblance, n'existent pas). Dans le modèle, le caractère intrinsèque du mental doit se traduire par un processus de cause à effet interne au cerveau. Effectivement, cet organe est connu pour modifier son activité au cours du temps selon des mécanismes de causalité intrinsèques aux réseaux de neurones : chaque neurone reçoit et intègre des informations d'autres neurones (*via* les synapses), modifie son activité en conséquence, ce qui le conduit à interagir différemment avec les autres neurones, et ainsi de suite…

Poursuivons. Autre propriété des expériences conscientes : elles sont composites, mais fusionnent en une seule scène. En effet, chaque scène mentale est constituée d'attributs distincts, comme ce livre que vous avez entre vos mains. Il possède un volume et une forme, une couleur, une masse pesante et une position particulière dans votre champ visuel, et, si vous le jetez à travers la pièce, il adoptera une trajectoire particulière dans l'espace (parabolique en l'occurrence). Ces multiples attributs sont tous liés au même objet (le livre), ils sont détectables par différents canaux sensoriels et traités par différentes zones du cerveau, mais ils se fondent en une et une seule expérience consciente unifiée, celle d'un livre particulier dans un mouvement particulier. Pour vous en convaincre, observez ce livre et essayez d'être conscient d'une seule de ses propriétés, comme sa couleur ou sa taille… Impossible, n'est-ce pas ? Et pourtant, chacune d'entre elles est traitée par différents groupes de neurones ! Ainsi, dans le modèle de Tononi, le cerveau doit être structuré par des sous-ensembles de neurones, dont les relations de cause à effet (chaque partie pouvant affecter les autres) sont capables d'unifier l'ensemble des attributs constituant les expériences conscientes.

Venons-en à l'« information intégrée ». Notée « Phi » (ou ϕ) dans le modèle, elle mesure la quantité d'information générée dans l'ensemble du système neuronal comparé à celle produite par ses parties séparément : ce serait la différence entre les deux, c'est-à-dire l'information « intégrée », qui *serait* la conscience. Pour résumer le point de vue de Tononi, et selon ses propres mots : « [...] *la conscience est la même chose que l'information intégrée.* » Voilà, brièvement décrit, comment le contenu subjectif d'une expérience consciente équivaut à une information cérébrale produite par des relations causales entre neurones. Et c'est ainsi que l'on fonde une théorie physique de la conscience phénoménale !

Panpsychisme

La théorie de l'information intégrée ne fait pas l'unanimité, même si elle est bâtie (c'est la seule) sur les propriétés phénoménales de l'expérience consciente. Une de ses principales faiblesses est que la valeur ϕ, censée donc être la conscience et se former dans une « *hot zone* » – une région postérieure du cortex cérébral contenant les corrélats neuronaux complets et spécifiques du contenu de la conscience –, est impossible à mesurer. On ne sait pas de quoi ϕ est fait, et on ignore comment elle naît dans les réseaux de neurones ! Est-elle le résultat d'une succession de potentiels d'action, d'une variation continue de courants électriques produits par les synapses, des deux, de quelque chose d'autre ? Mystère...

Plus problématique encore, cette information, quelle que soit sa forme, n'existe que grâce à celui qui tente de la décrypter. Un livre, un article scientifique ou un disque dur d'ordinateur, pour prendre des exemples typiques d'objets associés à d'importantes quantités d'informations, ne contiennent *en soi* aucune information, sauf dans la mesure où un sujet conscient est capable de l'extraire. Quelle est donc l'information contenue dans un livre posé sur une table qui n'a jamais été ouvert et jamais lu ? Et d'ailleurs, si un article scientifique contenant les clés de la conscience était écrit dans une langue inconnue de tous et indéchiffrable (comme c'est le cas de ϕ), quelle connaissance pourrions-nous en tirer sur la conscience ? La théorie de Tononi est élégante, mais elle ne fait que présupposer l'existence d'une conscience phénoménale dérivée d'informations non mesurables expérimentalement.

Le problème de la théorie de l'information intégrée, qui est à mon avis rédhibitoire, est qu'elle abandonne l'approche neurobiologique de la conscience et ignore les liens de causalité qui doivent exister entre les propriétés physiques du cerveau et le contenu des expériences mentales.

En plus de ces faiblesses conceptuelles et de son manque de support expérimental, la théorie de Tononi conduit à une prédiction absurde qui est selon moi suffisante pour la rejeter : le panpsychisme. Si toute expérience consciente équivaut à un certain niveau d'information, alors les expériences de type introspection, telle que : *qu'est-ce que cela fait d'être soi* ?, pourraient non seulement être présentes chez des espèces animales unicellulaires, telles que les paramécies ou les vorticelles (et pourquoi pas chez les plantes ?!), mais aussi s'étendre à des systèmes physiques non évolués, voire à de la matière brute. Si tel était le cas, nous baignerions dans un monde inondé de consciences diverses, auxquelles nous n'avons pas accès et dont nous ne savons rien. Si je peux savoir, ou du moins être convaincu, que vous êtes conscient lorsque vous lisez ces lignes, c'est que je sais que la lecture exige de moi-même un état qui est celui de l'éveil conscient. Mais que saurais-je, par empathie ou par d'autres moyens, de la conscience phénoménale émanant d'un programme informatique comme ChatGPT, qui prétend à une forme d'intelligence ? Rien.

Repenser la conscience

Les trois principales théories actuelles de la conscience, bien qu'elles explorent les bases neurales possibles du contenu de la conscience (souvent appelée simplement « conscience »), sont incapables de combler le *fossé explicatif*. Non contentes d'être incapables de résoudre le défi millénaire autour de la distinction entre objectif et subjectif, elles négligent deux aspects essentiels de l'expérience consciente : sa temporalité et les conditions cérébrales qui autorisent ou interdisent sa survenue.

Essayons une nouvelle approche. Son but ne sera pas d'expliquer le côté phénoménal de la conscience, mais de la décrire dans sa globalité, à chaque instant et dans toutes ses dimensions. Nous verrons qu'elles sont au nombre de quatre. Ce modèle multidimensionnel a non seulement l'avantage d'imbriquer les différents aspects de la conscience, mais aussi de nous inciter à nous interroger sur la fonction des *qualia*. De manière inattendue, il ne permettra pas d'attribuer un rôle opérationnel à l'aspect subjectif de la conscience. Au contraire, il ouvrira la porte à l'idée inattendue que, bien que son existence soit indiscutable, la subjectivité n'est qu'un phénomène superflu.

CHAPITRE 5

Les dimensions de la conscience

Géométrie de l'existence

> Le but de la science n'est pas les choses elles-mêmes, comme l'imaginent les dogmatistes dans leur simplicité, mais la relation entre les choses.
>
> HENRI POINCARÉ

La première version d'une conscience à deux dimensions a été proposée par le neurologue belge Steven Laureys en 2005 [1]. Il ne s'agit pas à proprement parler d'un modèle mécanistique, mais d'une représentation mettant en correspondance les différents aspects de la conscience. Son principe est simple : nous, personnes conscientes, ou inconscientes, sommes localisables à chaque instant dans un plan dont les deux dimensions représentent l'une le versant objectif et l'autre le versant subjectif de la conscience. Le premier est l'état de vigilance (ou état de conscience), qui peut être mesuré par la physiologie ; le second est l'aspect phénoménal de la conscience, qui, comme nous l'avons vu, n'est pas mesurable, car strictement qualitatif.

Le but initial du neurologue était de montrer comment certains états cérébraux pathologiques, tels l'état végétatif ou les crises d'épilepsie de type « absence », n'entrent pas dans la relation positive existant naturellement entre ces deux dimensions de la conscience. Nous reviendrons en détail sur les interactions aberrantes entre état et contenu de la conscience dans certaines pathologies neurologiques, et sur ce qu'elles nous apprennent de la conscience. Mais avant, voyons comment le modèle à deux dimensions s'applique à notre existence quotidienne par des va-et-vient sur une droite bien monotone…

La vie en 2D

Dans la modélisation illustrée p. 89, l'aspect phénoménal de la conscience est donné par l'axe des ordonnées. Cet axe n'est pas quantitatif au sens classique de la mesure scientifique. Il représente une gradation subjective du contenu de la conscience, incluant les sensations et les sentiments (les *qualia*, donc), les pensées de tous ordres, l'imagination et même les divers états psychologiques. L'axe des abscisses indique quant à lui les états de conscience, ou états de vigilance, qui peuvent être ordonnés de manière objective par des tests comportementaux, une analyse de l'électroencéphalogramme (profil d'activité des neurones du cortex cérébral), une mesure de l'électromyogramme (activité musculaire), ou par des combinaisons particulières de ces trois paramètres. Dans cet espace à 2D, chaque instant de votre existence est représenté par un point auquel nous pouvons attribuer un état de conscience et un contenu conscient.

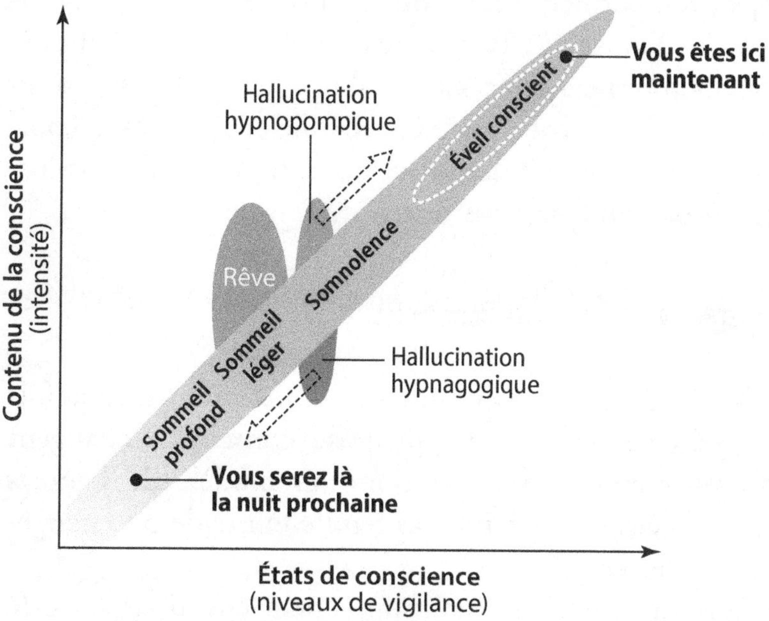

Représentation de l'espace à deux dimensions de la conscience incluant les principaux états physiologiques. Votre positionnement actuel et celui de la période de sommeil profond la nuit prochaine sont indiqués. Les hallucinations hypnopompiques précèdent le réveil, les hypnagogiques inaugurent le sommeil.

Prenons un exemple : vous à cet instant. Vous êtes dans un état particulier : celui du lecteur. Je peux d'ores et déjà faire un certain nombre de prédictions sur votre état physiologique et vous positionner selon les deux axes. Vous êtes vivant (avec un cœur qui bat et un cerveau fonctionnel [2]) et éveillé, car il n'est pas connu que vous puissiez lire en étant mort ou durant votre sommeil. Je suppose aussi que vous êtes particulièrement intéressé par le contenu de ce texte, ce qui a pour effet d'accroître votre niveau d'attention. Toutes ces données, pour la plupart objectives, permettent de vous localiser en un point particulier de l'espace de la conscience : tout en haut à droite. Vos coordonnées sont bien établies, ce sont celles d'un niveau de conscience très élevé (éveillé et attentif), accompagné d'un contenu de conscience intense, celui de la lecture et de l'analyse d'un texte.

Voyage dans l'espace conscient

Notre expérience quotidienne nous montre toutefois que l'état et le contenu de notre conscience changent constamment. Il manque donc au modèle de Laureys une troisième dimension qui rend compte de ces changements : le temps.

Lecteur attentif à cet instant, peut-être dans un café ou dans le métro, vous serez ce soir, après avoir vécu une multitude d'expériences mentales différentes, allongé dans votre lit, et le sommeil vous gagnera. Ici s'opèrent de nombreuses modifications physiologiques. Votre cœur ralentit, votre respiration aussi, et vous pénétrez délicatement dans une phase d'endormissement. Votre état de vigilance s'estompe progressivement, vous somnolez, et, si vous tenez encore ce livre dans vos mains, vous n'êtes plus capable de concentrer votre attention sur ces lignes. Vos muscles se détendent, et le livre tombe sur vos draps : vous venez de vous endormir. La profondeur de votre sommeil s'accroît, jusqu'à ce que vous deveniez profondément inconscient.

Depuis votre point de départ dans l'espace de la conscience (en haut à droite), maintenant en 3D grâce à l'ajout d'une dimension temporelle, vous avez glissé selon une trajectoire quasi rectiligne en direction du point d'intersection des droites (mais sans l'atteindre, nous verrons pourquoi). Votre état de conscience s'est effondré, vous êtes déconnecté du monde extérieur, et aucune expérience consciente ne peut maintenant survenir. À ce stade, à la fois votre état de conscience et le contenu de votre sphère mentale ont atteint un minimum. Vous vous situez en bas à gauche du diagramme.

Vous vous êtes déplacé sans encombre au cours de la journée sur la droite d'équivalence de votre espace conscient, avec quelques allers-retours selon l'axe des abscisses, comme un vague assoupissement après le repas ou lors d'une réunion ennuyeuse, suivi d'un sursaut d'attention. La relation positive entre votre état de vigilance et l'intensité de vos expériences conscientes subira néanmoins divers points de rupture, mais qui ne remettent pas en cause la pertinence globale du modèle. Votre sommeil profond, dit « lent » (nous verrons plus loin pourquoi il est nommé ainsi), sera interrompu à plusieurs reprises par des phases de sommeil « paradoxal », au cours desquelles votre rythme cardiaque s'accélérera et votre respiration deviendra irrégulière. Votre température interne sera aussi mal régulée, comme chez les bébés ou les reptiles, et vos yeux seront animés de mouvements horizontaux rapides [3]. Le « paradoxe » provient de la dissonance entre l'état de vigilance, comparable à celui du sommeil profond, et un fonctionnement cérébral proche de celui de l'éveil, et qui reflète, selon toute vraisemblance, des périodes intenses de rêve. On peut alors considérer que la relation positive entre l'état de conscience et son contenu est rompue : il n'est plus nécessaire d'être éveillé pour être conscient de quelque chose !

Je voudrais relativiser cette entorse à la règle. Rien ne prouve que nous soyons conscients de quoi que ce soit *pendant* le sommeil paradoxal, puisque le contenu du rêve ne surgit dans notre sphère consciente qu'au réveil, c'est-à-dire à un moment où notre état cérébral est celui de l'éveil conscient. D'ailleurs, vous ne vous souvenez pas de vos rêves si vous vous réveillez en dehors d'une phase de sommeil paradoxal, même si des épisodes oniriques semblent survenir au cours de périodes atypiques de sommeil lent [4]. Quoi qu'il en soit, le sommeil paradoxal occupe une place particulière dans l'espace conscient, une sorte de boursouflure phénoménale au sein d'un état d'inconscience.

Des accidents similaires peuvent aussi survenir au moment des périodes d'endormissement – on les appelle alors « hallucinations hypnagogiques » – ou lors du réveil dans le cas des « hallucinations hypnopompiques ». Les deux sont des phénomènes mentaux intenses, que nous avons tous vécus, associant de vifs contenus sensoriels (auditifs ou visuels) à un sentiment de déplacement rapide ou de chute.

Nos « journées mentales » se résument à des glissements temporels sur une ligne d'équivalence au sein de l'espace conscient, dont une extrémité correspond à un état de veille attentif, avec production d'expériences conscientes intenses, et l'autre à une profonde inconscience dépourvue de contenu subjectif. À chaque point de cette droite peuvent être attribuées des activités mentales particulières qui ne se reproduisent jamais à l'identique d'un instant à l'autre. À l'inverse, les différents états de conscience sont susceptibles de se répliquer à l'identique plusieurs fois par jour, mais sans être associés à une activité mentale particulière.

La conscience électrique

Les états de vigilance, les activités mentales qui les accompagnent, et même leur disparition au cours des périodes d'inconscience sont le résultat de diverses activités cérébrales qui s'entremêlent et établissent harmonieusement un phénomène conscient global. On comprend alors que le modèle 3D (état de conscience, expérience consciente et temps) est incomplet. Il faut lui adjoindre une quatrième dimension : les propriétés physiques du cerveau. Pour construire ce nouveau modèle en 4D, nous devrons donc nous munir d'électrodes, seuls outils capables de capturer en temps réel les flux d'informations surgissant des neurones, des synapses et de leurs interactions.

Le premier procédé consiste à mesurer les courants électriques produits par le cerveau sans le pénétrer. Il s'agit de l'électroencéphalogramme, découvert en 1875 par Richard Caton (1842-1926) [5], un jeune médecin de Liverpool inspiré par les travaux de Du Bois-Reymond sur les nerfs. On sait aujourd'hui que les ondes électriques enregistrées au moyen d'électrodes posées sur le crâne ont pour origine non pas les potentiels d'action, comme on le croit souvent, mais les courants engendrés par les dizaines de milliards de synapses situées sous les électrodes. Les patterns électriques cérébraux ainsi captés sont un moyen fiable d'objectiver les états de conscience. À chaque étape du glissement dans l'espace conscient, on peut attribuer un profil d'électroencéphalogramme caractéristique.

Supposons que je puisse confronter votre état de conscience actuel (le point en haut à droite) à votre électroencéphalogramme, que verrais-je ? Il est rigoureusement impossible (j'insiste sur ce point) de prédire précisément les fluctuations électriques produites par votre cerveau. Je ne suis pas plus capable de décrypter le contenu de votre lecture en regardant votre électroencéphalogramme, mais je peux à coup sûr me figurer la forme générale de vos ondes électriques cérébrales. Ce seront celles de l'éveil conscient : variables en forme et en amplitude, mais toujours de faible intensité (quelques millionièmes de volts), avec une fréquence de répétition plutôt élevée (plusieurs dizaines par seconde).

Alors que vous plongez dans l'inconscience au cours du « sommeil lent », votre électroencéphalogramme change radicalement. Il se ralentit, devient plus ample, et des ondes de grande dimension apparaissent, se répétant avec une fréquence d'environ une par seconde. Ces oscillations électriques y sont entretenues par des synchronisations périodiques entre les neurones du cortex et du thalamus, structure centrale du cerveau qui régule les flux d'informations sensorielles et les états de vigilance. Les oscillations lentes du couple cortex-thalamus agissent comme un véritable filtre cérébral qui brouille et amoindrit les flux d'informations sensorielles, celles-là mêmes qui devraient normalement atteindre le cortex et être rendues conscientes. Voilà pourquoi nous n'entendons rien et ne voyons rien pendant cette phase du sommeil, qui nous isole du monde et nous empêche de produire une quelconque expérience mentale.

Dans sa dimension neuronale, le sommeil paradoxal s'exprime par des ondes corticales rapides et soutenues, proches de celles que nous produisons lors d'une expérience consciente riche. Elles sont vraisemblablement à l'origine des rêves.

L'électroencéphalogramme est un outil efficace pour identifier un état de vigilance, mais il n'en donne qu'une image superficielle, qui nous cache une foule d'informations sur les neurones. Ouvrons cette boîte noire que constitue encore le cerveau et pénétrons dans sa profondeur pour accéder aux codes neuronaux de la conscience.

La conscience vue de l'intérieur des neurones

Il est difficile, mais possible, d'insérer une électrode à l'intérieur des neurones au cours des différents états de vigilance, une des spécialités de mon équipe de recherche. Les sondes utilisées sont des tubes en verre effilés, remplis d'un liquide très bon conducteur d'électricité, dont le diamètre à la pointe avoisine le dixième de millionième de mètre (0,0000001 m). Une fois délicatement planté dans un neurone, ce type d'électrode capte les courants qui traversent sa membrane. À l'instar de l'électroencéphalogramme, un neurone « vu de l'intérieur » montre au cours de l'éveil conscient de petites variations électriques, qui sont le reflet direct de l'activation des synapses qui le connectent (plus de 20 000 dans le cas des neurones pyramidaux du cortex cérébral).

Il s'agit d'un phénomène connu sous le nom de « bruit synaptique ». Il fut découvert en 1952 dans les cellules musculaires par Bernard Katz (1911-2003) [6], physiologiste allemand, prix Nobel en 1963, et la même année par John Eccles dans les neurones [7]. Ce « bruit » électrique, qui peut déclencher des potentiels d'action si son intensité est suffisante, est une caractéristique fondamentale d'un neurone vivant dans un cerveau vivant. Il existe dans tous vos neurones à chaque instant et disparaîtra uniquement au moment de votre mort, ou lors d'un coma profond.

À l'instant présent, et lors des rêves, le bruit synaptique dans votre cortex, similaire mais différent d'un neurone à l'autre, ressemble à un frémissement continu, fait d'une succession de brèves et nombreuses fluctuations électriques. Il est dû à la fréquence élevée, plus ou moins irrégulière, de potentiels d'action qui activent de manière erratique les nombreuses synapses, chacune d'entre elles produisant un menu courant dans le neurone qu'elle connecte. C'est ainsi que vos neurones vous permettent d'être conscient, et c'est la seule raison.

Vous somnolez maintenant. Le bruit synaptique perdure mais se simplifie, il se fragmente progressivement, jusqu'à ce que le sommeil surgisse. À ce stade, il prend la forme de créneaux assez stables en durée et en intensité : une alternance d'états électriques élevés, durant lesquels les neurones émettent de nombreux potentiels d'action, et d'états électriques faibles, durant lesquels les neurones sont mis temporairement au silence. C'est ainsi que vos neurones vous font perdre conscience.

Même si le profil général de l'électroencéphalogramme et de l'activité électrique des neurones individuels est similaire chez toutes les personnes éveillées et conscientes (et chez la plupart des espèces animales dotées d'un cerveau), ceux-ci ne sont jamais exactement les mêmes, et changent à chaque instant chez chacun d'entre nous. C'est l'une des propriétés les plus caractéristiques et les plus déconcertantes du cerveau. J'ai enregistré et analysé des milliers d'électroencéphalogrammes et de bruits synaptiques au cours de ma vie et, bien que des schémas très similaires puissent être reproduits plusieurs fois de suite (comme au cours des crises d'épilepsie ou lors de certains comas), leur contenu précis évolue constamment !

Ainsi, nous avons chacun notre propre activité électrique cérébrale et neuronale qui fonde à chaque instant, et de manière différente, nos états de conscience et nos expériences mentales.

Musiques neuronales

Bruit synaptique et potentiels d'action représentent deux modes d'information qui peuvent être extraits dans chaque neurone. Le premier est une information continue – analogique, dit-on. Il est semblable au contenu accidenté d'un sillon de disque vinyle, qui contient toutes les fréquences présentes dans la musique qui y est enregistrée. Dans le cas des neurones, l'information analogique du bruit synaptique est encodée par l'intensité du courant électrique produit par les synapses et les fréquences avec lesquelles elles sont activées. L'électroencéphalogramme représente une forme de cette musique synaptique, mais à grande échelle. Dans ce cas, il s'agit non pas de celle d'un musicien unique (le neurone), mais d'un vaste orchestre composé de milliards de neurones et de trillions de synapses, dont les symphonies électriques renferment à la fois l'état de vigilance et le contenu de la conscience.

Le second type de codage est fourni par les potentiels d'action, qui procurent une information de type numérique, basée sur la combinaison de 0 et de 1, similaire à la numérisation électronique des informations (musique, image, texte, calcul, etc.) sous forme de bits. Dans le cas des neurones, le 1 est un potentiel d'action et le 0 est son absence. Ici, et je m'en excuse, je vous demande un petit effort pour vous remémorer vos cours de mathématiques de lycée ! Étant donné que les potentiels d'action (les 1) peuvent se succéder dans un neurone avec un intervalle de temps minimal d'un millième de seconde (et donc les 0 aussi), une loi statistique très simple nous informe que le nombre de combinaisons possibles de 0 et de 1 en une seconde dans un neurone sera de 2 (1 ou 0) puissance mille : 2^{1000} (2 × 2 ×2 × 2 × 2 × 2… mille fois).

Ce nombre est déjà gigantesque, mais vous avez, cher lecteur, environ 100 milliards de neurones. Le nombre de combinaisons s'élèvera donc à $2^{1000} \times 10^{11}$ pour votre cerveau dans son intégralité en une seconde. Poursuivons si vous le voulez bien en considérant que votre cerveau fonctionnera pendant environ un siècle (soyons optimistes). Alors, le nombre de combinaisons possibles au cours de votre existence atteint la valeur théorique de $2^{1000} \times 10^{11}$ multipliée par le nombre de secondes en un siècle, soit $2^{1000} \times 10^{11} \times 31\,536\,000$! Chaque combinaison n'est pas pertinente, ou même accessible, mais c'est au sein de ce gigantesque océan de possibilités numériques, qui emplit l'espace conscient, qu'il faut chercher une partie des informations encodées par le cerveau humain.

La complexité ultime du fonctionnement cérébral vient de l'interdépendance des deux formes de codage. Le bruit synaptique est à l'origine du codage numérique en déclenchant les potentiels d'action, et les potentiels d'action sont responsables de l'activation des synapses, et donc façonnent le bruit synaptique. Ce bouillonnement synaptique et d'influx nerveux ne cesse jamais dans un cerveau vivant et capable de conscience. À cela, il faut ajouter

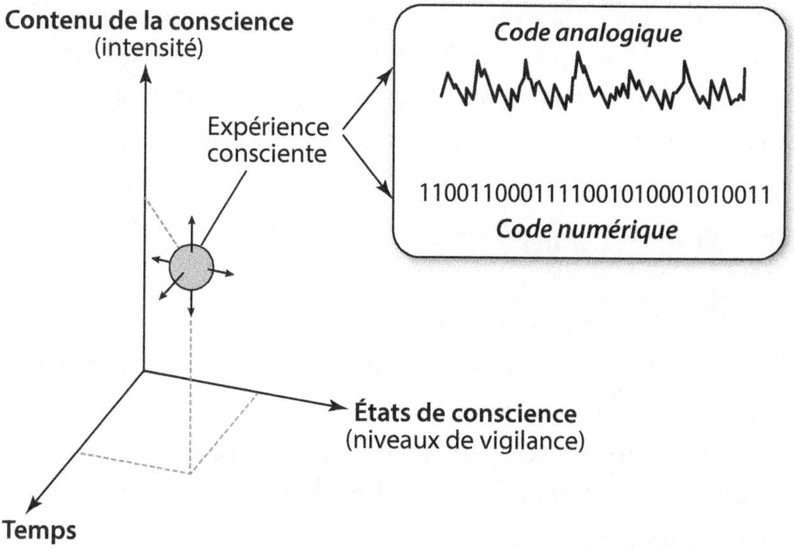

Représentation d'une expérience consciente dans l'espace à quatre dimensions de la conscience. On peut lui attribuer un contenu particulier, un état de vigilance (ici celui de l'éveil) et un positionnement temporel. Il faut également lui adjoindre une dimension neuronale, intégrant un code analogique (illustré ici par le bruit synaptique d'un neurone du cortex) et un code numérique, représenté par une combinaison de 1 et de 0, où les 1 sont des potentiels d'action. Au cours du temps, l'expérience se désagrège, laissant sa place à une autre expérience dans un autre point de l'espace quadridimensionnel. Comme dans le monde physique, aucun retour vers le passé n'est possible.

l'étendue spatiale de cet organe. Ses différents groupes de musiciens, représentés par des assemblées de neurones localisées dans différentes régions, sont à même de jouer leur propre partition et d'influencer à distance d'autres zones cérébrales, comme nous l'avons vu avec les théories de l'espace de travail global neuronal et d'ordre supérieur.

Bref, votre cerveau fonctionne à la fois comme un disque vinyle et un CD, dont les deux types d'information, distincts par nature, sont intriqués par l'action des synapses. Voilà comment est encodé dans chacun de vos neurones, et dans l'ensemble de votre cerveau à chaque instant, votre état de conscience et son contenu.

Une dimension à part

Nous l'avons expliqué, les théories d'ordre supérieur, l'espace de travail global et la théorie de l'information intégrée ne nient pas l'aspect phénoménal des expériences conscientes, mais ils ne comblent pas pour autant le *fossé explicatif* de Du Bois-Reymond, Levine et Chalmers, qui reste une question non résolue. Ils ne donnent pas non plus une fonction particulière au *quelque chose de plus* de Wittgenstein, sauf à affirmer, sans preuve, qu'il est en soi nécessaire pour optimiser nos comportements et enrichir notre relation au monde.

Le dernier modèle, celui aux quatre dimensions, n'a pas vocation immédiate à produire une nouvelle théorie mécanistique, mais il fournit un cadre épistémologique nouveau et prometteur, en considérant séparément les différents aspects de la conscience. À chacune des expériences subjectives il associe une qualité (et une intensité), un état de vigilance, ainsi qu'un substrat neuronal singulier constitué par deux types d'information bien identifiés : le bruit synaptique et le codage numérique qu'il génère. En adjoignant une dimension temporelle, ce nouveau modèle tient aussi compte du changement continuel des activités cérébrales et mentales. Nos neurones ne font jamais exactement deux fois la même chose, et les expériences conscientes qui se succèdent ne sont jamais identiques : nous possédons tous notre propre espace conscient, et nous n'y occupons jamais deux fois la même position. Le faire, d'ailleurs, reviendrait à effectuer un voyage dans notre passé existentiel.

Comme les autres théories scientifiques, le modèle quadridimensionnel ne permet pas d'assigner une fonction particulière au contenu de la conscience, mais il nous oblige à soulever la question. L'aspect phénoménal est la seule dimension subjective de l'espace conscient, la seule à ne pouvoir trouver une définition univoque, et la seule à ne pas être quantifiable : elle n'est que qualifiable. Deux problèmes se posent alors : à quoi sert-elle ? Et que se passerait-il si elle n'existait pas ?

Il est remarquable de constater que l'état de vigilance (l'axe des abscisses dans le modèle) est indépendant du contenu particulier de la conscience (axe des ordonnées). Avoir une expérience mentale, qu'elle soit intense (jouer aux échecs, lire ou écrire un livre compliqué, écouter une conférence sur la physique quantique, tomber amoureux…) ou anodine (lire un plan de métro, jouer à Tetris, regarder une chaîne d'info, acheter son pain…), requiert un même état de vigilance, celui de l'éveil conscient. Essayez donc de gagner une partie d'échecs ou d'acheter du pain en phase de sommeil lent ou en étant dans le coma ! Mais cette relation de dépendance est-elle réciproque ? Les expériences mentales contrôlent-elles les mécanismes cérébraux des états de vigilance ? Non, car même si jouer aux échecs nécessite d'être éveillé et attentif, ce n'est pas l'effort mental par lui-même qui dicte l'état de vigilance, c'est ce dernier qui en donne la possibilité.

Poursuivons ce raisonnement, mais en questionnant les relations entre la dimension subjective de la conscience et l'activité neuronale sous-jacente. Les expériences mentales sont toujours associées à l'activation de réseaux de neurones, mais sont-ils eux-mêmes sous l'influence des expériences subjectives qui les accompagnent ? Prenons un exemple : la lecture. L'intégration et le stockage dans notre cerveau des informations contenues dans ce livre nécessitent-ils la production conjointe d'une expérience mentale ? Où intervient la subjectivité dans le processus neuronal de la lecture ? Lire, écrire, aimer, jouer, créer peuvent être décrits en tant qu'actions sur la seule base des trois dimensions objectives du modèle dimensionnel de la conscience (état de vigilance, activité neuronale appropriée et temps). Nous devons admettre que les états de vigilance sont indépendants des expériences internes, et que les activités neuronales qui sous-tendent les expériences conscientes les précèdent, et donc ne sont pas sous leur dépendance.

Réfuter cette affirmation reviendrait à admettre que le dualisme est vrai et que les « pensées », en tant que telles, agissent sur les neurones, ce qui ne peut pas être le cas. Quant au temps, il est la trame indéfectible sur laquelle se déploient les processus cérébraux indépendamment du contenu mental, sans aucun aller-retour, puisque les activités neuronales et les expériences subjectives ne se répètent jamais.

Il semblerait que les trois dimensions objectives soient suffisantes pour décrire l'intégralité de notre existence ; alors, est-ce à dire que la conscience phénoménale, telle que nous nous la représentons habituellement, est une illusion, un mythe dont la seule fonction serait de créer artificiellement ce qu'on appelle la subjectivité, le « *quelque chose de plus* » indicible ? Je vous propose maintenant d'enquêter sur cette question déroutante.

À quoi sert le « quelque chose de plus » ?

La question est posée : quel est le rôle de la conscience phénoménale ? La première difficulté sera de trouver le bon moyen d'y répondre. Idéalement, il faudrait recourir à des paradigmes expérimentaux similaires à ceux de la physiologie, comme de supprimer une propriété biologique et d'examiner l'effet produit par son absence. Dans notre cas, cela reviendrait à éliminer le contenu de la conscience (et rien d'autre) et à analyser ses conséquences sur le comportement. De manière complémentaire, nous pourrions disposer d'un individu qui en est naturellement dépourvu (nous verrons que ce cas existe) et lui procurer artificiellement une capacité de conscience phénoménale. De telles manipulations ne seraient pas éthiques, et de toute manière effroyablement compliquées à mettre en œuvre.

En revanche, nous appuyant sur le modèle à quatre dimensions de la conscience, une approche prometteuse serait d'évaluer séparément la fonction particulière des différents aspects (objectifs et subjectifs) d'un comportement conscient. Ceux impliquant les actes volontaires sont les plus instructifs, car ils nous permettraient de juger de la véritable fonction d'un des contenus les plus importants de notre sphère consciente : notre volonté d'agir. De telles études ont pu être menées, et nous verrons qu'elles ont éliminé la possibilité que la dimension subjective de la volonté joue le moindre rôle dans le déterminisme de nos actions dites « délibérées ». Nous rencontrerons aussi certains patients qui, privés de conscience phénoménale, se comportent comme de véritables zombis, sans pour autant être empêchés d'agir et de réagir. Ces expériences et ces troubles neurologiques sont rares, mais ils existent. Commençons par une enquête neurophysiologique sur notre cher libre arbitre. Mais pour cela, il nous faut faire un saut dans le temps et dans l'espace. Transportons-nous au début des années 1960, dans une université allemande où deux chercheurs ont décidé de déjeuner ensemble…

CHAPITRE 6

Neurophysiologie de l'esprit libre

Le temps de l'intention

> Il y a une limite où l'intellect échoue et tombe en panne, et cette limite est où les questions concernant Dieu et le libre arbitre et l'immortalité se posent.
>
> EMMANUEL KANT

Comment se fait-il, après des siècles de réflexions philosophiques, que le « problème du libre arbitre » fasse toujours l'objet de discussions enflammées ? Pourquoi la philosophie a-t-elle échoué à résoudre cette question ? Y aurait-il là une difficulté conceptuelle ou un obstacle épistémologique insurmontable ? Pour John Searle, que nous avons déjà rencontré quand nous tentions de définir la conscience, cette impasse constitue un véritable « scandale » intellectuel [1], que lui-même d'ailleurs semble incapable de régler !

De mon point de vue, le problème provient d'un tiraillement confus entre l'intuition inébranlable d'agir à notre guise et l'idée, souvent vague, d'un déterminisme permanent dans lequel notre volonté est sous la contrainte de processus biologiques. Serions-nous victimes d'une sorte de conflit interne entre deux croyances irréconciliables ? C'est une question importante, car, si l'hypothèse d'un déterminisme d'origine biologique est vraie, le libre arbitre tel que nous le concevons habituellement n'est rien d'autre qu'une illusion, et nos actions prétendument libres ne sont en fin de compte que la conséquence de mécanismes physiologiques indépendants de notre volonté consciente.

Le point de vue ordinaire est de sauver coûte que coûte le libre arbitre, reléguant l'interrogation métaphysique à une simple conviction, une posture idéologique, morale ou religieuse, sans fondement intellectuel réfléchi. Attention ! Croyances et idéologies sont les ennemies absolues de la méthode scientifique, laquelle se doit, par nature et par fonction, d'explorer de manière indépendante, grâce aux outils complémentaires de l'expérimentation et de la théorie, les phénomènes de la nature. La question du libre arbitre et le problème sous-jacent du rôle de la dimension subjective de la conscience dans nos comportements n'ont aucune raison de déroger aux critères de scientificité. Et s'il existe une réponse définitive à ce délicat débat, seule la neurobiologie peut la trouver, car, et jusqu'à preuve du contraire, la solution réside d'une manière ou d'une autre dans l'étude des relations de cause à effet entre trois partenaires : la conscience, le comportement et le cerveau.

Voyons donc comment la science a pu trancher, je pense de manière définitive, sur l'existence, ou non, du libre arbitre. Ce fut l'œuvre de deux neurophysiologistes qui, malgré leurs divergences philosophiques inextinguibles, se sont nourris mutuellement d'idées et d'expériences lumineuses. Un bel exemple de la manière dont la science transcende les idéologies, justement !

Cerveau et liberté

Du point de vue du neurobiologiste, poser la question du libre arbitre est relativement aisé. Si l'on admet – et c'est bien le cas – que notre cerveau est l'organe effecteur de nos comportements, nous sommes libres de nos actes *si et seulement si* notre volonté consciente et raisonnée d'agir cause (et donc précède) l'activation des réseaux de neurones moteurs. Le prix à payer pour affirmer que le libre arbitre existe sera ainsi de démontrer un contrôle de notre cerveau par un acte mental, celui de la volonté. De fait, nous avons quotidiennement l'intuition que tel est bien le cas. Prenons quelques exemples.

Ce matin, votre réveil a sonné et vous avez, comme à votre habitude, traîné quelques minutes avant de bondir hors du lit : premier choix libre. Cet instant résulte d'un autre choix conscient, dont vous avez peut-être gardé le souvenir. Pas de doute, vous avez décidé librement de vous lever, incluant le moment précis où vous avez posé le pied hors du lit. Des situations similaires se répéteront toute la journée : le déclenchement de votre cafetière, l'ordre avec lequel vous allez enfiler vos vêtements et le choix de déjeuner avec tel ou tel collègue, alors qu'aucun rendez-vous n'était pris…

Il semblerait donc que nous soyons libres de choisir nos actions, en dehors de celles qui sont contraintes par des circonstances particulières (comme monter dans le bus lorsque ses portes sont ouvertes ou traverser la route à un feu rouge) [2], et leur ordre au cours du temps. Tout cela nous apparaît évident, mais la démonstration scientifique d'une telle hypothèse est loin d'être aisée. Elle requerrait d'abord d'identifier les activités cérébrales qui précèdent les comportements volontaires, notamment les plus précoces avant la réalisation du mouvement, et de déterminer de surcroît l'instant précis de notre prise de décision « en toute liberté ». L'ultime difficulté, et pas la moindre, serait de prouver que l'intention consciente d'agir est effectivement requise pour assurer le comportement. Si la séquence suivante était vérifiée – la volition (la volonté libre d'agir) précède et détermine causalement la mise en jeu des réseaux de neurones moteurs –, alors, et seulement alors, notre *personne consciente* serait considérée comme maître de son cerveau, lequel agirait en conséquence, et l'existence du libre arbitre serait démontrée.

Or identifier le moment exact d'une activité mentale – en l'occurrence la volonté consciente d'agir – est d'une difficulté extrême, car un acte de la pensée est par essence subjectif et, comme nous l'avons expliqué, non mesurable selon la méthodologie habituelle des sciences expérimentales. Nous verrons plus loin que seul le génie de Benjamin Libet a pu venir à bout d'un tel défi. Quant à l'aspect objectif de la question – le phénomène neuronal initiateur de l'action « volontaire » –, il a été partiellement élucidé grâce à l'une des plus élégantes, et astucieuses, expériences de la neurophysiologie, comme nous allons le découvrir.

Le printemps 1964

C'était un samedi ensoleillé du printemps 1964. Hans Kornhuber, neurologue et médecin-chef de la clinique neurologique Richard-Jung de Fribourg, en Allemagne, et Lüder Deecke, son doctorant, décident de s'octroyer une pause et de déjeuner à l'auberge du Cygne, au pied de la colline du Schlossberg [3]. L'ambiance est décontractée et propice à de libres échanges intellectuels entre le maître et son élève. Après le déjeuner, assis dans l'herbe d'un magnifique jardin attenant, les deux chercheurs confient leur commune frustration concernant la « passivité » de la recherche sur le cerveau en ce début des années 1960.

Il est vrai que, depuis les découvertes de la décennie précédente – peut-être les plus importantes dans l'histoire des neurosciences – sur le fonctionnement des synapses et sur les mécanismes moléculaires de l'excitabilité des neurones, qui valurent le prix Nobel de physiologie ou de médecine à Alan Hodgkin, Andrew Huxley et John Eccles en 1963, les recherches fondamentales sur le cerveau marquent un peu le pas. Et même si Hubel et Wiesel viennent de réaliser une avancée majeure dans la compréhension du traitement sensoriel par le cerveau en identifiant les principes du codage neuronal dans le cortex visuel [4], Kornhuber et Deecke regrettent qu'aucune étude ne soit menée sur ce qui est censé être l'une des fonctions les plus importantes du cerveau : le rôle causal de la conscience dans le comportement volontaire, c'est-à-dire le comportement initié par un acte « libre » de la pensée.

Les esprits s'échauffent alors sur les mécanismes du déterminisme neurobiologique dans les comportements et sa relation avec la volonté. Mais les deux neurophysiologistes décident de ne pas en rester là, et les voilà qui passent l'action : ils mettent au point un paradigme de recherche pour élucider les bases cérébrales des actions auto-initiées, c'est-à-dire libres de toute contrainte extérieure. Bref, ils veulent établir les corrélats neuronaux du libre arbitre !

Ce type d'échanges informels et passionnés entre chercheurs est assez fréquent. Il s'agit souvent de s'attaquer à un problème délaissé par la recherche académique « classique ». Combien de fois, au hasard des rencontres dans les couloirs de mon institut, ai-je engagé des discussions impromptues, et enthousiastes, avec des collègues (souvent plus jeunes que moi) sur les moyens de résoudre les « mystères de la conscience » ou d'expliquer les expériences de mort imminente ? Dans la plupart des cas, ces discussions restent lettre morte, car notre système de recherche, national et européen, ne permet guère de s'éloigner des sentiers battus et rejette quasi systématiquement les idées trop éloignées des thématiques ou des hypothèses à la mode – sans parler des politiques de financement qui plombent les projets vraiment originaux.

En somme, nous sommes officiellement encouragés à prendre des risques, mais mesurés, et surtout pas dans le domaine conceptuel. C'est très dommage, car c'est ainsi que se font les révolutions scientifiques, contrairement à la pratique de la science « normale » – selon l'expression du philosophe des sciences Thomas Kuhn [5] –, qui stérilise la recherche et l'imagination des chercheurs. Hélas, il est plutôt recommandé de développer des « techniques de pointe » pour aborder des questions éculées, et souvent largement résolues, plutôt que d'explorer des théories inédites.

La différence avec Kornhuber et Deecke est qu'eux ont su réaliser un projet fondamental et révolutionnaire dans sa conception. Fondamental, car il traite du fossé causal entre conscience et physiologie, et révolutionnaire, car il explore un processus endogène du cerveau, la volonté. Les deux neurophysiologistes ont à cette occasion, et c'est toute l'élégance de leurs travaux, mis au point l'un des paradigmes expérimentaux les plus ingénieux de l'histoire des neurosciences.

Comment Kornhuber voyait le monde

Troisième enfant d'un couple de médecins, Hans Helmut Kornhuber est né le 24 février 1928 à Königsberg, en Allemagne [6]. Le jeune Hans, enfant précoce, fut hanté dès l'âge de huit ans par des questionnements métaphysiques inhabituels : « *Comment l'homme comprend-il le monde* ? » ou « *Comment fonctionne le cerveau* ? ». Vastes questions, en effet ! Lorsqu'il quitte l'école au début de l'année 1944, il a déjà compris que le moyen le plus efficace de satisfaire sa curiosité est la science, en particulier la chimie, qu'il étudie dès l'âge de seize ans à l'Institut de chimie de sa ville natale.

Königsberg est prise par l'armée russe, et le jeune Kornhuber, enrôlé dans l'armée nazie, est fait prisonnier de guerre et emprisonné en URSS pendant cinq ans. Au cours de sa captivité se produit un événement qui déterminera son choix de devenir médecin plutôt que professeur de philosophie ou scientifique théoricien : il sauve la vie d'un enfant empoisonné par des champignons vénéneux ! Libéré en 1949, il décide de devenir clinicien et choisit méthodiquement ses universités, non pas pour la qualité de la formation médicale, mais pour leurs professeurs de philosophie, notamment Heidegger à Fribourg. Ses journées sont dédiées à l'étude de la médecine, ses soirées à lire les grands philosophes. Après avoir soutenu sa thèse sur le « *Déclenchement des dépressions cyclothymiques par le stress psychique* », il obtient son premier poste au département de neurophysiologie de l'hôpital neurologique de Fribourg. Là encore, il partage son temps. Il commence ses journées auprès de ses patients ; et le soir, il poursuit ses recherches fondamentales en enregistrant l'activité électrique des neurones dans le cerveau de chats ou en réalisant des expériences de psychophysique chez des sujets humains.

Kornhuber était un authentique médecin-chercheur, travailleur inépuisable et consciencieux, guidé par de fermes convictions philosophiques. Il fut aussi soucieux d'acquérir les meilleures compétences en neurophysiologie. À cette fin, il effectua un stage postdoctoral à l'hôpital Johns-Hopkins de Baltimore, chez Vernon Mountcastle (1918-2015), spécialiste du traitement des informations sensorielles par le cortex cérébral et découvreur de l'organisation de cette structure en « colonnes de neurones » ayant des fonctions particulières.

C'est grâce à cette formation scientifique, et à sa passion partagée avec Deecke pour la « liberté humaine », que Kornhuber se lance en 1964 dans l'aventure qui aura pour conséquence de réduire la volonté humaine à un processus déterministe strictement neuronal, et non mental. Il continuera néanmoins de défendre toute sa vie la vision d'un homme « intrinsèquement libre »[7, 8] : « *Notre culture est basée sur l'interaction de citoyens libres* », disait-il. Il s'engagea, comme médecin et citoyen, contre les addictions qui, d'après lui, asservissent l'individu alors qu'il devrait être guidé par une « auto-direction » reposant sur la raison et sur l'éthos. Le neurologue considérait la liberté comme un acquis de l'évolution, et donc de la génétique, mais qui devait se nourrir de l'intelligence et de la discipline de soi pour se consolider et devenir une vertu créative et morale. Il ira encore plus

Hans Helmut Kornhuber (1928-2009). Ce neurologue et neurophysiologiste allemand fut le découvreur d'une onde électrique apparaissant dans le cerveau une seconde avant un mouvement volontaire. Il ignorait qu'il venait de remettre en cause l'existence même du libre arbitre.

loin en affirmant qu'un amoindrissement de notre liberté ne peut être dû qu'à une forme d'« auto-corruption ».

Kornhuber naviguait donc entre eugénisme et angélisme : l'être humain est naturellement libre, mais à condition qu'il soit intelligent et animé de hautes valeurs morales ! « Vérité-Honnêteté-Droiture », voilà comment le prestigieux *Journal of Neurology* résumait les valeurs de Kornhuber en 2010 [9], après que celui-ci était décédé d'une tumeur cérébrale le 30 octobre 2009.

« Droiture » ? Kornhuber en était effectivement un exemple dans la recherche. Il fut aussi créatif quand il dut établir et analyser un phénomène cérébral aussi étrange que le *bereitschaftspotential*, même si celui-ci devait finalement contredire ses idéaux. Mais ça, il l'ignorait quand il entreprit les recherches imaginées dans le parc du Schlossberg.

Réflexe intellectuel

Avant l'étude révolutionnaire de Kornhuber et Deecke, peu était connu sur les phénomènes cérébraux qui précédent un mouvement. Ce n'est pas vraiment surprenant : il s'agit d'une sorte de « réflexe intellectuel » chez la plupart des physiologistes que de se tourner vers l'avenir, en se concentrant sur les phénomènes *induits*, c'est-à-dire ceux qui sont produits par un événement clairement identifié et localisé dans le temps. Appliqué aux neurosciences, cela correspond à l'approche classique de type « stimulus-réponse ».

Prenons un exemple instructif, celui de l'étude des mécanismes de la mémoire. Les recherches en question consistent à appliquer un conditionnement et à examiner ses post-effets sur les neurones ou les synapses, mais très rarement à étudier le rôle de l'état cérébral qui *précède* l'apprentissage. C'est une erreur, car, comme nous l'avons vu, l'activité neuronale change continuellement, ce qui a pour effet de faire varier sans cesse la manière dont le cerveau intègre de nouvelles informations.

Les deux chercheurs de la clinique neurologique de Fribourg pouvaient néanmoins s'appuyer en 1964 sur quelques travaux antérieurs. Une première démonstration de changements neuronaux *avant* un mouvement avait été obtenue par Grinker, Serota et Stein en 1938 [10], à l'hôpital de Chicago. Ils avaient détecté des variations électriques dans le cortex moteur quelques dizaines de millisecondes avant les contractions musculaires, chez un patient souffrant de crises d'épilepsie. Néanmoins, il ne s'agissait pas ici d'actes volontaires, mais de ceux produits dans une condition pathologique où les mouvements sont incontrôlés, et donc indifférents au libre arbitre du sujet. D'ailleurs, ce court délai ne reflétait que l'activation précoce des neurones du cortex moteur primaire [11] (l'ultime zone corticale à être mise en jeu lors d'un mouvement [12]) lors de la crise.

Plus intéressante avait été la description par Jasper et Penfield en 1949 [13] du blocage transitoire d'un rythme électrique cérébral particulier, le rythme *béta* (correspondant à des oscillations survenant à une fréquence d'environ vingt cycles par seconde), après que l'on eut demandé à un sujet de fermer le poing, mais *avant* qu'il n'effectue le mouvement en question. Notons qu'ici le mouvement était bien volontaire, mais pas endogène, spontané, car il était provoqué par la consigne verbale de l'expérimentateur. Le libre arbitre du sujet n'était donc pas non plus sollicité ici.

Enfin, lors d'expériences de conditionnement menées au début des années 1960 chez le lapin [14], le chat [15] et l'homme [16], une onde lente apparaissait dans l'électro-encéphalogramme après un stimulus « conditionnel », indiquant au sujet qu'un stimulus déclencheur de la réponse motrice allait bientôt survenir. Cette variation électrique a été baptisée « *expectancy wave* », car elle était censée correspondre à une « attente », celle d'un événement extérieur à venir et incitateur de l'action. Bref, toutes ces études montraient des changements dans l'activité du cerveau avant que le mouvement ne survienne, mais sans relation avec une décision strictement endogène, et consciente, de réaliser l'action en question.

Pour découvrir le mécanisme neuronal de la volonté d'agir librement, Kornhuber et Deecke iront à contre-courant de la neurophysiologie de leur temps. Ils opéreront un changement radical de paradigme, en se tournant vers le passé plutôt que vers l'avenir, une nouveauté et un défi technique pour les neurosciences des années 1960 !

Retour vers le passé

Pour aboutir dans leur projet d'identifier dans le cerveau une image électrique du libre arbitre, le doctorant et son mentor vont être confrontés à de terribles difficultés. Ils devront d'abord mettre au point une procédure qui laisse aux sujets une liberté d'action et qui permet de mesurer un éventuel signal cérébral survenant avant l'action, mais toujours associé à celle-ci. Il faudra

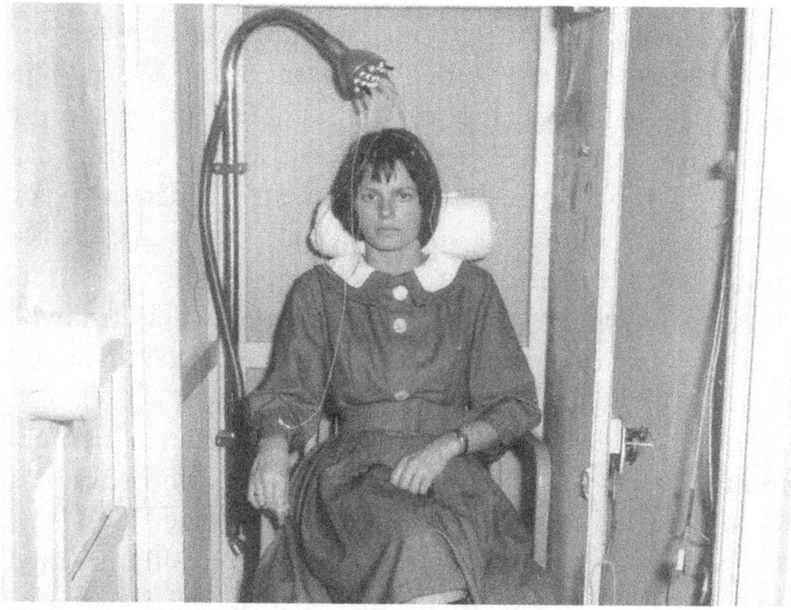

Le dispositif original de l'expérience menée par Kornhuber et Deecke en 1964. Les électrodes posées sur le crâne et le bras du sujet ont pour but d'enregistrer et de comparer ce qu'il se passe dans le cerveau et dans le muscle lorsque le mouvement est initié par le sujet.

aussi que les mesures dans l'électroencéphalogramme soient temporellement calées de la même manière dans toutes les expériences, bien que les sujets décident d'agir à un moment imprévisible. La complication supplémentaire, et non la moindre, est que l'activité cérébrale associée à la volition pourrait être de faible intensité et donc noyée dans le « bruit de fond » cérébral. Ils surmonteront tous ces obstacles grâce à une idée géniale [17].

Examinons le protocole, qui est toujours utilisé. Les sujets ? Une douzaine d'étudiants de l'université de Fribourg ne souffrant d'aucune pathologie mentale et ne prenant aucun psychotrope [18]. La tâche ? Effectuer librement un mouvement de la main (presser un bouton de l'index ou de la paume, serrer une balle ou tirer sur un fil) ou du pied (appuyer sur un bouton à l'aide du gros orteil). La variété des actions est ici importante, car elle permettra de généraliser les résultats à différents types de comportements. Chaque participant est équipé d'électrodes pour enregistrer simultanément la contraction du muscle impliqué dans le mouvement (électromyogramme) et l'électroencéphalogramme correspondant. Le principe de l'analyse de l'activité cérébrale est d'utiliser le début du mouvement, objectivé par l'électromyogramme, comme repère temporel de ce qui se passe, non pas après mais *avant* le mouvement. Voilà l'idée géniale !

Chaque mouvement est répété de 100 à 500 fois (avec une cadence irrégulière décidée par le sujet), ce qui permet d'additionner tous les événements passés dans l'électroencéphalogramme (relativement à la contraction musculaire), puis de les diviser par le nombre d'essais : Il s'agit d'un *moyennage rétrograde*. Si ce type d'analyse est facile à implémenter aujourd'hui grâce à de nombreux programmes informatiques visant à traiter les signaux électrophysiologiques, au début des années 1960, c'est une révolution ! L'intérêt de cette procédure est d'effacer le bruit de fond électrique du cerveau afin de révéler ce qui s'est spécifiquement produit dans ce dernier *avant* l'action volontaire. Voici l'expérience *princeps* par laquelle la science a expérimenté pour la première fois sur le libre arbitre.

Le bereitschaftspotential

Les résultats de l'expérience de Fribourg sont clairs et inattendus. Ils révèlent l'existence d'un changement de tension électrique dans le cortex cérébral, dont l'amplitude varie selon les régions, se développant lentement d'une à plus de deux secondes *avant* le début de la contraction musculaire, atteignant son maximum quelques dizaines de millisecondes *après* l'exécution du mouvement, puis s'estompant rapidement. La découverte majeure était que l'essentiel de cette onde électrique est en relation directe avec la volonté mentale d'agir, et non avec le mouvement lui-même. Kornhuber et son jeune collègue le prouvèrent en montrant qu'elle était absente si le mouvement était passif, c'est-à-dire quand il était forcé manuellement par l'expérimentateur.

Une propriété intrigante de ce phénomène cérébral est que son intensité est d'autant plus grande que l'engagement intentionnel du sujet est important. Il s'agit – un fait curieusement non relevé lors de la publication de la découverte – de la toute première démonstration d'une relation directe et positive entre l'intensité subjective d'un acte mental (la « force » de l'intention) et l'amplitude d'un événement objectif dans le cerveau (l'importance de l'événement électrique dans le cortex). En accord avec cette corrélation neuro-mentale, il a été montré trente ans plus tard que l'amplitude de ce potentiel est considérablement réduite chez les personnes atteintes de la maladie de Parkinson [19], connues pour souffrir, entre autres, d'un déficit dans l'initiation et dans l'exécution des mouvements. Ce potentiel cérébral « prémoteur » (il précède le mouvement) a été maintes fois décrit depuis 1965, son existence est définitivement prouvée, et il a été confirmé qu'il était lié spécifiquement à la production de comportements libres.

La figure suivante montre cette nouvelle onde bioélectrique telle qu'elle a été présentée dans la publication

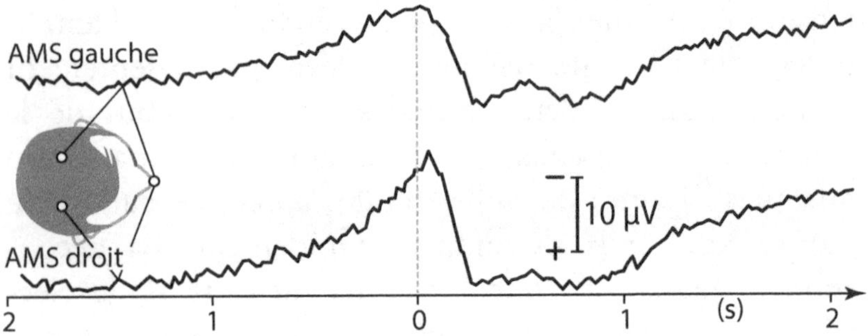

La découverte du *bereitschaftspotential.* Les deux tracés représentent de lents changements de potentiel électrique enregistrés de part et d'autre du cerveau, comme indiqué en A. L'instant zéro indique le début d'un mouvement volontaire. On voit clairement que l'activité électrique du cerveau en regard de l'*aire motrice supplémentaire ou AMS* (zone prémotrice du cortex frontal indiquée sur le crâne stylisé) se modifie une seconde avant le début de la contraction musculaire (indiqué par le 0).

originale. Considérée comme un marqueur cérébral de l'intention mentale d'agir, elle sera baptisée par Kornhuber et Deecke *bereitschaftspotential*, terme allemand signifiant littéralement « potentiel de préparation ». Il sera traduit en anglais par *readiness potential* et par potentiel de préparation motrice en français.

Le *bereitschaftspotential* sera décrit dans le détail, et on montrera qu'il peut avoir plusieurs composantes. La plus précoce commence parfois plus de deux secondes avant le mouvement. Elle est similaire dans les deux hémisphères, et toujours absente si le mouvement est provoqué par une consigne extérieure, c'est-à-dire « non libre » de choix. La seconde composante, montrant une pente accrue et débutant environ quatre cents millisecondes avant le début du mouvement, est considérée comme un reflet de l'activation progressive du cortex moteur primaire. Cette aire corticale contient les neurones du

« tractus pyramidal », un ensemble de fibres nerveuses qui commandent directement l'activation des neurones de la moelle épinière (motoneurones), lesquels provoquent ensuite la contraction des muscles. Il s'agit ainsi d'une région du cortex qui intervient dans la phase finale de tous les mouvements, qu'ils soient endogènes ou précipités par un événement extérieur.

Les mystères de l'aire motrice supplémentaire

Le *bereitschaftspotential* est présent dans plusieurs régions du cortex, mais son intensité est maximale au-dessus du sillon entre les deux hémisphères cérébraux, au niveau du lobe frontal, juste en avant du cortex moteur primaire. La région précise où ce potentiel cérébral est le plus grand, correspondant donc à son site de déclenchement, a été identifiée comme l'*aire motrice supplémentaire*. Cette région de l'écorce cérébrale, étudiée pour la première fois en 1949 par le neurochirurgien canadien Wilder Penfield [20], possède des propriétés très particulières qui en font l'une des zones corticales les plus insolites, cible de spéculations dualistes et surnaturelles, même de la part de très sérieux neurophysiologistes.

Comme le cortex moteur primaire, l'*aire motrice supplémentaire* présente une « somatotopie », c'est-à-dire que chaque partie de notre corps y est représentée par des groupes de neurones distincts et selon une cartographie bien organisée [21]. Des stimulations électriques de ses différentes sous-parties provoquent des contractions de différents groupes musculaires, mais à condition que l'intensité des stimuli soit plus élevée que celle utilisée pour le cortex moteur primaire. Ce fait est capital, car il montre que l'aire du cerveau où naît le *bereitschaftspotential* participe *indirectement* au déclenchement des mouvements, en amont du cortex moteur primaire.

La stimulation électrique de l'*aire motrice supplémentaire* peut aussi provoquer une cohorte d'effets déconcertants, difficiles à expliquer de manière cohérente [22] : de lents changements dans la posture corporelle, une envie urgente de bouger (ce qui est en accord avec la découverte de Kornhuber et Deecke) et une inhibition de certains mouvements, comme la parole ! Confortant les résultats de l'expérience de Fribourg, des chercheurs de l'hôpital d'Hammersmith à Londres ont montré que le métabolisme de l'*aire motrice supplémentaire* est particulièrement intense quand les sujets sont libres de choisir leurs actions, contrairement aux comportements contraints par des instructions extérieures [23]. C'est aussi le cas quand des sujets sont particulièrement concentrés sur leur intention mentale d'agir [24]. La volonté d'agir à son gré est donc associée à la fois à des variations électriques dans l'*aire motrice supplémentaire* et à un accroissement de ses besoins énergétiques.

Mais une des propriétés les plus intrigantes de l'*aire motrice supplémentaire* est sa relation, semble-t-il de cause à effet, avec la simple « idéation » du mouvement. En 1980, une équipe de neurophysiologistes danois [25] a montré une augmentation du débit sanguin cérébral dans cette zone du cortex quand les sujets programment mentalement un mouvement du doigt, sans pour autant le réaliser ! Quelques années plus tard, une autre équipe dans le Connecticut [26] (dont nous reparlerons) obtient la démonstration que, dans certains cas, la stimulation électrique de cette aire provoque d'étranges expériences sensorielles, et même mentales : une sensation de picotement ou d'engourdissement, ou encore le sentiment d'avoir effectué un mouvement sans que ce soit effectivement le cas... Un des sujets de cette étude rapporte : « *Je sens mon bras en train de bouger !* », alors que celui-ci est immobile.

Incontestablement, le plus puissant indice du rôle de l'*aire motrice supplémentaire* dans la mentalisation d'une action est que son activation artificielle est capable de conduire à une envie (presque un besoin irrépressible) de bouger, ou encore au sentiment bizarre qu'un acte sera bientôt produit [27]. Nous avons donc affaire à une aire corticale intriquée avec les dimensions subjectives de l'action, qui doivent résulter de propriétés singulières dans les neurones de cette zone du cerveau. Les étudier permettrait-il de franchir le *fossé explicatif* ? Mystère... On comprend néanmoins pourquoi John Eccles en a fait une cible privilégiée pour ses *psychons* !

Un carrefour entre négligence motrice et libre arbitre

La pathologie peut aussi aider à démasquer certaines fonctions d'une zone particulière du cerveau. Dans le cas de l'*aire motrice supplémentaire*, sa résection chirurgicale, dans le but par exemple de retirer une tumeur, a pour conséquence d'abolir, au moins transitoirement, les mouvements spontanés (controlatéraux à l'ablation) [28]. Il s'agit d'une akinésie, ou « négligence motrice », qui peut être aggravée par un mutisme ou une immobilité totale (alors que le sujet n'est pas paralysé !) ; elle est nommée alors « mutisme akinétique ».

Mais le signe clinique consécutif à sa lésion le plus étonnant est celui du « membre étranger [29] ». Le patient, dont le membre agit à l'encontre de sa conscience,

Le docteur Folamour, personnage truculent du film de Stanley Kubrick inspiré du savant allemand Wernher von Braun, utilise sa main gauche pour abaisser son bras droit faisant le salut nazi. Un tel comportement conflictuel vis-à-vis de soi-même peut survenir après une ablation de l'*aire motrice supplémentaire*, zone cérébrale où naît le *bereitschaftspotential*.

accomplit des actes incohérents : vouloir saisir un objet en dehors du champ spatial atteignable par la main ou, plus bizarrement – à l'instar du docteur Folamour, héros du film de Stanley Kubrick, qui abaisse d'une main l'autre faisant le salut nazi –, le fait de raccrocher d'une main (celle normalement commandée par l'*aire motrice supplémentaire* amputée) le téléphone préalablement décroché par l'autre ! Ou encore, cette patiente portant à sa bouche de la main droite une tasse de thé qu'elle sait trop chaude et qui utilise la main gauche pour la replacer sur la table. Ce type de conflit bimanuel est très déroutant et difficilement explicable sur la base des connexions anatomiques connues entre cette aire du cortex et les autres régions du cerveau.

L'*aire motrice supplémentaire* est la source de nombreuses énigmes neurophysiologiques, loin d'être résolues, et l'on peut s'étonner du peu d'études sur les particularités de ses neurones et réseaux de neurones. Mais la plus mystérieuse de toutes est son lien certain avec la volonté libre d'agir. Après la démonstration de cette relation neuro-mentale par Kornhuber en 1965, la question qui restait en suspens était la suivante : cette zone du cortex est-elle la cible du libre arbitre ou bien en est-elle à l'origine ? Dans ce dernier cas, il faudra, *ipso facto*, abandonner l'idée même de libre arbitre !

CHAPITRE 7

L'impossible libre arbitre

Quand le cerveau n'en fait qu'à sa tête

Il n'est pas bon d'être trop libre.

BLAISE PASCAL

L'esprit s'arroge un peu partout des droits qu'il n'a pas.

ANDRÉ BRETON

La zone corticale où naît le *bereitschaftspotential* est une source cérébrale pour la production d'un phénomène mental particulier : l'idée de vouloir agir. Elle jette un pont au-dessus du fameux *fossé explicatif*, même si nous n'avons – pour l'instant – rien identifié de particulier dans cette région du cerveau qui puisse expliquer la conversion ontologique entre la matérialité neuronale et la subjectivité de l'envie d'accomplir un acte. L'*aire motrice supplémentaire* constitue néanmoins un bon candidat pour une base neuronale du libre arbitre, mais à la seule condition que la volonté consciente précède la survenue du *bereitschaftspotential*. Rien ne prouve dans les expériences de Kornhuber et Deeke que ce soit le cas.

Un autre visionnaire des neurosciences, Benjamin Libet, a été le premier à se pencher sur cette question. Sa découverte fut sensationnelle.

Un rêve ukrainien

Benjamin Libet est né à Chicago en 1916[1]. Son enfance fut celle d'un fils et petit-fils de tailleurs juifs d'origine ukrainienne, élevé dans une quasi-pauvreté durant la Grande Dépression, au sein d'une famille qui ne parlait que yiddish à la maison. Il apprit donc l'anglais dans les rues malfamées du Chicago de la Prohibition. Peu éduqués, ses parents l'ont fortement encouragé à faire de longues études afin qu'il obtienne une meilleure position sociale qu'eux. Et ce fut le cas. Il devint l'un des plus grands neurophysiologistes américains et révolutionna notre vision des processus neurobiologiques de la conscience. Libet s'interrogea lui-même sur cette carrière improbable :

> *[...] comment un enfant pauvre, issu de la première génération d'immigrants ukrainiens, a-t-il pu devenir un neurophysiologiste reconnu ?*

Sa réponse se résume à un célèbre adage :

> *[...] il n'y a que l'Amérique pour permettre une telle chose !*

Comme Kornhuber, le jeune Benjamin Libet est un enfant précoce qui se passionne très tôt pour la physiologie. À l'âge de douze ans, dans une colonie de vacances, il rejoint un groupe d'apprentis biologistes et assiste, fasciné, à une expérience de décérébration de grenouille,

Benjamin Libet (1916-2007). Il fut le découvreur d'un considérable décalage temporel entre l'intention mentale d'agir et l'activité cérébrale sous-jacente, remettant ainsi en cause l'existence du libre arbitre.

montrant que de nombreux viscères (dont le cœur) fonctionnent encore en l'absence de cerveau. Il entre à l'université de Chicago à l'âge de seize ans et obtient une licence de physiologie en 1936.

Il assiste alors aux cours d'un jeune professeur de physiologie, Ralph Gerard (1900-1974), spécialiste du métabolisme du système nerveux, qui venait de montrer que le cerveau d'une grenouille retiré de sa boîte crânienne continuait à produire des ondes électriques qui pouvaient être enregistrées dans l'électroencéphalogramme ! Les premiers pas dans la recherche de Libet consisteront à découvrir les mécanismes de ces étranges activités cérébrales, en particulier les ondes à 6 Hz enregistrées dans la région des bulbes olfactifs, des structures cérébrales situées à l'avant du cerveau et qui assurent les premières étapes du traitement des signaux olfactifs.

Libet travailla si assidument sur le sujet trois années durant qu'il devint même allergique au sang de batracien, source de terribles crises d'asthme. Il confirma l'existence de ce rythme et démontra qu'on pouvait moduler sa fréquence en changeant la composition ionique du liquide dans lequel le cerveau isolé baignait [2]. Il poursuivit ses travaux avec Gerard, qui deviendra son directeur de thèse, et fit une observation étonnante (encore une) chez la grenouille : en plaçant une électrode en profondeur dans le cerveau (à l'intérieur d'un ventricule cérébral) et une autre à la verticale, posée sur sa surface, il enregistra une tension électrique continue et stable, appelée *steady potential* [3] (« potentiel constant »).

De la grenouille à la conscience

Les premières années de Libet dans la recherche ont donc été marquées par d'importantes découvertes, mais aussi par des aventures étranges. En 1938, Gerard décide d'accompagner son élève à Baltimore afin qu'il présente ses travaux sur la grenouille devant la Société américaine de physiologie. En chemin, ils s'arrêtent à Cincinnati pour rendre visite à un « psychiatre expérimental », le docteur Tietz. Le chercheur de Chicago avait incité ce médecin audacieux à administrer du bleu de méthylène, un antiseptique, à ses patients atteints de schizophrénie catatonique. Il partait du principe que cette molécule, en compensant un déficit métabolique du cerveau, pourrait corriger le trouble mental.

Le psychiatre ne résista pas au plaisir de faire la démonstration devant ses visiteurs de l'effet de ce traitement inédit sur une de ses patientes. Il lui injecta par voie intraveineuse cinquante millilitres d'une solution de bleu de méthylène. Horreur, la patiente prit une couleur verte de cadavre. Libet manqua de vomir et s'évanouir. Le remède fit finalement effet, et la patiente devint remarquablement réactive et lucide pendant environ trente minutes. Hélas, elle retomba dans l'état catatonique dès que la couleur cadavérique s'estompa. Il est probable que l'audace du psychiatre encouragea le jeune Libet à s'écarter des chemins battus de la neurophysiologie.

Benjamin Libet soutint sa thèse en 1939, puis entreprit de perfectionner sa formation en neurophysiologie, notamment sur les phénomènes électriques enregistrés dans les neurones et les réseaux de neurones. Il effectuera de nombreux stages postdoctoraux, notamment chez

John Eccles, avec lequel il démontrera que les dendrites sont capables de générer des potentiels d'action, une propriété que l'on croyait jusqu'alors réservée aux axones. Cette importante découverte, qui révolutionnera la vision classique de l'excitation neuronale, ne sera publiée qu'en 1958 [4].

Depuis ses premières études sur l'électroencéphalogramme de grenouille, Libet a gardé secrète sa détermination à comprendre les mécanismes de la conscience. Cette question, qui l'a hanté pendant plus de vingt ans, n'avait jusqu'alors été abordée que par des neurochirurgiens, comme Harvey Cushing et surtout Wilder Penfield, qui parvenaient à produire chez leurs patients des sensations conscientes [5] et des expériences mentales complexes [6] après des stimulations électriques du cortex cérébral, comme nous l'avons déjà évoqué. Mais les chirurgiens n'« enregistraient » pas le cerveau, ils le stimulaient seulement, et n'avaient jamais abordé la question de la conscience sous l'angle de sa production endogène par le cerveau, c'est-à-dire *quand et comment,* plutôt qu'*où*, les activités neuronales peuvent conduire à une expérience consciente, au *quelque chose de plus.*

C'est justement la question du *quand et comment* que Libet voulait explorer. Lui, cet enfant pauvre, élevé dans un ghetto de Chicago et devenu un éminent neurophysiologiste, et anticonformiste, qualité requise pour réaliser de grandes découvertes.

Le temps de l'expérience consciente

Une rencontre heureuse précipita les recherches de Libet sur la temporalité des phénomènes conscients chez l'être humain et l'intention mentale, si tant est que cette dernière existe. Elle survint à la fin des années 1950, quand le jeune neurophysiologiste croisa la route de Bertram Feinstein (1914-1978), chirurgien à l'hôpital Mount Zion de San Francisco et mari de la célèbre politicienne démocrate Dianne Feinstein, surnommée la « Lionne du Sénat ».

À l'époque, Feinstein faisait partie d'un petit groupe de neurochirurgiens qui, influencés par les travaux de Penfield, souhaitaient appliquer les techniques chirurgicales à la recherche fondamentale sur le cerveau. Lorsque le chirurgien invita Libet à proposer de nouveaux projets, ce dernier sauta sur l'occasion pour étudier les mécanismes par lesquels les neurones corticaux sont susceptibles de produire une expérience sensorielle consciente. Sa première découverte dans le domaine fut sensationnelle. Il montra que la stimulation électrique du cortex somatosensoriel (la zone qui intègre les informations sensorielles provenant de différentes régions du corps, comme l'ont décrit Cushing et Penfield) doit avoir une durée minimale, au moins une demi-seconde, pour que la stimulation produise une sensation [7]. Libet et Feinstein voulurent tester ce résultat pour des stimulations plus « naturelles », en l'occurrence des petites pressions sur la peau à l'aide d'un stylet. Ce type de stimulus produit dans l'électroencéphalogramme une onde électrique complexe, appelée « potentiel évoqué », pouvant avoir une ou deux composantes. La nouveauté, justifiant une publication dans la prestigieuse revue *Science* [8], fut que seule la réponse présente dans le cortex plus d'une demi-seconde après le stimulus était associée à une sensation consciente, et que son absence impliquait l'absence d'une détection !

Les observations de Libet et Feinstein, confirmées maintes fois depuis [9] (sans citer d'ailleurs les travaux *princeps* !), sont remarquables, car elles nous disent qu'une expérience consciente élémentaire, engendrée par le cerveau et non par le monde psychique imaginaire d'Eccles ou l'« âme » de Descartes, nécessite une durée minimale d'activité préalable des neurones, d'environ cinq cents millisecondes dans le cas de sensations corporelles. Une sorte de durée limite pour enjamber le *fossé explicatif* entre neurones et expérience subjective. Et que se passe-t-il durant cette « attente » de transformation ontologique ? Mystère, mais il est établi qu'il existe une activité corticale précoce qui, pour produire une expérience consciente, doit se développer sur plusieurs centaines de millisecondes.

Nous ne savons pas pourquoi c'est ainsi, mais une étude menée en 1999 par mes confrères de l'hôpital Pitié-Salpêtrière [10] a décrit en détail la lenteur du processus conscient. Francisco Varela (1946-2001) et ses collègues prouvèrent en effet que la représentation mentale d'un visage est associée à une augmentation conjointe des rythmes gamma (de fréquence comprise entre 30 et 80 cycles par seconde) dans plusieurs régions du cortex, laquelle survient entre cinq cents et sept cents millisecondes après la présentation de l'image. Cette synchronisation à grande échelle est nécessaire, car, dans le cas d'une image similaire au visage montré (par sa forme et par l'alternance des contrastes), mais sans signification particulière, on ne retrouve pas la cohérence dans l'activité cérébrale.

Une incidence, souvent négligée, de ces études est que les réponses les plus précoces du cerveau, dans les premières centaines de millisecondes, à des stimuli sensoriels sont infraconscientes. Dit autrement, l'expérience consciente est toujours précédée d'une activité neuronale qui reste inconsciente ! Avec mon équipe, non avons démontré à plusieurs reprises des phénomènes similaires de dissociation entre cerveau et perception consciente dans des conditions pathologiques. Chez des patients, ou des rongeurs, plongés dans un coma profond (sans aucune activité cérébrale spontanée due à l'absence de bruit synaptique)[11], des stimulations sensorielles produisent des réponses rapides (certaines même augmentées en amplitude par rapport à l'état conscient) dans l'électroencéphalogramme et dans les neurones, alors que les sujets (humains et animaux) sont indubitablement inconscients !

Nous avons aussi prouvé une « désunion fonctionnelle » au cours de crises d'épilepsie généralisées (de type « absence »). Alors que des réponses précoces dans le cortex cérébral à des stimulations sensorielles appliquées pendant la crise étaient clairement présentes, les patients restaient néanmoins inconscients et indifférents aux stimuli[12].

Que peut-on conclure de ces découvertes ? Premièrement, le fait que le cerveau réagisse à un stimulus sensoriel n'est pas nécessairement synonyme d'un événement conscient, même chez une personne éveillée. Ensuite, un type particulier d'activité cérébrale de fond (bruit synaptique) est nécessaire pour autoriser la production d'une expérience mentale. Enfin, une image mentale consciente résulte d'une dynamique neuronale particulière dans le cortex cérébral, laquelle doit avoir une certaine durée. Cette relation retardée entre activité consciente et activité cérébrale est une propriété majeure du fonctionnement cérébral, encore mal comprise.

Comme nous allons le découvrir, Benjamin Libet montrera que ce décalage temporel existe aussi entre l'intention mentale de réaliser un mouvement et le *bereitschaftspotential* ; mais, là, les conséquences philosophiques seront considérables.

L'horloge magique

Dans la préface d'un ouvrage regroupant ses principales publications sur la neurophysiologie de la conscience, Libet cite d'emblée Albert Einstein :

> *Toute connaissance sur la réalité commence par l'expérience et finit par elle.*

Cette approche, et elle seule, est efficiente pour résoudre des questions fondamentales sur le monde qui nous entoure, même celles enfouies aux confins de la science et de la philosophie, comme la nature et l'origine de la conscience. Pour régler le problème du libre arbitre, mettre au point la « bonne expérience » sera donc crucial. Ce fut un véritable défi que personne avant Libet n'avait réussi à relever.

De fait, dans ses travaux que nous avons détaillés, Kornhuber ne tenta pas de déterminer l'instant de la volonté consciente, alors même qu'il évaluait l'intensité de l'intention mentale de ses sujets et que le but de son étude, clairement annoncé, était d'étudier le corrélat cérébral des mouvements volontaires. Seul Eccles avait opté, sans preuve mais pour rester cohérent avec son dualisme postcartésien, pour une simultanéité entre le début du *bereitschaftspotential* et l'idée de vouloir bouger. Mais, dans l'étude de Kornhuber, l'« idée » du mouvement était absente. Cet oubli est très étonnant, la question n'étant même pas discutée dans la publication, et je m'interroge. Dans nombre de publications scientifiques, toutes les expériences qui ont été réalisées ne sont pas forcément décrites, souvent pour ne pas complexifier inutilement l'« histoire » ou brouiller le message principal. Il est probable – c'est mon hypothèse – que Kornhuber et Deecke ont voulu étudier la temporalité du mental dans leur paradigme expérimental. Soit ils ont échoué, soit le résultat ne leur a pas plu ou a été considéré comme inexplicable, et donc passé sous silence… Nous ne le saurons sans doute jamais.

Benjamin Libet, lui, trouva la bonne idée et la poussa jusqu'au bout. Elle lui vint lors d'un séjour au bord du lac de Côme, en Italie, en 1977. Elle est simple, ce qui est souvent le cas des idées fructueuses dans les sciences expérimentales. Examinons d'abord les bases conceptuelles et les principes stratégiques de son étude. L'intention mentale étant par nature un phénomène *à la première personne*, elle ne peut être connue et rapportée que par le sujet concerné, et uniquement par le truchement d'un témoignage introspectif. Cette part de subjectivité dans l'expérience de Libet est non seulement inévitable, mais elle constitue la condition *sine qua non* pour une étude physiologique d'une expérience consciente.

Aucune règle temporelle ne devait être envisagée *a priori* entre un événement neuronal (en l'occurrence le *bereitschaftspotential*) et le phénomène mental correspondant (« Je décide consciemment d'agir maintenant »). Le but de l'expérience était de découvrir cette règle, s'il en existait une. Le socle expérimental sera celui de Kornhuber, basé sur le moyennage rétrograde, mais implémenté par un moyen fiable de confronter l'instant de l'intention consciente avec le *bereitschaftspotential* et l'acte lui-même.

Les sujets (encore des étudiants) seront donc équipés d'électrodes pour capturer les activités électriques cérébrales (électroencéphalogramme) et le début de la contraction musculaire (électromyogramme). Ils seront assis et relaxés. La tâche, cette fois ? Une flexion du doigt ou du poignet. La seule consigne ? Être spontané ! En d'autres termes, ne pas préplanifier l'acte, ne pas se concentrer mentalement sur l'intention à venir, mais laisser la volonté surgir librement. Il sera même demandé au sujet de juger de sa propre spontanéité.

Voici maintenant l'idée génialement simple pour déterminer l'instant de l'intention consciente : fixer l'écran d'un oscilloscope et suivre le mouvement circulaire d'un point lumineux. Un tour complet dure précisément 2,56 secondes, et des marques sont présentes toutes les 107 millisecondes (~ 1/10e de seconde), offrant ainsi une bonne résolution temporelle dans la détection du spot. Le sujet attend d'abord un tour complet de la marque lumineuse, puis surgit l'instant fatidique de la mesure du libre arbitre : il réalise sa tâche à un moment librement choisi par lui, tout en fixant le point lumineux. Il repère la position de ce dernier (sur le cercle gradué) à l'instant ressenti de son intention. Un biais dans l'évaluation des délais étant possible dans ce paradigme expérimental, l'expérimentateur s'assurera de la précision de la mesure en demandant au sujet de détecter l'endroit du repère lumineux, au moment (connu par l'expérimentateur) de petites piqûres appliquées sur le dos de sa main. La différence moyenne entre les temps rapportés par le sujet et ceux connus par l'expérimentateur permettra d'évaluer – et de corriger – les erreurs.

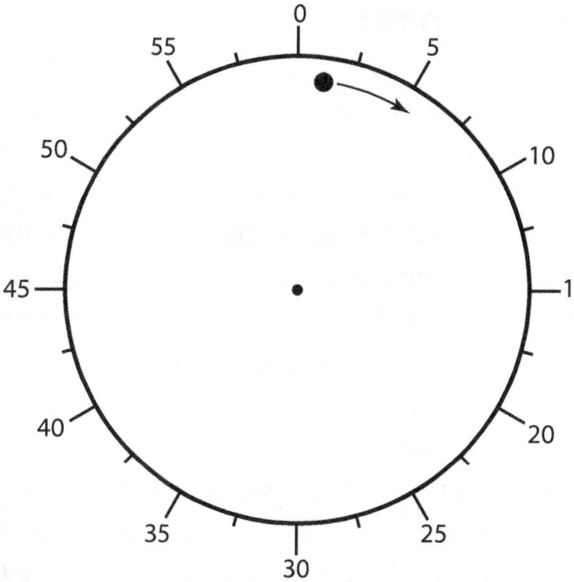

L'horloge de Benjamin Libet employée pour mesurer l'instant « subjectif » de l'intention mentale. Le point lumineux (ici en noir) est en rotation, et le sujet devra identifier sa position sur le cadran à l'instant précis de sa décision consciente d'agir.

Après une quarantaine d'essais, trois phénomènes conscients seront chronométrés : la conscience de vouloir agir (envie, intention, décision – bref, l'aspect subjectif de la volonté), la conscience d'avoir effectivement bougé et la sensation de la stimulation sensorielle. Toutes ces valeurs vont être comparées aux données recueillies par l'électroencéphalogramme. Le résultat, stupéfiant, sera publié dans un article qui est devenu un « classique » de la neurophysiologie [13], et dont le sous-titre a le mérite d'être clair : « *L'initiation inconsciente d'un acte librement volontaire* ». Tout est dit, ou presque…

Une conscience en retard…

Comme dans les expériences de Kornhuber, le « temps zéro » chez Libet est donné par le début de la contraction musculaire (donc du mouvement), identifié grâce à l'électromyogramme. Le moyennage rétrograde de l'électroencéphalogramme confirme l'existence du lent potentiel électrique cortical, dont la première composante apparaît, comme dans l'étude des chercheurs allemands, plus d'une seconde avant le début du mouvement. Quant à la survenue de l'intention de vouloir agir, elle est consciemment ressentie par le sujet environ deux cents millisecondes avant le mouvement, soit plus de huit cents millisecondes après le début du *bereitschaftspotential* !

Cet écart peut vous sembler court ; or il est considérable quand il s'agit d'événements électriques dans un cerveau. Pensez qu'un potentiel d'action, l'élément de base de l'excitation et du codage neuronal, dure environ une milliseconde, tandis que le délai de transfert de l'information entre les deux versants d'une synapse (la libération de neurotransmetteurs d'un côté et le déclenchement d'un courant électrique de l'autre) est aussi d'un millième de seconde. Ainsi, Libet établit que le décalage temporel entre l'activité corticale précédant un mouvement volontaire et la décision consciente de le réaliser est largement supérieur à celui de toutes les réponses cérébrales pouvant être enregistrées après une stimulation du cerveau.

Prenons un exemple. L'excitation des cellules rétiniennes en réaction à un flash lumineux doit d'abord stimuler les neurones du thalamus, avant d'activer ceux du cortex visuel. Le délai de la réponse précoce dans le cortex est d'environ cent millisecondes. Les huit cents millisecondes – huit fois ce délai – calculées par Libet sont donc potentiellement capables de générer des activités neuronales plus complexes et riches en information que la simple réponse du cerveau à un stimulus, et cela pour qu'émerge à la conscience la volonté d'agir. On comprend ici que les dualismes de Descartes et John Eccles (et de tous les autres neurospiritualistes) en ont pris un sacré coup, puisque monde mental et monde cérébral se trouvent disjoints dans le temps d'une manière incompatible avec l'action opportune d'un putatif esprit (ou de la *res cogitans*) sur le cerveau.

Benjamin Libet n'a eu d'autre choix que de conclure que notre décision consciente de vouloir agir survient, en tant qu'expérience mentale, après que la « décision » a été prise par des mécanismes neuronaux de nature inconsciente. Je me souviens du choc que fut la découverte de ce phénomène ahurissant lors d'un cours sur la motricité du professeur Lamarche (*sic*), alors que j'étais jeune étudiant en neurophysiologie à l'université Pierre-et-Marie-Curie de Paris. Avec mes camarades, nous en avions discuté durant la pause intercours. Nous étions sidérés et émerveillés, car nous sentions que nous étions en face d'un des mystères les plus impénétrables du cerveau, et nous avions raison.

« Juste une illusion » ?

L'horloge de Libet et le *bereitschaftspotential* de Kornhuber ont fait de nombreux émules, et la réplication de leurs expériences, avec des paradigmes plus ou moins modifiés, ont « aggravé » leurs conséquences sur le libre arbitre. En 1999, une collaboration entre l'University College de Londres et l'Institut Max-Planck de Munich [14] a montré que le choix libre d'une action (comme chez Libet) ou le choix entre deux actions différentes conduisaient au même décalage de temps entre l'onde cérébrale et la volonté consciente d'agir, et que le *bereitschaftspotential* avait la même amplitude dans les deux cas. La liberté dans la sélection de l'instant pour accomplir un acte et celle d'en privilégier un plutôt qu'un autre sont donc soumises à la même contrainte, celle d'une intention neuronale préalable et inconsciente. Dans une étude plus récente [15], la décision consciente d'agir a pu être détectée plus précocement que chez Libet, environ une seconde avant le mouvement volontaire, mais, même dans ce cas, elle survient toujours après le début du potentiel cortical.

L'expérience la plus spectaculaire, et qui supprime de mon point de vue toute ambiguïté sur la préséance et la primauté des processus neuronaux sur le contenu de l'expérience consciente, a été publiée dans la prestigieuse revue *Nature Neuroscience* en 2008 [16]. Chun Siong Soon et ses collègues de l'Institut Max-Planck de Leipzig ont utilisé une autre procédure que celle de Libet, afin d'explorer des délais temporels plus élevés entre volonté consciente et changements cérébraux. Leur but était de dissiper toute ambiguïté concernant les mesures d'un phénomène mental (l'intention subjective) dont l'imprécision temporelle pouvait biaiser les résultats [17]. Ils ont également voulu étendre l'exploration à d'autres structures cérébrales que l'*aire motrice supplémentaire* et, comme dans l'étude de Munich et Londres, ils ont opté pour un choix entre deux actions, plutôt que dans le seul timing de l'acte.

Détaillons l'expérience en question, car ses conséquences sur le déterminisme comportemental, et donc le libre arbitre, sont considérables. Les sujets font face à un écran sur lequel défilent, toutes les demi-secondes, des lettres blanches sur un fond noir. Ils ont la possibilité d'appuyer librement sur un bouton avec leur index droit ou gauche. Simultanément, les variations locales du flux sanguin cérébral sont mesurées, indiquant quelles régions du cerveau, et à quels moments, augmentent leur activité métabolique. La limite de la méthode, mais qui en fait tout l'intérêt ici, est que les mesures du flux sanguin sont capturées toutes les secondes (contrairement aux signaux électroencéphalographiques, qui ont une précision d'un millième de seconde), permettant ainsi de discriminer des changements du métabolisme cérébral sur plusieurs secondes. La tâche demandée aux volontaires est de nouveau élémentaire : indiquer quelle lettre apparaît sur l'écran en conjonction avec la prise de décision consciente d'appuyer sur un des deux boutons. La conclusion est sidérante : certaines structures cérébrales « s'allument » plusieurs secondes avant l'intention d'effectuer un des deux mouvements !

Comme avec les mesures menées à partir du *bereitschaftspotential*, l'activation de l'*aire motrice supplémentaire* précède largement la volonté de faire acte. Mais elle peut être précédée par celle de deux autres régions, notamment le cortex préfrontal dont le signal survient sept secondes avant la décision consciente ! Le plus intéressant est que cette activité très précoce et préconsciente est prédictive du mouvement à venir, et donc un indice fiable dans le déterminisme comportemental, cela sans une quelconque intervention de la conscience.

Une autre région, au sein du cortex pariétal, possède également cette capacité, mais dans une moindre mesure. La conclusion est simple et imparable : la décision d'agir est précédée de plusieurs secondes par une séquence d'activités neuronales inconscientes faisant intervenir deux régions frontales (dont la fameuse *aire motrice supplémentaire*) et une pariétale. Pour reprendre les mots de Soon et de ses collaborateurs :

> *La liberté est une illusion... Nos actions sont initiées par des processus mentaux inconscients bien avant que nous devenions conscients de notre intention d'agir.*

Ne serions-nous, nous, personnes pensantes, que des poupées dont les fils seraient tirés par un cerveau qui n'en ferait qu'à sa tête ?

Il reste que le fait est établi : le déterminisme comportemental (celui des actes supposés libres) trouve son origine dans des processus neuronaux inconscients et non pas dans la mentalisation de la volonté. Je suis toujours surpris que cette assertion soit si difficile à admettre, car comment pourrait-il en être autrement ? La seule alternative serait d'inverser la causalité, de la sphère consciente vers les neurones, autrement dit de reconnaître la validité des hypothèses d'Eccles ou de van Lommel, celle d'un monde mental indépendant du cerveau et agissant (par les lois de la physique quantique, ou tout autre phénomène physique) sur l'excitabilité des neurones et la propagation des activités au sein des réseaux de neurones. Croire à un tel phénomène équivaudrait à être dualiste, et idéaliste, car cela reviendrait à affirmer une antériorité et une supériorité, rassurantes quoique vaines car indémontrables, de la pensée sur l'organe de la pensée. Serions-nous donc incapables de nous débarrasser du spectre métaphysique de René Descartes, ou craignons-nous, à l'instar de Francis Crick, codécouvreur de la structure de l'ADN, d'être réduits à un « tas de neurones[18] » ? Les deux, je pense : notre incrédulité est de nature philosophique et morale, mais pas scientifique.

Les neurones de la préconscience

Comment y voir plus clair ? Les données de la neurophysiologie sont seules capables de résoudre le dilemme neuro-mental en décodant l'activité cérébrale inconsciente précédant l'intention mentale. Pour réussir dans cette délicate entreprise, il nous faudra dérouler la cascade des mécanismes neuronaux au cours de la volition : du « tout début » de la chaîne causale au sein du cerveau jusqu'au comportement lui-même. Essayons donc, mais allons-nous y découvrir l'heureuse nécessité d'un acte de la conscience ? La réponse est clairement non !

Si l'on admet que le *bereitschaftspotential*, au moins dans sa partie la plus précoce, est un reflet des mécanismes de l'intention préconsciente, comprendre son origine constituera un grand pas dans la résolution du mystère. Les modèles théoriques – associant des phénomènes physiques et biologiques du cortex – qui prétendent expliquer cette onde suggèrent un rôle déterminant des « dipôles neuronaux » présents dans l'*aire motrice supplémentaire*[19]. Il s'agit là de propriétés électriques et géométriques conjuguées des neurones les plus nombreux dans le cortex cérébral – on en compte environ vingt mille par millimètre cube : les neurones pyramidaux. Ceux-ci possèdent un long prolongement, la dendrite apicale, qui s'étend verticalement jusqu'à la surface du cerveau. Très nombreux, ils sont surtout parallèles (comme nous l'avons vu avec les dendrons) les uns aux autres (quelle que soit la courbure de la surface corticale), constituant ainsi un véritable faisceau de membranes cellulaires. Quand les synapses sont activées sur ces dendrites, elles génèrent un déséquilibre des charges électriques dans les neurones, établissant ainsi une tension électrique entre les différentes profondeurs du tissu cortical (d'où la notion de « dipôles »). Si cette tension persiste puis s'atténue, grâce au modèle biophysique en rigueur, on peut prédire la survenue à la surface du cerveau d'une onde électrique de longue durée, qui ressemble au *bereitschaftspotential.* Ce dernier est donc compatible avec l'architecture du cortex, le fonctionnement de ses synapses et les courants électriques qu'elles génèrent.

Non content d'être puissant, ce modèle est valide dans de nombreuses situations, comme les effets produits par un manque d'oxygène dans le cerveau ou les crises d'épilepsie. Il indique aussi la participation effective de phénomènes électriques d'origine neuronale, ce qui est très probable ici. Mais il est limité, car il ne nous informe en rien sur les détails de l'activité des neurones, que ce soient les profils d'activation des différentes synapses ou les séquences de potentiels d'action – bref, tout ce qui fait le codage de l'information dans le cerveau. Ce type de modèle ne permet pas non plus de construire un scénario neuronal du comportement, il nous informe juste des changements de polarité électrique au cœur du cortex cérébral.

L'équipe d'Itzhak Fried à l'université de Californie a surmonté les limites des modèles théoriques. Elle enregistra pour la première fois en 2011 l'activité des neurones lors d'un protocole de comportement à choix libre, avec des résultats particulièrement troublants [20]. Il n'est pas possible, et heureusement, d'insérer des électrodes dans un cerveau humain pour enregistrer des neurones sans contrepartie thérapeutique. Les sujets de Fried étaient des patients épileptiques (résistants à tous les traitements) en attente d'une chirurgie du cerveau qui nécessitait l'implantation préalable d'électrodes intracérébrales.

Elles étaient employées ici pour repérer la zone épileptique dans le cortex, mais aussi pour capturer l'activité des neurones dans le cadre du protocole mis au point par Benjamin Libet. Les patients devaient appuyer sur un bouton et indiquer aux chercheurs (grâce à l'horloge) l'instant de leur décision de réaliser l'acte en question. La différence avec Libet et Kornhuber est que l'équipe californienne n'a pas enregistré l'électroencéphalogramme, mais directement l'activité électrique des neurones (plus de mille au total !) dans diverses régions du cortex, notamment dans l'*aire motrice supplémentaire*.

Les délais entre le début du mouvement et la décision consciente de l'entreprendre étaient très similaires à ceux déjà mesurés, environ deux cents millisecondes. La surprise fut de découvrir que la majorité des neurones modifiaient progressivement leur taux d'activité (mesuré par la fréquence de potentiels d'action au cours du temps) deux secondes avant l'intention mentale ! Certains neurones étaient graduellement inhibés jusqu'au moment de la volonté consciente, puis voyaient leur état se stabiliser ; d'autres étaient excités, et même, pour certains, au-delà du phénomène mental. Dans cette étude, il suffisait à Fried d'analyser les changements d'activité dans une sous-population de neurones de l'*aire motrice supplémentaire* pour prédire, avec une précision de plus de 80 % et dès sept cents millisecondes avant la volonté exprimée du sujet, la survenue du comportement !

Les observations et les calculs de Fried ont une portée considérable quant aux mécanismes cérébraux de la volonté : ils prouvent un déterminisme strictement neuronal au cours de la préparation d'un comportement, mais aussi que le sentiment intentionnel (illusoire dans sa pseudo-antériorité vis-à-vis des phénomènes neurobiologiques) n'apparaît que lorsqu'une certaine population de neurones dépasse un seuil donné d'activité. Ils expliquent partiellement l'origine du *bereitschaftspotential*, mais surtout démontrent que les neurones sous-jacents sont mis en jeu encore plus précocement que le potentiel électrique prémoteur visible dans l'électroencéphalogramme.

De plus, alors que cette onde exhibe une seule dynamique au départ (un seul flanc de montée), les neurones, eux, divergent dans leurs changements, ce qui était inattendu, car on aurait pu prédire un recrutement progressif et monotone des neurones. La conséquence de ces dissociations entre l'électroencéphalogramme et les neurones est sous-estimée. Elles démontrent que l'électroencéphalogramme seul est incapable de donner une vision univoque des flux d'activités dans les réseaux de neurones et qu'il peut nous masquer des dynamiques complexes d'événements neuronaux, comme c'est le cas ici.

Big Bang neuronal ?

On pourrait penser que les travaux de Fried, scrutant directement les neurones, ont résolu l'« affaire du libre arbitre » : des modifications progressives, opposées mais coordonnées, dans les neurones de l'*aire motrice supplémentaire* conduisent à l'émergence de la volonté consciente, puis, par les réseaux de neurones qu'ils connectent, à celle du comportement. Au risque de vous décevoir, la découverte de Fried ne fait que repousser le problème, elle ne le résout pas. Considérant le déterminisme auquel nous nous référons, les activités prémotrices dans les neurones de l'*aire motrice supplémentaire*, même si elles précipitent le mouvement volontaire, doivent bien aussi être causées par quelques autres événements préalables, mais lesquels ?

Réfléchissons aux paramètres qui contrôlent la manière dont un neurone module sa production de potentiels d'action, et cherchons ceux qui pourraient être impliqués ici. Ils sont de deux types : les connexions synaptiques, qui possèdent des effets inhibiteurs ou excitateurs, et les propriétés neuronales dites intrinsèques, lesquelles représentent le « caractère » du neurone, sa capacité endogène à répondre plus ou moins aux effets des synapses, et donc à émettre plus ou moins de potentiels d'action. Ces deux propriétés sont mises en jeu dans les neurones de l'*aire motrice supplémentaire*, mais un rôle prépondérant des synapses est certain, car sinon aucun changement d'activité ne pourrait être initié[21].

Le fait est que l'activation des synapses sur les neurones de cette région corticale, comme dans toutes les régions du cerveau, résulte de l'excitation préalable d'autres neurones. Le rôle d'un tel processus préalable, et à grande échelle, dans le cas des comportements auto-générés est en accord avec les travaux de Soon, qui montrent que des structures cérébrales distantes de l'*aire motrice supplémentaire* s'activent en amont. Cependant, le décalage temporel (plusieurs secondes avec le cortex préfrontal) est trop élevé pour expliquer directement et à lui seul les changements neuronaux observés dans cette zone du cortex. Il se passe donc quelque chose d'autre ailleurs… mais quoi et où ?

De nombreuses possibilités s'offrent à nous, mais rien n'apparaît clairement, et un scénario neuronal complet de notre volonté consciente, et donc de nos actions « libres », est loin d'être élucidé. D'ailleurs, un événement cérébral unique à l'origine de l'intention, de notre liberté de vouloir agir, existe-t-il ? Y aurait-il une sorte de Big Bang neuronal caché quelque part dans les profondeurs du cerveau et qui commanderait *ex nihilo* chacune de nos actions auto-initiées ? Et si c'était le cas, une telle singularité neuronale qui nous guiderait à chaque instant pourrait-elle être détectée ? Je ne le pense pas, et pour deux raisons. La première est que le cerveau ne fonctionne tout simplement pas ainsi. La vision simpliste d'une origine localisée de l'intention mentale est celle de Descartes et Eccles, dans laquelle une zone unique du cerveau, la glande pinéale pour le premier, l'*aire motrice supplémentaire* pour le second, est la cible d'une action issue d'un monde psychique indétectable. Cette hypothèse n'est confirmée par aucune expérience.

L'autre raison est que le cerveau est un gigantesque réseau constitué de connexions à grande échelle et de circuits locaux. Cet enchevêtrement de neurones produit des activités de fond continues, ayant des patterns particuliers selon les régions, et aucun événement, particulier et circonscrit, ne peut dicter à lui seul l'émergence d'un processus aussi complexe que la construction neurophysiologique d'un comportement. Il faut donc parier sur l'existence d'un phénomène dynamique à échelles multiples, du neurone individuel aux grands réseaux neuronaux, dont l'une des dernières étapes, celle du processus intentionnel, réside dans l'*aire motrice supplémentaire*. Pour aller dans ce sens, des chercheurs de l'université de Lyon [22] ont démontré que des stimulations électriques dans le lobe pariétal droit (donc à distance de l'*aire motrice supplémentaire*) déclenchaient une puissante intention mentale, ou un simple désir, de bouger les lèvres ou de parler. Et, si l'intensité du stimulus électrique était accrue, les sujets croyaient qu'ils avaient effectivement parlé, alors qu'aucune activité musculaire n'avait pu être détectée.

L'hypothèse du hasard synaptique

L'intention semble en somme être une affaire inextricable de dynamiques spatiales et temporelles au sein de réseaux de neurones, en particulier dans le cortex cérébral. Mais la question agite toujours les neurobiologistes, la plupart étant animés par une farouche envie de sauver à la fois le libre arbitre et la primauté de l'intention mentale, et non neuronale, dans nos choix. La plus récente tentative dans ce sens vient d'une collaboration entre des chercheurs français et américains [23] qui ont proposé une nouvelle hypothèse prétendant surpasser les difficultés liées à la complexité des réseaux de neurones. Mais, à nouveau, ils ne font que déplacer le problème du libre arbitre, dans leur cas dans les méandres d'un putatif hasard neuronal…

Leur modèle, nommé « accumulateur stochastique », est complexe. Prenons le temps de l'examiner. Il est fondé sur l'une des propriétés fondamentales des réseaux neuronaux, que nous avons déjà détaillée : la production d'une activité électrique continue (sous la forme de flux synaptiques et d'émission de potentiels d'action), laquelle peut sembler stochastique, c'est-à-dire apparemment aléatoire. Le modèle prédit que ce type d'activités neuronales répétées au cours des protocoles de Libet tend à monter en puissance et à s'accumuler, expliquant ainsi la lente pente initiale du *bereitschaftspotential.* Celui-ci ne serait donc qu'une sorte d'artefact dû à la méthode d'analyse et n'aurait aucune signification physiologique particulière, notamment dans le contexte (auquel nous tenons néanmoins !) d'un déterminisme neuronal des comportements. Et dans ce modèle, quand l'accumulation d'événements survenant « au hasard » atteint un certain niveau (un « seuil »), alors la décision d'agir est prise, et le mouvement peut s'engager.

Ici, donc, pas d'intention neuronale inconsciente, mais un emballement d'activités neuronales stochastiques, notamment au niveau des synapses et des neurones au sein de l'*aire motrice supplémentaire*, conduisant, à un instant non prédéterminé (le « seuil »), à la survenue d'une séquence neuronale provoquant le mouvement. Dans ce cas, le *bereitschaftspotential* ne représente plus un processus de planification et de préparation inconsciente des mouvements libres et, donc, ne peut pas être utilisé pour remettre en cause l'existence du libre arbitre. Ouf !

Au risque de contrarier mes collègues, ce modèle, bien qu'élégant et sophistiqué, n'explique ni le mécanisme intentionnel conscient ni l'organisation des dynamiques dans le cortex à l'origine de la motricité. Ni, d'ailleurs, son fondement théorique : le caractère stochastique du fonctionnement cortical est-il pertinent ? Si l'on s'en tient aux connaissances actuelles, les activités prémotrices corticales doivent être sous la dépendance, au moins en partie, de l'activité d'autres neurones produisant des connexions synaptiques dans l'*aire motrice supplémentaire*. Par conséquent, on ne peut pas exclure la présence de patrons d'activités dans cette région, peut-être rythmiques ou oscillatoires (différents d'un bruit neuronal stochastique) et contrôlés par une convergence d'informations issues de multiples zones du cerveau, comme le suggèrent les travaux de Soon.

À dire vrai, je ne pense pas que le « vrai hasard » existe dans le cerveau, du fait même de sa structure et de son mode de fonctionnement, lequel est probabiliste, mais toujours sous la dépendance d'une chaîne causale d'événements biologiques. Supposons néanmoins que le modèle « accumulateur stochastique » soit juste. À quoi correspond ce « seuil » à partir duquel le processus comportemental s'enclenche, et par quoi est-il régi ? Un taux d'activation neuronale ou un pattern particulier d'emballement entre les synapses ? Fried nous a montré que certains neurones accroissent leur émission de potentiels d'action, et d'autres la diminuent. Alors ? Et puis, pouvons-nous nous satisfaire de l'idée que nos actions sont déterminées par un simple hasard neuronal s'accumulant au cours de la période précédant un acte libre ? Une liberté fruit du hasard est-elle plus crédible qu'un déterminisme neuronal strict ? Je ne le crois pas !

Les recherches de Kornhuber-Libet-Soon-Fried sont sans équivoque : une activité cérébrale coordonnée et bien structurée (et non aléatoire) précède notre volonté consciente d'agir, et la conclusion que nous devons en tirer est que le libre arbitre n'est rien d'autre qu'une illusion, un mythe métaphysique, définitivement battu en brèche par la science. Mais, au fait, en quoi est-ce un problème ?

CHAPITRE 8

Neurocentrisme

Un cerveau tout-puissant

> Écoute ton cerveau, il est plus intelligent que toi.
>
> PHILIPPE MICHEL

> Si vous avez un cerveau, vous êtes obligé de vous en servir.
>
> MERYL STREEP

Même si l'idée est déplaisante, il semblerait que l'intention mentale ne soit qu'un phénomène annexe du fonctionnement cérébral. En effet, elle ne fait que succéder de plusieurs secondes à l'activité des neurones corticaux qui détermine, sans donc faire appel à la conscience, nos actes dits « volontaires ». Pour John Searle, admettre un simple déterminisme neuronal dans nos comportements relèverait d'une sorte de complot matérialiste visant à « discréditer » la conscience [1]. Selon lui, la subjectivité a toujours été une source d'embarras pour les biologistes, qui préfèrent s'en affranchir dans l'étude des comportements. Certains neurobiologistes, dont je fais partie, seraient donc poussés, par paresse d'esprit, à défendre une hypothèse qui simplifierait le cadre épistémique de leurs recherches.

Mon avis est tout autre. La fainéantise intellectuelle est du côté du philosophe et de tous ceux qui acceptent passivement les preuves (en l'occurrence trompeuses) d'une conscience toute-puissante. On pourrait aussi reprocher à Searle de vouloir rejeter par principe les preuves scientifiques stipulant que la conscience n'a pas vraiment d'importance, en tant que telle, dans nos comportements. Mais demander à certains philosophes de renoncer à la primauté de l'esprit sur le monde physique est peut-être trop difficile… Pourtant, l'un d'entre eux a su le faire au XIXe siècle, et de belle manière : il s'appelait Arthur Schopenhauer.

Le naïf de Schopenhauer

La vie d'Arthur Schopenhauer (1788-1860) a été en grande partie un calvaire. Jugez plutôt : orphelin de père et fâché avec sa mère, veuve volage, il fut victime d'un chagrin d'amour inconsolable, demeura de longues années un écrivain déconsidéré et un professeur d'université abandonné par ses étudiants, qui préféraient assister aux cours de Hegel… Il n'accéda à la célébrité qu'à l'âge de cinquante-sept ans, après la publication de son dernier ouvrage, *Parerga et Paralipomena* (1855). Il était aussi un homme méfiant et inquiet, gardant toujours sur lui une corde pour s'échapper par la fenêtre en cas d'incendie.

Paul-Amand Challemel-Lacour, philosophe français et président du Sénat sous la IIIe République, nous offre un aperçu saisissant du charisme effrayant de Schopenhauer :

Arthur Schopenhauer (1788-1860). Philosophe allemand du « pessimisme », il fut un pourfendeur impitoyable du libre arbitre, affirmant, à juste titre, que ce qui détermine la volonté réside dans un monde objectif, en dehors de la conscience.

Ses paroles lentes et monotones, qui m'arrivaient à travers le bruit des verres et les éclats de gaîté de mes voisins, me causaient une sorte de malaise, comme si j'eusse senti passer sur moi le souffle glacé à travers la porte entr'ouverte du néant... et il me sembla, longtemps après l'avoir quitté, être ballotté sur une mer houleuse, sillonnée d'horribles courants[2].

Chez Schopenhauer, le style glaçant s'accorde avec le fond de la pensée, celle d'un « philosophe du pessimisme ». Il écrivait ainsi :

La vie oscille, comme un pendule, de droite à gauche, de la souffrance à l'ennui.

S'estimant d'une profondeur intellectuelle inégalable, il n'hésitait pas à se montrer cruel envers ses contradicteurs, en particulier ceux pour qui le libre arbitre est une évidence. Pour lui[3], être persuadé que « *je peux faire ce que je veux. Si je veux aller à gauche, je vais à gauche : si je veux aller à droite, je vais à droite. Cela dépend uniquement de mon bon vouloir : je suis donc libre* » était l'apanage de l'homme *naïf*. Ce dernier peut être instruit et briller dans certaines activités intellectuelles, mais il se laisse dominer par « *la certitude que le sens intime lui fournit* », une certitude constamment présente à son esprit, qui n'est gouverné que par la seule force de l'expérience immédiate.

Nous savons pourtant à quel point ce « sens intime », cette flagrance métaphysique que d'aucuns ne discutent jamais, est trompeuse. Elle est le socle sur lequel s'appuient ceux qui ont les « pieds sur terre » (qualité très appréciée de nos jours). De quoi être fermement ancrés dans la réalité, contrairement à l'intellectuel excentrique, qui n'est pas en prise avec le monde réel. Ce « bon sens » nous dit tous les jours que la Terre est plate, que le Soleil tourne autour d'elle et que le temps est universel. Et pourtant, un peu de réflexion libre ou la relecture d'un manuel de physique des années lycée seront suffisants pour balayer ces évidences trompeuses. Alors, pourquoi ne pas en faire autant avec le libre arbitre, en utilisant les principes de la physiologie ? Et si nous ne détectons aucune trace d'une conscience indispensable dans les actes volontaires, pour quelle raison devrions-nous encore y croire ?

Le *naïf de Schopenhauer*, cet homme circonspect, est naturellement persuadé que sa volonté ne dépend que de sa conscience quand il affirme : « *[...] ce que je veux, c'est moi qui le veux.* » Le penseur allemand met le doigt ici sur le cœur de la confusion qui pousse le naïf à reconnaître le libre arbitre comme une vérité indiscutable : oui, c'est bien *moi* qui *veux*, mais il ne s'agit en fait que d'une tautologie, car le *moi*[4] et le *vouloir* ne font qu'un ! C'est effectivement la personne consciente qui *veut* agir. Toutefois, ce n'est pas le bon vouloir de la personne qui doit être questionné, mais le rôle de la dimension subjective de sa volonté. Et là, on ne peut que rejoindre Schopenhauer quand il assène :

> *[...] c'est la possibilité objective qui détermine les choses (y compris la volonté) : mais cette possibilité réside en dehors du domaine de la conscience, dans le monde objectif, auquel le motif et l'homme lui-même appartiennent.*

Quelle intuition géniale, tout est dit !

Dans les rouages du monde neuronal

De quoi donc est fait le *monde objectif* de Schopenhauer, celui qui sculpte les « motifs » (les raisons, pourrait-on dire) qui gouvernent la volonté ? Le philosophe du XIXe siècle l'ignorait [5], mais les « motifs » se trouvent dans la matérialité du cerveau, et ils opèrent grâce aux propriétés des neurones et des synapses. Ce monde objectif qui fixe nos choix est donc un monde neuronal, vaste dans son anatomie, comme nous l'avons vu avec les travaux de Soon. Il est aussi composite dans ses fonctions, fait de contraintes variées – la plupart restant inconscientes – qui constituent les conditions requises pour la réalisation de la « bonne action » (le but à atteindre) au « bon moment » (l'instant optimal).

On y trouve, comme l'indique Mark Hallett [6], neurophysiologiste américain connu pour son étude approfondie du *bereitschaftspotential*, bien plus que des processus moteurs, et la liste est longue : le contexte émotionnel, les aptitudes cognitives, les multiples signaux sensoriels qui inondent notre cerveau, qu'ils soient exogènes ou internes, nos expériences passées qui ont permis de configurer et optimiser nos réponses motrices dans une situation particulière, mais aussi des phénomènes strictement biologiques, comme les conduites homéostasiques, celles qui assurent la stabilité de nos fonctions physiologiques. Il faut aussi inclure (ce que Hallett ignore, en bon neurophysiologiste) des considérations culturelles, comme les traditions, l'éducation et autres dimensions d'ordre psychologique.

Toutes ces sources qui déterminent un comportement particulier, ainsi que son minutage, sont intégralement représentées dans des réseaux de neurones, distincts mais interconnectés. La délibération interne qui entraîne le choix définitif d'un acte parmi d'autres ne reflète en réalité qu'une évaluation d'ordre neuronal et inconscient, dont la fonction est d'optimiser notre comportement dans un contexte donné. Si cette vision est juste, nous devrions pouvoir décrire dans l'ordre, et sans jamais faire intervenir la conscience phénoménale, les différentes étapes d'un mouvement volontaire.

Essayons, en prenant d'abord un exemple simple. Vous vous levez, vous vous dirigez vers votre fenêtre et, à un moment que vous avez « librement » décidé, vous tendez le bras pour montrer, par exemple, la Lune... Que s'est-il passé en vous ? L'étape initiale est l'intention d'aller à la fenêtre. Nous avons observé qu'elle n'est que neuronale, car les régions prémotrices de votre cerveau s'activent avant votre intention consciente. La prise de décision est donc indifférente à la volonté, sauf à admettre une rétroaction dans le passé du mental vers les neurones ; or cela n'est pas possible, même pour les *psychons* d'Eccles.

Le but a été fixé précocement par le cerveau : montrer la Lune. Les neurones de l'*aire motrice supplémentaire* ont collectivement généré une activité structurée deux secondes environ avant le début du mouvement du bras. C'est ce qu'ont montré les travaux de Fried : le taux d'activité des neurones augmente ou bien décroît progressivement avant la volition. Ce pattern cortical qui se propage, grâce aux axones et à leurs réseaux de synapses, vers les zones directement motrices, ne peut être bloqué par la conscience. Cela a été démontré par une récente, et très élégante, étude réalisée par un consortium de chercheurs allemands [7]. Leur protocole, similaire à celui de Kornhuber et Libet, était couplé à une procédure de neurofeedback qui visait à savoir si leurs sujets pouvaient apprendre à exercer un contrôle mental sur le *bereitschaftspotential*, par exemple en le supprimant délibérément.

Ainsi, après plusieurs essais, les sujets étaient informés de l'amplitude du potentiel cérébral et, cette information délivrée, il leur était demandé de trouver une stratégie consciente (se relaxer, chanter intérieurement, convoquer des sentiments agréables, gémir...) ou comportementale (modifier sa respiration, varier la force ou la vitesse du mouvement...) pour annuler ou réduire l'onde corticale. Échec complet, et les auteurs de l'étude de conclure :

> *Cela suggère que le bereitschaftspotential est une composante involontaire de l'action volontaire sur laquelle nous ne pouvons pas exercer de contrôle conscient.*

Revenons au montreur de Lune. Deux cents millisecondes avant la première contraction musculaire, la volonté consciente d'agir surgit enfin. Comment est-elle produite ? Ici encore, répondre à cette question ne serait rien de moins que combler le *fossé explicatif*. Nous en sommes loin, mais nous avons noté que des courants électriques appliqués sur l'*aire motrice supplémentaire* sont capables de produire ce phénomène mental particulier. Il est donc probable que l'activité neuronale prémotrice (que miment les stimulations électriques) fasse naître l'idée d'une action imminente. La volonté consciente ne serait donc qu'un avertissement envoyé par notre cerveau à notre sphère mentale pour lui signifier que nous allons bientôt agir ! Peu après, les neurones du cortex moteur primaire vont se coordonner à leur tour, provoquant les contractions des « bons muscles » afin de déployer le bras dans la « bonne » direction.

Les lois cachées du mouvement

Les mécanismes de cette coordination motrice sont bien connus. Ils n'ont rien à voir avec la conscience, mais beaucoup avec une loi mathématique. Ils ont été révélés par un autre immigré aux États-Unis, lui aussi un chercheur d'une exceptionnelle créativité, le neurologue et neurophysiologiste d'origine grecque Apostolos Georgopoulos. Ses découvertes sont considérables, car elles démontrent avec une grande précision que des colonnes de neurones dans le cortex moteur primaire encodent selon une loi bien définie le mouvement d'un membre dans une direction donnée [8]. Prenons le temps de détailler ce processus neurophysiologique d'une pureté inégalée, tant il est précis et prédictif.

Chaque neurone du cortex moteur possède ce que Georgopoulos appelle une « direction préférentielle ». Cela signifie que son niveau d'activité (nombre de potentiels d'action) sera maximal pour un mouvement dans une direction particulière au sein de l'espace à trois dimensions (d'où la notion de préférence). Le chercheur gréco-américain a montré que, pour chaque neurone, cette excitation évolue selon une fonction trigonométrique lorsque le mouvement s'éloigne de la direction préférée [9]. L'idée géniale fut de représenter l'activité des neurones du cortex moteur sous la forme d'un vecteur dans l'espace (« vecteur d'activité »), sa longueur représentant le nombre de potentiels d'action émis lors d'un mouvement donné, et sa direction celle du déplacement préférentiel. Apostolos Georgopoulos démontra, et c'est là toute la beauté du modèle, que le mouvement d'un membre dans l'espace 3D est reproduit par la somme de tous les vecteurs des neurones activés durant cette phase. En d'autres termes, un mouvement dans l'espace est encodé dans le cortex par la mise en jeu cordonnée de neurones corticaux dont la somme des vecteurs d'activité coïncide avec la direction du mouvement. Et ce n'est pas tout. Les vecteurs d'activité des neurones qui pourraient contrecarrer le mouvement sont simultanément nuls.

Il s'agit là d'une des plus grandes réussites dans la modélisation d'une fonction cérébrale. Tous les neurones du cortex moteur font preuve d'une incroyable complicité : chacun joue sa partition sans connaître celle des autres neurones, mais l'harmonie motrice se réalise, et tout ça selon une équation mathématique très précise ! Ada Lovelace aurait été ravie, elle y aurait vu un accomplissement prodigieux de son rêve cybernétique.

Voilà comment vous voulez, et pouvez, montrer correctement la Lune à votre ami. À quel instant ai-je eu recours à la conscience phénoménale ? Où était-elle nécessaire dans ce scénario neuronal bien huilé et bâti sur des réseaux de neurones dont l'activité est régie par la fonction cosinus ? Où intervient ici la subjectivité, si ce n'est qu'*après* l'activation (ou l'inhibition) des neurones de l'*aire motrice supplémentaire* ? L'intention consciente n'apparaît dans ce scénario moteur que comme un sous-produit au sein d'un vaste mécanisme cérébral préparant le mouvement : ni l'intention ni la réalisation du mouvement ne nécessitent l'entremise d'un phénomène mental. Dans le modèle multidimensionnel (voir chapitre 5), l'événement « montrer la Lune » peut être localisé dans l'espace de la conscience en ne mobilisant que les trois variables objectives suivantes : activités neuronales, temps et état de conscience (éveil conscient en l'occurrence, sauf à être un somnambule bien singulier). Bref, l'axe de la subjectivité a disparu, le libre arbitre avec...

Pourrait-il quand même exister dans des cas d'actes particuliers, de ceux qui engagent nos émotions, notre culture et notre habileté ?

Viser les perches

Pour répondre à cette question, prenons un exemple plus élaboré que le montreur de Lune, celui d'un rugbyman, et pas n'importe lequel : le demi d'ouverture de l'équipe d'Angleterre, Sir Jonny Wilkinson (il a en effet été anobli par Élisabeth II), le plus grand marqueur de l'histoire de la Coupe du monde, aujourd'hui à la retraite. Comme tous les buteurs au rugby, il possède un temps imparti pour taper sa pénalité, restriction temporelle constituant une contrainte extérieure relative (le moment précis n'est pas fixé). Après avoir positionné son ballon sur le tee, Sir Jonny entame son rituel bien connu des amateurs. Il a été encodé et fixé dans son cerveau après de longues heures d'entraînement par un ensemble de structures cérébrales connues pour engrammer les routines : les ganglions de la base.

Première intervention d'un phénomène inconscient : l'activation de réseaux neuronaux capables de déployer une séquence comportementale stéréotypée, n'impliquant jamais la volonté consciente dans aucune de ses étapes [10]. À bien y réfléchir, nous mobilisons tous les jours ces circuits « automatiques » du comportement pour effectuer des tâches routinières, nous brosser les dents, faire du vélo, lacer nos chaussures, et même lors de gestes plus sophistiqués, comme l'utilisation d'un instrument de musique ou d'un stylo, dont nous avons appris le maniement au cours de notre enfance.

Revenons au champion à la Rose rouge. Quels sont les événements qui vont déterminer, après le rituel préparatoire, le début de son élan vers le ballon ? Ici, nous devons recourir à nouveau à l'initiation neuronale inconsciente (celle du *bereishaftspotential*). Mais on doit tenir compte de nombreux aléas, extérieurs et intérieurs à Jonny : le mur de spectateurs et le bruit ambiant dans le stade (aspects sensoriels), les réactions émotionnelles et physiologiques qu'ils provoquent chez le buteur (par exemple, une modification de son rythme cardiaque et respiratoire), ainsi que sa motivation (aspect égotique et social) à marquer trois points pour satisfaire son ambition, ses coéquipiers et les sujets de Sa Majesté.

Tous ces éléments contextuels sont représentés par des patterns d'activités neuronales (les bruits synaptiques et l'émission de potentiels d'action) dans les structures cérébrales prémotrices décrites par Soon qui, collectivement et inconsciemment, vont précipiter la course au « bon moment ». Jamais le *bereitschaftspotential* n'a été enregistré dans une telle situation, mais il ne fait aucun doute qu'il apparaîtrait une à deux secondes avant la première contraction des muscles de la jambe d'appui du buteur. Quant à sa prise de décision consciente de démarrer sa course, elle ne surgira en lui qu'environ cent cinquante millisecondes avant le début du mouvement, alors que tout est déjà en cours de réalisation dans son cerveau, et que les supporters retiennent leur souffle.

Le *naïf de Schopenhauer* doit se rendre à l'évidence : le libre arbitre de ce géant du rugby s'apprêtant à taper une pénalité n'est qu'une illusion !

Mais peut-être sa liberté réside-t-elle ailleurs ?

Jonny Wilkinson, champion du monde de rugby en 2003, s'apprête à taper une pénalité. Quelle est la part de sa conscience phénoménale dans la préparation et l'exécution d'un acte aussi complexe et ritualisé ?

La liberté par l'interdit ?

Ne serions-nous, à l'instar du rugbyman ou du montreur de Lune, que des marionnettes entre les mains d'un cerveau qui n'en fait qu'à sa tête ? Est-il possible de contrecarrer les choix opérés par nos neurones et dont nous n'avons en somme pas conscience ? Cette dernière question me semble être celle du « vrai » libre arbitre, car nous devons abandonner l'idée d'une intention consciente déterminante, laquelle est sous le contrôle de processus neuronaux inconscients qui nous obligent. Une alternative pour sauver notre liberté serait qu'elle réside non pas dans le *vouloir* (comme le pense le *naïf de Schopenhauer*) mais dans le *pouvoir*, celui d'arrêter – ou de substituer par un autre – un acte silencieusement en cours de préparation dans notre cerveau. L'évêque et philosophe Jacques-Bénigne Bossuet (1627-1704) aurait-il raison quand il nous dit : « *Le libre arbitre est la puissance que nous avons de faire ou de ne pas faire quelque chose* » ? En termes neurophysiologiques, la question serait donc de savoir si nous sommes en mesure de nous opposer à notre cerveau.

Benjamin Libet a cru démontrer une telle possibilité, déplaçant la question du libre arbitre vers celle d'un « veto » conscient à un comportement initié inconsciemment. Dans l'une de ses études peu connues [11], un protocole légèrement modifié permettait à ses sujets de bloquer la réalisation définitive d'une tâche cent cinquante millisecondes avant le début du mouvement, alors que le *bereitschaftspotential* était déjà pleinement développé. Nous avons tous fait l'expérience d'une interruption *in extremis* d'un acte imminent : ne pas traverser la chaussée au dernier moment, alerté par un potentiel danger perceptible dans le champ visuel périphérique, ou (comme cela vient de m'arriver à l'instant !) saisir sur un clavier d'ordinateur un autre mot que celui que l'on avait en tête (« saisir » au lieu d'« écrire », qui était mon premier choix).

On pourrait aussi évoquer le cas du langage articulé, qui constitue une forme de motricité répondant aux mêmes contraintes que celles de nos membres. Comment sont choisis nos mots lorsque nous discourons librement ? D'abord, vous en conviendrez, nous ne décidons pas consciemment *au préalable* de chacun de nos mots ! D'ailleurs, si nous tentions de le faire (essayez donc), notre parler serait haché et pénible à structurer, entraînant presque une incapacité à nous exprimer. Ce fait, apparemment anodin et dont nous faisons l'expérience des centaines de fois par jour, est de mon point de vue une démonstration imparable qu'un déterminisme inconscient est à l'œuvre dans le cas du langage. En réalité, nous prenons connaissance de ce que nous disons en nous écoutant parler, et nous ne sommes pas surpris (ou rarement), car ce sont *nos* mots, choisis et produits par *nos* neurones.

Mais, comme dans le cas de l'écriture *via* un clavier, nous pouvons (et nous le sentons quand cela se produit) opérer une sorte de veto verbal en bloquant au dernier instant la production orale d'un mot et en remplaçant celui-ci par un autre, plus approprié ou, éventuellement, plus « convenable ». Le fameux lapsus de la psychanalyse, supposé « révélateur », ne serait-il qu'un simple bogue dans les mécanismes neuronaux du veto neurophysiologique ? Certainement, et même si les mécanismes cérébraux sous-jacents restent obscurs, il est probable que le lapsus résulte d'une erreur d'aiguillage entre les réseaux de neurones du cortex temporal qui ont encodé le mot erroné et ceux qui ont pour fonction de produire le langage articulé.

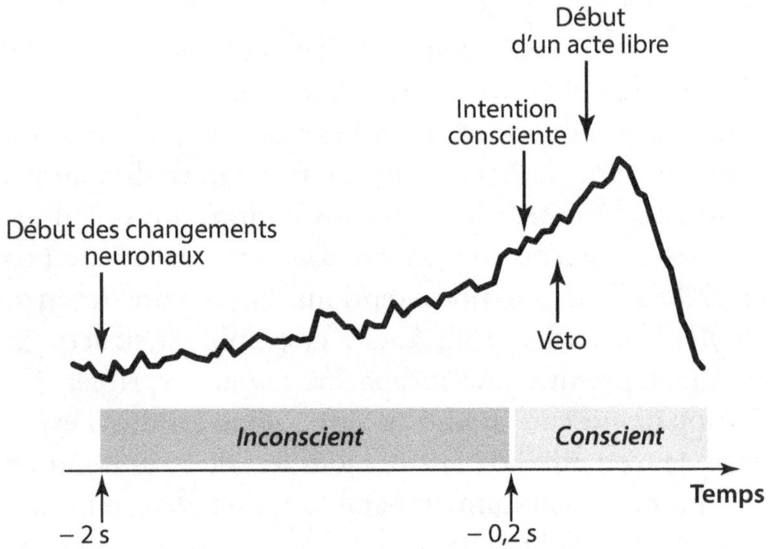

Ce tracé de *bereitschaftspotential* a été obtenu selon la même procédure que celle montrée dans la figure p. 120. Ici sont indiquées les différentes périodes, inconscientes et conscientes, lors d'un mouvement volontaire, considéré comme libre. Les délais sont calculés en fonction du début de l'action. Les premiers changements neuronaux (ici dans l'*aire motrice supplémentaire*) surviennent deux secondes avant le début du mouvement, soit plus d'une seconde avant l'intention consciente de bouger. Il est encore possible d'interrompre le processus (le « veto »), environ cinquante millisecondes avant le mouvement ; après, c'est trop tard.

Le vrai veto, celui de Libet, qui agit par le truchement des neurones produisant le *bereitschaftspotential*, intervient probablement dans la répression de certains comportements impulsifs, ou socialement inadaptés, qui peuvent surgir inopinément. On en a la preuve grâce aux personnes atteintes du syndrome de Gilles de La Tourette, du nom du neurologue Georges Gilles de La Tourette (1857-1904), disciple de Charcot, qui en a fourni la première description en 1885 [12]. Cette pathologie neurologique, d'origine multifactorielle mais avec une composante génétique, provoque des mouvements incontrôlés tels que des tics, des répétitions involontaires d'insultes ou d'obscénités, ainsi que des bruits gutturaux. Bien que ses mécanismes exacts ne soient pas encore entièrement compris, il est désormais reconnu qu'ils résultent en partie d'un dysfonctionnement au sein des réseaux neuronaux reliant les ganglions de la base aux aires corticales sensorielles et motrices [13]. Cette défaillance perturbe notamment la capacité d'inhiber certains comportements, entraînant ainsi une libération de l'impulsivité. Par ailleurs, l'activité électrique normalement générée par l'*aire motrice supplémentaire* est soit absente [14], soit fortement réduite [15], chez les personnes atteintes du syndrome de Gilles de La Tourette, ce qui suggère que les neurones de cette région du cortex pourraient jouer un rôle de frein dans l'exécution de certains comportements inappropriés.

Qu'en conclure ? Que l'ensemble des mécanismes corticaux et sous-corticaux (les ganglions de la base) qui sous-tendent les comportements spontanés sont manifestement dégradés chez ces patients, y compris la capacité de veto qui est inhérente à la production inconsciente des comportements volontaires.

Une forme de volonté, lucide ou infra-consciente, permettrait donc d'entraver les mécanismes cérébraux de l'intention et de s'opposer, au besoin, à un programme moteur en cours de construction et de le remplacer par un autre. Après avoir proposé l'existence d'un tel mécanisme de contrôle, Libet finira par admettre que le veto est lui-même causé par des réseaux de neurones prémoteurs inconscients [16]. Il n'y a en effet aucune raison que le « second choix » déroge aux règles neurophysiologiques du premier. L'interruption *in extremis* d'un acte dépend en définitive de nouvelles activités neuronales préconscientes et non d'un phénomène mental, en l'occurrence de rejet… Nous n'en sortons pas !

Si l'on pousse ce raisonnement jusqu'au bout [17], il est probable – et c'est mon hypothèse – que toutes les pensées, volontés et formes d'idéation émergent à la conscience alors que leur contenu a déjà été préparé, cinq cents millisecondes à plusieurs secondes auparavant, par des mécanismes neurophysiologiques inconscients. C'est troublant, mais c'est ainsi ! Le déterminisme neuronal envahit toutes les facettes de notre volonté et de nos expériences conscientes, qu'elles soient abouties ou réprimées, et je ne me résous toujours pas à admettre une quelconque intrusion causale d'un phénomène mental dans nos comportements. Dès lors, si tel est bien le cas, *quid* de notre responsabilité morale et juridique ?

Sommes-nous les auteurs de nos actes ?

Laissez-moi tenter une expérience de pensée, quelque peu désagréable (et je m'en excuse par avance), mais qui a le mérite d'expliciter les conséquences du déterminisme neuronal sur la responsabilité et la culpabilité, du point de vue de la justice et même vis-à-vis de nous-mêmes.

Imaginez que, pour des raisons qui vous sont propres (ce point est important), vous décidiez d'assassiner la personne qui se trouve tous les matins devant vous sur le quai du métro. L'instant prévu pour accomplir votre funeste dessein approche : votre victime est là, à sa place habituelle, et le train entre en station. Vous vous positionnez pour commettre votre crime quand, juste avant de passer à l'acte, une bagarre entre usagers éclate derrière vous. Conséquence : vous êtes bousculé, et vous heurtez celui que vous aviez décidé de tuer. Il tombe sous les roues du métro et meurt écrasé…

Êtes-vous responsable de sa mort ? Les caméras de surveillance offrent des images indiscutables : oui, car sa chute est une conséquence directe de votre collision avec la victime. Êtes-vous pour autant coupable ? Les mêmes images sont sans appel : non, car il s'agit manifestement d'un concours de circonstances, dont l'origine est l'agitation des passagers sur le quai. Vous y étiez étranger, et vous ne pouviez ni l'anticiper ni la prévenir. Tout ça est-il bien logique ?

À ce stade, nous devons réfléchir à ce qui s'est précisément passé. Votre intention consciente de tuer était indéniable et le but a été atteint, mais à travers un événement (la bousculade) antérieur à votre ultime mouvement qui a précipité le drame, et sur lequel vous ne pouviez avoir aucun contrôle. L'analogie est évidente avec le déterminisme neuronal ! La bousculade possède toutes les propriétés du *bereitschaftspotential* et des neurones sous-jacents : l'agitation des passagers sur le quai qui vous propulse vers la victime, et qui n'a rien à voir avec votre intention meurtrière, est semblable à la préparation inconsciente de l'acte, cette cascade d'activités dans les neurones de l'*aire motrice supplémentaire* que vous ne contrôlez pas et qui se développe sans effleurer votre conscience jusqu'à atteindre un point de non-retour. Finalement, tout s'est produit *comme si* vous aviez effectivement commis un assassinat : vous aviez planifié votre crime, vous aviez l'intention de tuer, et le but a été atteint par une succession d'événements indépendants de votre conscience, comme dans tous les actes endogènes (y compris les meurtres, donc), mais, en l'espèce, la foule a remplacé les neurones de votre cortex.

Allons plus loin. Même si vous êtes blanchi par la justice, êtes-vous sûr d'être innocent ? D'abord, et à moins d'être totalement cynique (ce qui est possible pour un assassin), il est probable que vous vous « sentiez » coupable, car la coïncidence temporelle entre votre volonté consciente de tuer et votre contact avec la victime – même accidentelle – a eu pour conséquence de créer en vous une causalité artificielle, celle de la pensée mortifère sur l'événement physique qui a provoqué la mort. Cette illusion a été comprise par Daniel Wegner (1948-2013) [18], professeur de psychologie à l'université Harvard et à celle de Virginie.

Ce psychologue américain commença à s'interroger sur une question apparemment triviale : comment savons-nous que nous sommes les auteurs de nos actes ? Le *naïf de Schopenhauer* trouverait la réponse évidente, mais, d'après Wegner, notre assurance n'est pas objective. Elle n'est qu'une croyance qui s'appuie sur trois principes généraux mettant en relation notre conscience avec nos actions : la volonté survient juste avant l'acte (principe de priorité) ; le but atteint est en accord avec l'acte voulu (principe de cohérence) ; notre volonté consciente nous semble en être la seule cause possible (principe d'exclusivité). Dans la version accidentelle de notre expérience de pensée, les deux premières conditions sont validées, mais la troisième ne l'est pas, du fait du mouvement de foule qui pourrait être à l'origine de la chute de la victime.

Alors, vous pouvez dormir sur vos deux oreilles, la conscience tranquille ? Toujours pas ! Car, en plus du sentiment de culpabilité déjà évoqué, vous sentez confusément, malgré le contexte inattendu (la bousculade), qu'il n'est pas exclu que vous ayez causé volontairement la mort, par exemple en accentuant de manière délibérée (donc selon votre pseudo-libre arbitre) votre choc sur la victime lors de la bousculade.

Nous touchons là à une nouvelle dimension de notre conscience : notre capacité à distinguer à coup sûr un acte volontaire d'un acte qui ne l'est pas. Wegner, encore lui, a mené une expérience, baptisée « *The I Spy Study* [19] », qui démontre que la distinction est loin d'être évidente. Les sujets de son étude, de jeunes étudiants en psychologie de l'université de Virginie, avaient pour consigne de déplacer au hasard un curseur sur un écran d'ordinateur contenant de nombreux objets. Toutes les trente secondes, l'étudiant devait stopper le curseur sur un des objets. Mais il était aussi informé que l'expérimentateur pouvait lui aussi arrêter le curseur à son insu. Il lui était ensuite demandé de quantifier, sur une échelle de 0 à 100, l'« intentionnalité » de l'acte : certain qu'il a lui-même immobilisé le curseur (100 %), certain que c'est l'expérimentateur (0 %).

Le résultat est sidérant : quand les sujets avaient effectivement bloqué le curseur, le score moyen était de 56 %, pareil si l'expérimentateur était le réel causateur ! Conclusion, les étudiants de Wegner étaient incapables de savoir de manière fiable s'ils étaient responsables de l'arrêt d'un curseur qu'ils déplaçaient eux-mêmes. Ils n'étaient donc pas en mesure de connecter à coup sûr leur intention à l'acte. D'après Wegner, il s'agit d'une démonstration imparable que notre conscience n'est pas la cause de nos actions, car, si c'était le cas, aucune ambiguïté ne serait possible ! N'étant pas un adepte de la métapsychologie, je me garderai bien d'émettre une conclusion aussi tranchée. Mais, on doit en convenir, il n'est pas simple de savoir si nous sommes à l'origine de nos propres actes.

Concluons sur l'affaire du métro. Même si vous pouvez douter de votre innocence (comme le montre l'expérience de Wegner) et que l'accident s'est construit comme un acte délibéré (analogie entre la bousculade et le *bereitschaftspotential*), les caméras de surveillance ne fournissent aucune preuve pour vous incriminer ou vous disculper, et vous ne serez pas mis en examen. Et pourtant, quelle différence entre cet accident et le crime s'il avait eu lieu ?

Coupable mais pas responsable

Pour répondre à cette question, examinons pour finir le cas où vous êtes passé à l'acte volontairement, sans l'intervention d'un mouvement de foule, et considérons le rôle du *bereitschaftspotential.* Ce potentiel cortical opère comme la foule – indépendamment de votre volonté –, et, de manière déterministe, les neurones de la préconscience vous conduiront à pousser votre victime. Dans ce cas, les caméras sont sans appel : vous êtes responsable et coupable, car votre geste était clairement délibéré. Vous serez arrêté et à coup sûr condamné.

Mais, tenant compte de la situation préalable qui vous innocente, est-ce juste ? Logiquement, non, car, avec ou sans la foule, la cause de la chute du malheureux est tout aussi indépendante de votre volonté consciente, alors que les verdicts sont opposés. Notons en plus que, si vous avez lu ce livre avant de commettre votre crime, et que vous connaissez donc les théories déterministes du comportement, vous êtes de surcroît convaincu de ne pas être responsable de votre acte. Mais, comme les preuves sont tout de même accablantes, vous êtes obligé de plaider la culpabilité – si vous avez du culot, juste celle de vos neurones !

Que nous enseigne cette expérience de pensée, dans ses deux versions ? Tout d'abord que l'origine de nos actions, qu'elles soient précipitées par des événements extérieurs ou strictement endogènes, est toujours inconsciente et déterminée par des causes physiques, qu'elles soient neuronales ou autres. Plus encore, comme l'a montré Wegner, nous ne sommes même pas sûrs nous-mêmes d'être responsables de nos actions si des faits extérieurs peuvent les avoir produites. Nous, personnes conscientes, demeurons donc incapables d'établir un lien de causalité certain entre notre volonté et le produit de nos actes. Finalement, tout se passe comme si la conscience phénoménale n'était rien, à la fois inutile dans la réalisation de nos actes et incapable de les connecter à notre sphère consciente.

En fait, reprenant l'affaire du métro, la seule chose dont vous (et vous seul !) êtes sûr, c'est d'être *moralement* coupable. Comment devrait donc procéder dans ce cas une justice au fait des découvertes en neurophysiologie pour être équitable ? Eh bien, jeter en prison non pas la personne physique – qui n'est que de nature biologique et donc irresponsable par essence –, mais la subjectivité du criminel, seule à être vraiment coupable en intention ! En d'autres termes, il faudrait condamner et incarcérer la seule conscience phénoménale du criminel. Bien sûr, ce n'est guère possible, même pour le jury le plus dualiste du monde…

En définitive, si le contenu de la pensée consciente, produit par une activité cérébrale particulière (et rien d'autre), est sans effet sur nos comportements, que peut-on en conclure sur le rôle de l'ensemble des expériences mentales *en tant que telles* ? Les zombis, qui existent bel et bien, vont nous aider à répondre à cette délicate question.

CHAPITRE 9

L'étrange univers des zombis

Du cinéma à la philosophie

Très longtemps, je me suis sentie comme un zombi.

CATHERINE DENEUVE

Popularisés par les films du cinéaste et comédien américain George Andrew Romero (1940-2017), les zombis sont des êtres effrayants, mais aussi intrigants pour les biologistes. À la fois morts et vivants – en des proportions qui restent à déterminer –, ils ont pour seul but (on ignore d'ailleurs pourquoi) de tuer et de dévorer des humains bien vivants. Pourquoi ces créatures fictives, parmi les principales figures horrifiques de la culture populaire occidentale, méritent-elles un examen scientifique dans notre enquête sur les relations entre conscience et cerveau ? Tout d'abord, parce qu'elles sont issues d'anciennes traditions africaines et haïtiennes, dans lesquelles des sorciers maléfiques ont le pouvoir, grâce à des drogues mystérieuses, de vider un être humain de sa conscience phénoménale et d'en faire un esclave corvéable à merci. Cette capacité à produire artificiellement des êtres dépourvus d'intériorité (nous verrons qu'il s'agit toutefois d'un mythe) a inspiré aux neurophilosophes une formidable expérience de pensée au cœur de notre questionnement : la possibilité d'une créature humaine, appelée « zombi philosophique », qui, malgré son apparence, est dépourvue de conscience.

Alors que les sorciers vaudous – et ceux qui tentent d'expliquer leur « pouvoir » – ne sont que des escrocs, le zombi philosophique est quant à lui plus que plausible. De son univers philosophique, l'énigmatique créature a pénétré le territoire des neurosciences et de la neurologie, remettant en cause, au grand dam des dualistes, la nécessité du *quelque chose de plus*. Mais commençons par le début, c'est-à-dire le zombi en chair et en os, celui qui n'existe pas…

George Romero chez les Bokos

Pour un neurophysiologiste, le problème majeur du zombi au cinéma (ou mort-vivant) est que son cerveau, censé ne plus fonctionner étant donné que son cœur ne bat plus depuis un certain temps, reste aux commandes de son corps. En effet, le seul moyen de l'arrêter (une constante dans tous les films de zombis) est de lui « *couper la tête ou de lui détruire bien le cerveau* [1] ».

Nous devons donc supposer, paradoxe des scénarios, que les morts-vivants sont en fait… parfaitement en vie, puisqu'un cerveau qui fonctionne, même partiellement, est suffisant pour qu'une personne soit considérée comme vivante, comme je l'ai discuté dans mon premier livre [2]. Plus intéressant, le zombi de Romero et de ses suiveurs agit comme un automate. Il est insensible à la douleur et semble dépourvu de pensées, quoiqu'il soit (autre paradoxe) animé d'une furieuse motivation, en l'occurrence celle de s'attaquer aux êtres humains. De ce point de vue, nous verrons qu'il s'accorde assez bien avec les patients que je qualifierai plus loin de « zombis neurophysiologiques » et qui peuvent agir, et réagir, tout en étant vides d'expériences mentales.

On pense souvent que *La Nuit des morts-vivants* de George Romero (1968) est le premier film de zombis. Même si mort-vivant est devenu synonyme du terme, il s'agit en fait d'une double erreur. Les morts-vivants du film culte ne sont pas des zombis (ils ne sont jamais appelés ainsi dans le film !), et le premier long métrage avec de « vrais » zombis est une production américaine beaucoup plus ancienne, datant de 1932 (*White Zombie*)

Les zombis de George Romero (*La Nuit des morts-vivants*, 1968). Malgré leur absence de conscience phénoménale, ils sont irrésistiblement attirés vers les vivants pour les dévorer…

et réalisée par Victor Halperin. Elle met en scène un sorcier vaudou engagé par un colon américain en Haïti pour zombifier une jeune femme blanche. Le sorcier, interprété par Bela Lugosi (comédien hongrois et célèbre interprète du comte Dracula), est un Boko, ou Bokor, prêtre de la religion vaudoue pratiquant sur commande des rites de magie noire sur les morts.

Dans cette religion, reconnue officiellement en Haïti depuis 2001, l'esprit quitte le corps après la mort, le survole pendant sept jours, puis descend dans des « eaux sombres », où il reste prisonnier un an et un jour. C'est après ce délai que le Boko intervient. Il s'empare de l'âme du défunt, l'enferme dans une bouteille et l'emmène dans la forêt, où elle attendra jusqu'à sa nouvelle incarnation. Le sorcier vaudou peut aussi la vendre comme porte-bonheur, ou réanimer le corps du défunt et le zombifier pour en faire un esclave, le plus souvent au sein d'une exploitation agricole. On pourrait croire que cela relève juste d'un folklore, mais la zombification est prise au sérieux et même considérée comme un véritable crime par la loi haïtienne (article 246), avec entre 1000 et 1500 cas officiels recensés jusqu'à aujourd'hui, et de très lourdes peines de prison prononcées à l'encontre des Bokos reconnus coupables de zombification !

Les zombis haïtiens, ces morts réanimés par la magie noire vaudoue, privés de conscience et corvéables à merci, existeraient-ils réellement ? La question paraît surprenante, mais la très sérieuse revue médicale *The Lancet* s'est penchée sur la question en 1997, en examinant trois cas de zombification reconnus par la justice haïtienne [3]. Le premier est celui d'une jeune femme de trente ans, Mme FI, déclarée décédée après une brève maladie fébrile et enterrée le jour même. Trois ans plus tard, elle a été retrouvée errant près de son village. Une vérification de la tombe est diligentée par les autorités, on l'ouvre : elle est pleine de cailloux ! Hagarde, la « revenante » est hospitalisée. Elle ne répond pas aux questions des médecins, bien qu'elle puisse murmurer divers mots incompréhensibles. Incapable de se nourrir seule, elle se déplace très lentement, la tête basse... Bref, elle semble sortie tout droit d'un film de zombis ! Mais l'électroencéphalogramme de FI est normal, ce qui l'exclut *ipso facto* du monde des morts-vivants.

Les auteurs de l'article du *Lancet* ne sont pas dupes et posent un diagnostic fort différent de celui d'un envoûtement vaudou : la « zombie » en question serait atteinte de schizophrénie catatonique. Ce rare syndrome psychomoteur associe une hébétude, un mutisme, des grimaces répétées et des comportements stéréotypés. D'autres symptômes existent, qui peuvent rappeler l'asservissement d'un zombi par son maître, comme le fait de répondre sans sourciller à toutes les demandes, même celles qui sont incongrues ou dangereuses, ou de conserver une posture imposée manuellement par le médecin (garder un bras tendu, par exemple). Le patient catatonique se comporte à l'instar d'une marionnette, mais il n'est pas dépourvu de pensées, comme le sont certains patients que nous verrons plus loin. Il est atteint d'une grave maladie mentale, mais ne ressemble en rien à un esclave.

Le deuxième cas est celui d'un jeune homme de vingt-six ans, WD. Son père était un Tonton macoute, tueur assermenté de la police politique des Duvalier, famille de dictateurs qui a régné sur Haïti entre 1957 et 1986. À l'âge de dix-huit ans, WD tombe subitement malade, ses yeux deviennent jaunes, il sent mauvais « *comme s'il était mort* », et son corps se met à gonfler. Il meurt au bout de trois jours.

Un an et demi plus tard, il réapparaît à l'occasion d'un combat de coqs. Il est reconnu *illico* comme zombi par la magistrature haïtienne, et même par l'Église catholique locale ! Le revenant passe son temps assis ou allongé dans une posture caractéristique, les jambes à gauche, les bras pendants à droite. Il parle peu, et seuls quelques mots sont compréhensibles. Il reconnaît néanmoins avoir été un zombi, et ses poignets sont marqués comme s'il avait été entravé par des chaînes. Son examen neurologique est normal, même s'il montre des difficultés à identifier à l'aveugle un objet familier placé dans sa main. Le diagnostic des médecins du *Lancet* est peu étayé, mais il n'est pas celui d'une résurrection ou d'une zombification. WD souffrirait d'un vague « syndrome cérébral organique » assorti d'une épilepsie causée par une privation transitoire d'oxygène dans le cerveau.

Le troisième cas est considéré comme une simple erreur d'identité, le revenant n'étant pas la personne supposée ressuscitée treize ans après sa prétendue mort.

Les auteurs de la publication du *Lancet* restent donc prudents sur l'origine de ces « zombifications ». Ils préfèrent invoquer des troubles mentaux ou neurologiques non traités, plutôt que la magie noire. Pour défendre l'hypothèse psychiatrique, les médecins s'appuient aussi sur les nombreux cas de schizophrènes abandonnés à eux-mêmes, qui errent dans les villes haïtiennes et dont les symptômes sont évocateurs de ceux de zombis « classiques », tels l'absence de motivation ou les troubles de la mémoire. Remarquons qu'il n'est nul besoin de se rendre dans l'île des Caraïbes pour croiser de tels zombis.

Les habitants des grandes villes françaises constatent tous les jours avec effroi et tristesse le nombre croissant de pauvres hères, désocialisés par la misère et qui sont devenus fous à force d'indifférence, de consommation d'alcool bon marché et de drogues frelatées.

De la marijuana au poisson-globe

Comment devient-on un zombi ? Des catastrophes écologiques sont évoquées dans certains films, comme *La Nuit des morts-vivants* – les morts y sortent de leur tombe suite à une contamination radioactive causée par la désintégration d'un satellite artificiel – ou, dans *The Dead Don't Die* de Jim Jarmusch (2019), après que la fonte de la calotte glaciaire a fait basculer l'axe de rotation de la Terre. D'autres scénarios mentionnent un virus d'origine inconnue (*World War Z* en 2013, par exemple), mais la plupart des fictions, comme *Shaun of the Dead* 2005) ou *Orgueil et Préjugés et Zombies* (2016), restent silencieuses sur la délicate transmutation des vivants en zombis.

Il existe des hypothèses alternatives à la folie, à la maladie ou aux catastrophes planétaires pour expliquer les cas de zombis. Elles renvoient la responsabilité aux Bokos qui utiliseraient, selon une procédure propre aux rites vaudous, des drogues magiques capables de ressusciter les morts ou d'annihiler la volonté des vivants. De telles drogues existent-elles ? Ma réponse sera nette : non ! Aucune des substances citées par les anthropologues, ou les mages vaudous eux-mêmes, n'est capable de transformer un être humain en esclave pendant plusieurs années. Pour vous en convaincre, examinons quelques-unes de ces substances « magiques » et leurs effets sur le cerveau et la conscience.

L'une des plus répandues chez les adeptes de la zombification par empoisonnement est un cannabinoïde de synthèse : l'AMB-FUBINACA[4], drogue apparentée à la marijuana et qui fait des ravages chez ses consommateurs. Les effets délétères de cette substance sont beaucoup plus graves que ceux provoqués par une intoxication aiguë au cannabis et peuvent même être mortels. L'AMB-FUBINACA agit rapidement. Quelques secondes suffisent pour produire une euphorie passagère, suivie d'une sensation d'angoisse se transformant en peur, ou en un état de confusion mentale. Ses utilisateurs imprudents mentionnent aussi une somnolence, des vertiges, des hallucinations (similaires à celles produites par les drogues psychédéliques), une altération de la perception des sons et une représentation déformée du temps. Ces troubles de la conscience, à la fois dans sa dimension phénoménale et objective (états de vigilance), ne ressemblent en rien à une zombification. Et pourtant, les habitants de New York ont cru vivre l'apocalypse zombie à cause de l'AMB-FUBINACA !

Le 12 juillet 2016, les services médicaux d'urgence de Brooklyn sont alertés de la présence d'un groupe de trente-trois personnes dont les comportements étranges sont décrits par les passants épouvantés comme ceux de « zombis[5] ». Interpellés dans un premier temps, puis hospitalisés en urgence, les zombis de Brooklyn sont examinés par des neurologues, tandis que des prises de sang et des analyses d'urine sont effectuées. Le profil typique est celui d'un homme d'une trentaine d'années, au « regard vide », sans signes neurologiques inquiétants malgré un score de Glasgow (une échelle de mesure du niveau de conscience)

Le tableau *Vol de Zombis* par Hector Hyppolite, grand maître de l'art haïtien (1946). Il met en scène un Boko en plein exercice. On peut voir le matériel avec lequel il concocte sa drogue au premier plan ainsi que ses victimes enchaînées à gauche, et la tombe dont celles-ci sortent à droite. La zombification est à Haïti une sorte de justice parallèle. On commandite ces sorciers pour infliger une peine pire que la mort : maudits et empoisonnés, enterrés vivants, puis exhumés et continuellement drogués, les condamnés sont privés de leur conscience et de leur libre arbitre.

inférieur à celui d'un éveil conscient « normal », plutôt caractéristique d'un état de torpeur et d'apathie. Leurs mouvements sont lents et « mécaniques ». Ils émettent aussi quelques gémissements similaires à ceux des morts-vivants des films de Romero. Ce sont ces râles qui sont sûrement à l'origine de la panique chez des New-Yorkais baignant dans la « culture zombie » du cinéma et des séries télé. Les analyses biologiques donneront une réponse moins fantastique : tous les sujets testés montrent une intoxication à l'AMB-FUBINACA !

Après une dizaine d'heures d'observation, les zombis de Brooklyn récupèrent et, après avoir confirmé l'inhalation d'une drogue qu'ils n'avaient jamais testée auparavant, quittent l'hôpital remis sur pied. Ce cannabinoïde de synthèse ne transforme pas les toxicomanes en zombis, qu'ils soient haïtiens ou new-yorkais. Il a juste les effets d'une drogue psychoactive avec pour conséquence d'abrutir temporairement celui qui a l'imprudence de se laisser tenter.

Une autre drogue (jamais utilisée par les toxicomanes) en vogue pour expliquer le phénomène de zombification est la tétrodotoxine, découverte à ses dépens par le capitaine Cook en 1774. Ce dernier en absorba accidentellement une petite quantité lors d'un voyage d'exploration dans les îles du Pacifique. Dans son journal de bord de 1774, il consigne ainsi :

> *Nous avons été saisis d'une faiblesse extraordinaire dans tous nos membres, accompagnée d'un engourdissement semblable à celui que l'on éprouve lorsqu'on expose ses mains et ses pieds au feu, après avoir été gelés. J'avais presque perdu mes sens. Je ne pouvais pas non plus distinguer les objets légers des objets lourds, une casserole pleine d'eau et une plume étaient la même chose dans ma main.*

Cette substance extrêmement toxique est fabriquée par des bactéries qui logent dans le foie et les intestins de nombreuses espèces de poissons-globes (ou poissons-ballons), comme le fameux « fugu » (famille des tétrodons, d'où le nom du poison), et chez quelques grenouilles et mollusques. Il s'agit d'une neurotoxine qui a pour effet d'inactiver certaines protéines, des canaux ioniques présentes dans la membrane cellulaire des neurones et qui laissent diffuser les ions sodiques. La conséquence redoutable de ce blocage moléculaire est que le déclenchement des potentiels d'action est empêché, et, par voie de conséquence, la libération de neurotransmetteurs dans les synapses est quasiment abolie. Lorsque j'étais jeune chercheur à l'Institut Pasteur, j'ai étudié l'effet de ce poison sur le cerveau (ce fut l'un de mes premiers travaux). À l'aide d'électrodes insérées à l'intérieur des neurones, j'ai observé ses puissants effets sur l'excitation nerveuse et les synapses, dont les inhibitions conjointes interrompent le fonctionnement des réseaux de neurones.

La consommation accidentelle de tétrodotoxine produit des effets nocifs dont la gravité dépend de la quantité ingurgitée. Trente à cinquante cas d'intoxication sont dénombrés chaque année – notamment au Japon, où la délicate chair du fugu est très prisée –, bien que la préparation des poissons-globes dans les restaurants soit strictement contrôlée par les services sanitaires, et que seuls les chefs qualifiés soient autorisés à les cuisiner [6]. Les premiers symptômes, qui surviennent de cinq minutes à quelques heures après l'ingestion, sont des maux de tête, un engourdissement du corps, une difficulté à parler, un ralentissement du cœur, des nausées et des vomissements... Si la dose est faible, le gourmet téméraire peut se remettre en vingt-quatre heures (comme ce fut le cas pour James Cook) ; si elle est élevée, c'est la mort par suffocation en quelques minutes à peine.

La théorie selon laquelle la tétrodotoxine serait la drogue du zombi par excellence nous vient d'un anthropologue canadien très controversé, Wade Davis, du musée botanique de l'université Harvard. Après s'être rendu à Haïti en 1982 pour élucider les mystères de la magie vaudoue, il prétendit avoir obtenu des mains mêmes de Bokos des flacons contenant les poisons créateurs de zombis. Il affirma que les fioles contenaient une drogue capable de produire un état cataleptique chez le rat, et que celle-ci avait été identifiée comme étant la tétrodotoxine[7].

Tout était faux. Interrogé en 1988 par le docteur William Anderson, de l'hôpital du Massachusetts, le docteur Leon Roisin, de l'Institut psychiatrique de l'État de New York, qui était censé avoir démontré l'effet « zombifiant » sur les rats, dément les résultats publiés par Davis :

> *Le produit était un amalgame grossier de diverses substances, et les expériences chez les rongeurs n'étaient pas convaincantes*[8].

La mystification a été prouvée par le professeur Kao, expert mondial dans l'analyse chimique de la tétrodotoxine, qui ne trouva aucune trace du poison dans les échantillons fournis par Davis ! L'ethnobotaniste d'Harvard ira encore plus loin dans la mascarade en attribuant des effets psychologiques à la consommation de tétrodotoxine. Il prétendit non seulement qu'il s'agissait d'une puissante drogue psychoactive, mais que son impact sur le comportement était dû, au moins partiellement, aux croyances du zombifié dans les effets attendus du poison et au contexte socioculturel haïtien combiné à la religion vaudoue.

Attribuer des effets psychosomatiques à la tétrodotoxine est aussi ridicule que d'affirmer qu'une drogue aussi violente que le cyanure aggraverait l'état de santé des personnes pour de simples raisons psychologiques, par un effet dit nocebo ! Non, la toxine du fugu n'est en rien une drogue psychoactive, et son incidence sur l'activité des neurones et des synapses est objectivable et considérable. Elle occasionne de graves troubles somatiques susceptibles de provoquer la mort par un blocage des muscles respiratoires. En aucun cas elle ne peut effacer le contenu de la pensée, briser la volonté (elle n'agit pas particulièrement sur l'*aire motrice supplémentaire*) ou esclavagiser un individu, aussi naïf et influençable soit-il. Mais le mal est fait, et une presse friande de mystères haïtiens et de magie vaudoue a cru trouver dans la tétrodotoxine les secrets de la zombification, et beaucoup se sont fait berner, y compris des anthropologues, donc…

Le comble du ridicule fut atteint avec une publication de deux jeunes physiciens en 2007, assurant avoir démystifié la zombification en l'expliquant « scientifiquement » par l'utilisation de la toxine du fugu [9]. Le cas prétendument démonstratif était celui d'un jeune Haïtien, nommé Wilfrid Dorissant (et non Doricent, comme mentionné par les deux apprentis neurologues). L'adolescent aurait été subitement saisi de convulsions, ses yeux seraient devenus jaunes, et son corps aurait gonflé. On lui trouva une rigidité « cadavérique », et une odeur de pourriture émanait de son corps. Huit jours après le début de sa maladie, il mourait, était enterré, mais, quelque temps plus tard, il réapparaissait… Cela ne vous rappelle rien ? J'émets l'hypothèse qu'il s'agit du patient WD (ce sont les initiales de Wilfrid Dorissant) de l'article du *Lancet* ou, éventuellement, d'une réplique inventée !

Arrêtons-nous un instant sur les symptômes de Wilfrid le zombi. Rigidité cadavérique ? La tétrodotoxine annule les potentiels d'action et empêche les contractions musculaires (c'est d'ailleurs la cause de son effet mortel) : elle va provoquer une relaxation musculaire et non une rigidité. Odeur de décomposition ou de cadavre ? Désolé pour cette précision peu ragoûtante, mais la tétrodotoxine cause la perte du tonus des sphincters : on ne peut pas confondre l'odeur de fèces avec celle de la mort. Je passerai aussi sur la description plus que fantaisiste d'un scanner du cerveau du prétendu zombi. Bref, comme dans les « recherches » de Wade Davis, ici, rien ne tient.

Et s'il n'en reste qu'un...

Les morts-vivants de George Romero, sans relation avec la magie vaudoue, sont de géniales créatures de films d'horreur, avec quelques chefs-d'œuvre à la clé. Ces zombis-là n'ont aucune chance d'exister, car, même si de rares personnes en état de mort cérébrale peuvent produire de manière erratique de lents mouvements coordonnés, comme dans le signe de Lazare, durant lequel les bras du mort fléchissent vers la poitrine et les mains se croisent sous le menton [10], ceux-ci sont sans commune mesure avec les longues déambulations dyskinétiques des zombis désarticulés des séries B…

Il en va de même pour les zombis haïtiens. D'abord présentés comme des morts ressuscités par la magie noire, puis comme des êtres drogués et manipulés grâce à la tétrodotoxine, ils ne sont en fait que des mythes ancrés dans le folklore local, montés en épingle par des journalistes ou des chercheurs en manque de sensationnel.

Force est de constater que les seuls zombis susceptibles d'exister sont ceux des philosophes. Ils apparurent dans une célèbre expérience de pensée (encore une !) dont le but était de s'interroger sur la possibilité d'un être humain qui, réduit à une simple machine biologique privée de conscience phénoménale, serait indiscernable d'un être humain « normal ». Nous verrons que de tels individus existent. Ils sont imparfaits, certes, mais réels, et ils ne sont ni caribéens ni sortis d'un cimetière, et n'ont rien à voir avec des marionnettes droguées. Ils constituent une nouvelle forme de zombis, que je qualifierai de « neurophysiologiques », car ils sont la conséquence de lésions, encore mal identifiées, dans le cerveau. Mais commençons par la conception théorique du nouveau zombi, c'est-à-dire la mise au point d'un monstre métaphysique qui a vu le jour il y a seulement cinquante ans.

Zulliver à la rescousse

Le zombi philosophique est un avatar inattendu du dualisme de René Descartes. Nous avons exposé le succès de cette vision clivée de l'Homme, composé de deux entités (une machine et une âme), distinctes dans leur nature et disjointes dans leur fonction, et dont les interactions constituent le fondement d'un individu au sens plein du terme. Quand le zombi fit son entrée fracassante dans la neurophilosophie, une théorie radicalement opposée au dualisme était déjà en vogue : le physicalisme, affirmant que « *l'homme n'est rien d'autre qu'un objet physique* ». Réduit à une simple « *machine de terre* » par l'ultra-matérialisme, l'Homme de Descartes venait de perdre sa part spirituelle et phénoménale. C'est alors que survint le zombi qui aurait pu sauver la conscience phénoménale. Las, ce fut une déception pour certains.

En 1974, un philosophe britannique, Robert Kirk, aujourd'hui professeur émérite à l'université de Birmingham, décide de trancher une bonne fois pour toutes entre le physicalisme et le dualisme. Kirk est philosophe, et donc pas spécialement instruit des données neurophysiologiques qui lui auraient pourtant suffi à rejeter les deux théories (voir chapitres 2 et 3). Pour sortir de son dilemme, il a recours à une autre stratégie intellectuelle, celle de l'expérience de pensée. Dans un célèbre article publié dans les Comptes-rendus de la Société aristotélicienne de Londres, intitulé « Zombis contre matérialistes [11] », il imagine malicieusement une créature énigmatique qui, par la possibilité de son existence ou la démonstration de son impossibilité, est censée résoudre le problème des rapports entre la conscience et le cerveau.

Il s'agit d'une nouvelle version du zombi, remaniée ici par la pensée philosophique et qui, par voie de conséquence, est devenue le « zombi philosophique » (il n'est jamais nommé ainsi dans l'article), nouvelle star de la neurophilosophie. Quel est donc cet être hybride, mélange improbable de zombi haïtien et de spéculations métaphysiques ? Pour l'incarner, Kirk fait appel (on ignore pourquoi) à Gulliver, le héros du roman satirique de Jonathan Swift. Dans un scénario fantaisiste, il imagine une « Brain Team » de micro-Lilliputiens, si petits qu'ils peuvent envahir le corps du géant, déconnecter ses nerfs et s'emparer des rouages de son cerveau. De la sorte, toutes les actions et réactions de Gulliver, appelé maintenant Zulliver (Z pour zombi), sont contrôlées par les parasites intelligents qui ont colonisé son système nerveux. Le philosophe pose alors la question suprême : Zulliver, dont les expressions faciales ne sont que des leurres derrière lesquels se cache un vide psychique,

I LAY IN GREAT UNEASINESS.

Lemuel Gulliver est fait prisonnier par les minuscules habitants de l'île de Lilliput. Dans sa version philosophique, il est transformé en zombi par de micro-Lilliputiens ingénieurs prenant les commandes de son cerveau (illustration de Gordon Browne, 1886).

éprouve-t-il encore des expériences sensibles, ou bien est-il devenu une simple super-marionnette dans les mains des Lilliputiens ?

Le bon sens – dont il faut toujours se méfier – veut que le nouveau Gulliver soit un zombi. Une créature dont l'apparence ne peut être distinguée de celle d'un individu comme vous et moi, c'est-à-dire dotée d'un corps et de capacités sensorielles, cognitives et motrices conscientes, bien qu'elle soit totalement dépourvue d'expérience mentale. Bref, le zombi de Kirk est une personne (le terme pourrait être ici inapproprié) agissant dans le monde et réagissant normalement vis-à-vis de son environnement, mais privée d'esprit. Quant à la leçon de philosophie, elle est censée nous enseigner qu'un être humain ne saurait être réduit à son seul corps, car, si tel était le cas, Zulliver et Gulliver ne feraient qu'un, et le zombi métaphysique n'existerait pas. La conclusion est donc la même que celle que nous avons atteinte avec l'expérience de Marie à la découverte des couleurs : le physicalisme se fourvoie.

C'est ici que la neurophilosophie de Kirk montre ses limites, car son zombi n'en est peut-être pas un ! Si les Lilliputiens, experts en électrophysiologie, ont bien fait leur travail, et que les stimulations qu'ils appliquent sur les neurones du géant reproduisent précisément ce qui se passait auparavant dans le cerveau de Gulliver, alors il n'y a aucune raison que leur cobaye soit privé de conscience phénoménale. Dans une telle situation, Zulliver ne serait plus un zombi, mais une sorte de cyborg, mi-Gulliver, mi-Lilliputien, quoique rigoureusement identique à Gulliver.

Oublions donc Zulliver, qui est somme toute une mauvaise idée, et revenons au concept de zombi philosophique – la vraie bonne trouvaille de l'article – en essayant d'imaginer les répercussions de sa possible existence, ou de son impossibilité, dans notre questionnement sur la conscience.

Je ne pense pas, mais je suis

Commençons par supposer que le zombi philosophique est concevable, c'est-à-dire qu'une personne sans conscience puisse être indiscernable de la même personne (au sens physique) dotée d'une conscience. Quelles conclusions en tirerait la philosophie ? La première serait un rejet définitif du physicalisme, puisque la conscience phénoménale ne pourrait être réduite aux seules propriétés anatomiques et physiologiques de l'individu : elle serait bien *quelque chose de plus.* Dans notre modèle dimensionnel de la conscience, le zombi de Kirk évoluerait dans un espace restreint à trois dimensions, où l'axe de la subjectivité aurait disparu, ce qui, comme nous l'avons déjà vu, ne l'empêcherait pas d'agir et de réagir. Il ressemble de ce point de vue à d'autres créatures imaginaires, comme le golem, ce monstre d'argile de la mythologie juive, muet et sans volonté raisonnée, et fait également écho à un excellent film de science-fiction sorti en 2007, *Invasion*, avec Nicole Kidman, dans lequel des extraterrestres effectuent un grand remplacement des humains par des copies parfaites, dont le seul « défaut » est d'être dépourvues d'émotions et de sentiments.

D'un autre côté, la possibilité du zombi philosophique creuserait davantage le *fossé explicatif* de Levine : comment expliquer qu'une personne et son double physique ne possèdent pas la même capacité à produire des expériences subjectives ? Il y aurait donc quelque chose d'inexplicable chez une personne, qui lui permettrait d'être consciente, alors que l'autre, son clone zombi possédant le même cerveau, ne le pourrait pas. Enfin, et c'est pour moi le point le plus vertigineux, la possibilité du zombi philosophique serait la démonstration que le contenu de la conscience est un *épiphénomène*, car son absence ne serait pas un obstacle à un fonctionnement (apparemment) normal de la personne.

Autre hypothèse. Le zombi philosophique est une impossibilité absolue. Curieusement, cette situation est beaucoup moins discutée par les philosophes. Mais, si tel était le cas, on pourrait en déduire que l'hypothèse strictement matérialiste est vraie, car les expériences subjectives et les activités cérébrales seraient alors unies par une sorte d'intrication : les unes ne pouvant exister sans les autres ! Pour autant, cela ne signifie pas que la manière dont les neurones produisent les phénomènes mentaux soit résolue, et le *fossé explicatif* pourrait continuer à hanter les neurobiologistes…

Les zombis, qu'ils soient haïtiens ou philosophiques, ont stimulé de profondes réflexions sur la dimension subjective de la conscience, nourrissant l'idée que celle-ci n'est qu'un sous-produit du cerveau. Aussi subtiles et fascinantes qu'elles soient, ces discussions ne sont toutefois que des spéculations stériles, car déconnectées de la réalité du fonctionnement du cerveau et de sa relation avec les processus conscients.

Voilà qui m'amène à approfondir la question du zombi, mais, pour la première fois, du point de vue de la neurophysiologie. Nous avons déjà vu que les découvertes de Libet et Soon, démontrant que l'intention consciente n'a pas d'effet sur le déterminisme comportemental parce qu'elle intervient *après* l'initiation neuronale du mouvement volontaire, sont compatibles avec l'hypothèse du zombi philosophique. Mais une question demeure : existe-t-il des conditions de fonctionnement cérébral capables d'abolir le côté qualitatif de la conscience sans interrompre les états de vigilance ou les comportements ? Ce que nous savons jusqu'à présent grâce au modèle quadridimensionnel de la conscience semble réfuter une telle possibilité. Nous allons faire progresser la théorie à la lumière de maladies neurologiques déconcertantes où seule la conscience phénoménale paraît s'effacer. Comme souvent, les géants de la biologie qui nous ont précédés avaient déjà anticipé cette nouvelle conception vertigineuse de l'être humain : un automate hanté par une conscience.

CHAPITRE 10

L'épiphénoménisme

Comme un automate humain

> Chaque corps organique d'un vivant est une espèce d'automate naturel.
>
> G. W. Leibniz

L'électroencéphalographie, la mesure du métabolisme cérébral et l'enregistrement des neurones ont démontré que la conscience phénoménale n'est en rien nécessaire à nos comportements volontaires. Qu'il s'agisse du montreur de Lune ou du joueur de rugby, les réseaux neuronaux, avec leur capacité à s'organiser de manière cohérente en fonction du contexte comportemental, et à engrammer des programmes moteurs autogérés, sont suffisants pour accomplir un acte volontaire. Ce fait de nature scientifique, en accord avec la possibilité du zombi philosophique, introduit une nouvelle théorie très contre-intuitive de la conscience, non pas sur ses mécanismes de production mais sur sa fonction, celle d'une expérience subjective réelle mais inutile. Cette théorie est l'*épiphénoménisme*, qui réduit le versant qualitatif de la conscience à un épiphénomène, c'est-à-dire un simple sous-produit de notre cerveau.

Tout comme l'énigme du *fossé explicatif*, initialement lancée par le physiologiste allemand Emil du Bois-Reymond lors d'une conférence sensationnelle, l'épiphénoménisme trouve son origine dans une allocution publique particulièrement singulière et inspiratrice. Elle est le fait de Thomas Huxley, savant méconnu du XIXe siècle, qui compte parmi ses petits-enfants l'écrivain Aldous Huxley, auteur du *Meilleur des mondes*, et Sir Andrew Huxley, codécouvreur des mécanismes des potentiels d'action et prix Nobel de physiologie ou médecine en 1963.

Le bulldog de Darwin

Thomas Henry Huxley, biologiste et philosophe anglais, peut être considéré comme le véritable inventeur du zombi philosophique, un siècle avant Robert Kirk. Son influence, grâce à une unique conférence sur le sujet (!), a été considérable dans les théories modernes sur les relations entre l'esprit et le cerveau.

Fils d'un professeur de mathématiques, Huxley naquit au-dessus d'une boucherie dans le Grand Londres en 1825. Il montra une passion précoce pour les sciences, l'histoire et la philosophie, mais opta à l'âge de quinze ans pour des études de médecine et décrocha une bourse d'étude au Charing Cross Hospital. À vingt et un ans, il s'engagea comme chirurgien sur la frégate *Rattlesnake* de la Royal Navy. Au cours d'un long périple, vers la Nouvelle-Guinée puis l'Australie, il s'affirma comme un brillant naturaliste, collectionnant et décrivant de nouveaux spécimens d'invertébrés, dans des phylums aussi variés que les cnidaires, les tuniciers et les céphalopodes.

Thomas Henry Huxley (1825-1895), naturaliste, anatomiste et philosophe britannique. Il fut surnommé le « bulldog de Darwin » pour sa défense opiniâtre de la théorie de l'évolution. Il développa une théorie visant à décrire l'être humain comme un « automate conscient ».

Dès son retour en Angleterre, en 1850, il fut reconnu pour ses découvertes en zoologie et rencontra à l'occasion Charles Darwin, avec qui il entretint une longue amitié. Huxley quitta la marine en 1854 pour devenir enseignant en histoire naturelle à l'École des Mines de Piccadilly, dans le centre de Londres. S'il fut d'abord un pourfendeur de la nouvelle théorie de l'évolution, défendant une conception fixiste des espèces, sa conversion au darwinisme se fera comme une révélation. Après avoir lu *Sur l'origine des espèces au moyen de la sélection naturelle, ou la préservation des races favorisées dans la lutte pour la survie*[1], il s'écria : « *Comme j'ai pu être stupide de ne pas avoir pensé ça !* »

Huxley se mua alors en défenseur habile et en propagateur énergique de la nouvelle théorie, ce qui lui valut le surnom de « bulldog de Darwin ». À ce titre, il affronta, lors d'un congrès scientifique en 1860, Samuel Wilberforce, un évêque anglican, rétrograde et vulgaire. Au cours de sa conférence, l'homme d'Église apostropha, malicieusement pensa-t-il, Huxley en lui demandant s'il descendait des singes du côté de sa grand-mère ou de son grand-père. Le naturaliste, qui était assis à côté de l'orateur, lui tapa le genou et lança à la cantonade qu'il préférerait descendre d'un singe que d'un évêque corrompu ! Protestation outrée dans l'assistance pour cette offense envers un membre du clergé, en particulier celle de l'amiral Fitzroy, ancien commandant du *Beagle*, sur lequel Darwin effectua sa seconde mission d'exploration, qui agita furieusement une bible vengeresse… La controverse paraît vive, mais, exactement à la même époque, Louis Pasteur et Félix-Archimède Pouchet (1800-1872) s'affrontaient à l'Académie des sciences sur la question de la génération spontanée, en des termes tout aussi peu amènes !

L'invention de l'épiphénoménisme

Huxley, le premier, osa appliquer la nouvelle théorie de l'évolution à l'espèce humaine, alors que Darwin rechignait à consentir à ce saut avant-gardiste. Allant à l'encontre de l'idée dominante de l'époque, il montra que le cerveau des grands singes et celui de *Sapiens* sont fondamentalement les mêmes d'un point de vue anatomique, une observation cruciale pour convaincre que l'être humain et les autres primates possèdent une origine commune [2]. Il est probable que cette idée d'un ancêtre commun, fût-il un singe primitif, participa à l'élaboration d'une autre théorie pour laquelle Huxley est moins connu : celle selon laquelle les animaux (y compris les humains) ne sont que des automates pourvus d'une conscience insignifiante.

Le naturaliste défendit pour la première fois sa thèse lors d'un discours prononcé au congrès de l'Association britannique pour le progrès des sciences, le 24 août 1874 à Belfast, la même année que la conférence de Du Bois-Reymond sur les « sept mystères du monde ». L'intervention de Huxley fut retranscrite dans la revue *Nature*, puis, dans une version approfondie, dans *The Fortnightly Review* [3]. Intitulés « *Sur l'hypothèse que les animaux sont des automates, et son histoire* », ces textes sont à l'origine d'une conception nouvelle et révolutionnaire de la conscience, celle d'un épiphénomène.

Il faut remarquer que Huxley eut un illustre prédécesseur dans cette tentative de marginaliser la conscience :

Douglas Alexander Spalding (1841-1877), biologiste britannique spécialiste du comportement animal et précurseur de l'éthologie. Spalding ne nia pas l'existence de la conscience, ou du rôle causal du fonctionnement cérébral sur la sphère mentale, mais il avança dans la revue *Nature* en 1874 [4], neuf mois avant Huxley, l'idée que l'expérience consciente *en tant que telle* ne saurait influencer l'activité neuronale :

> *Quel que soit le lien de connexion entre la conscience et l'action nerveuse, il semble à la fois inutile et irrationnel d'affirmer que l'importance ou la direction d'une décharge* (comprendre ici l'activité cérébrale) *dépende au moindre degré de l'état de conscience qui la précède ou l'accompagne.*

Les recherches du XXe siècle sur le *bereitschaftspotential* et l'*aire motrice supplémentaire* ont donné raison à Spalding. Nous avons vu qu'il est effectivement absurde de considérer que le contenu de la conscience puisse rétroagir sur les activités cérébrales qui le précèdent et qui sont à son origine. Néanmoins, ni Spalding ni Huxley n'utilisèrent le qualificatif d'« épiphénomène » pour désigner la conscience, une terminologie qui leur est donc indûment attribuée.

Le terme était employé initialement dans le jargon médical pour décrire les symptômes d'une maladie n'ayant aucune influence causale sur la pathologie elle-même. Prenons un exemple : un trouble bien connu de la conscience, sur lequel mon laboratoire a beaucoup travaillé, celui des crises d'épilepsie de type « absences ». Ces crises causent une interruption transitoire des processus conscients : le patient perd contact avec son environnement, il est métaphoriquement « absent », et ne conserve aucun souvenir de cette phase. Ce blackout de la conscience n'a *en soi* aucun effet sur les mécanismes neuronaux de la crise ou sur le pronostic du patient, souvent un enfant. L'inconscience n'est en l'espèce qu'un épiphénomène du dysfonctionnement des neurones et des circuits interconnectant le thalamus et le cortex cérébral [5]. On peut considérer la perte de contact provoquée par les crises d'absence comme un épiphénomène des dysfonctionnements cérébraux sous-jacents à un autre épiphénomène : la conscience.

Il faudra attendre le psychologue et philosophe américain William James (1842-1910) pour que le terme « épiphénomène » soit appliqué pour la première fois à la conscience. Dans ses *Principes de psychologie* (1890) [6], James déclara que, dans la « théorie des automates » de Huxley et Spalding, la conscience « *n'est qu'un simple "épiphénomène", un spectateur inerte des fonctions mécaniques autonomes du système nerveux central* ». Le mot est lâché, il fera date. Notons par ailleurs que James se trompe, car la conscience n'est en aucun cas un spectateur du cerveau : elle n'est que la spectatrice d'elle-même, sa « *propre description* », comme le souligne Wittgenstein [7].

James a réfuté l'hypothèse de l'épiphénomène et continué à soutenir que l'expérience consciente joue souvent un rôle causal dans le comportement humain. Il fut néanmoins ambivalent sur la question, car, dans sa *Théorie de l'émotion*, il avança que les sentiments ne sont que le corollaire expérientiel des changements physiologiques provoqués par les objets qui causent les émotions :

> *Nous sommes désolés parce que nous pleurons, en colère parce que nous frappons, effrayés parce que nous tremblons, et c'est non pas parce que nous pleurons, frappons ou tremblons que nous sommes désolés, en colère ou effrayés.*

Bref, il défend l'idée que l'expression physique des émotions précède les émotions elles-mêmes. Elles ne seraient donc que des sous-produits des mécanismes cérébraux qui causent, par ailleurs, l'expression comportementale desdites émotions. Il est aisé de tester l'hypothèse de James. Même si votre humeur est morose à cet instant, faites un grand sourire. Vous vous sentez un peu mieux ? Vous venez de faire l'expérience de ce qu'est un épiphénomène !

Huxley et les automates conscients

Revenons à Huxley et à sa conférence retentissante de 1874. Le naturaliste dépeint d'abord le système dualiste de René Descartes, qui proclamait au XVIIe siècle que les animaux « bruts » (sans âme) ne pensent pas, sont dépourvus de « principe intérieur » et donc d'expérience consciente, et que leur comportement s'explique entièrement par des mécanismes physiologiques régis par les seules lois de la mécanique. Cette conception était toujours dominante en cette fin du XIXe siècle, alors que régnait encore en maître dans les sciences naturelles l'orthodoxie cartésienne de Malebranche, résumée par l'interrogation [8] :

> *Quelle preuve y a-t-il que les brutes sont autre chose qu'une race supérieure de marionnettes, qui mangent sans plaisir, pleurent sans douleur, ne désirent rien, ne savent rien, et ne font que simuler l'intelligence comme une abeille simule un mathématicien ?*

Le poids écrasant de Descartes pèse encore sur le naturaliste anglais lorsqu'il affirme que les mécanismes fondamentaux du comportement humain et animal dépendent

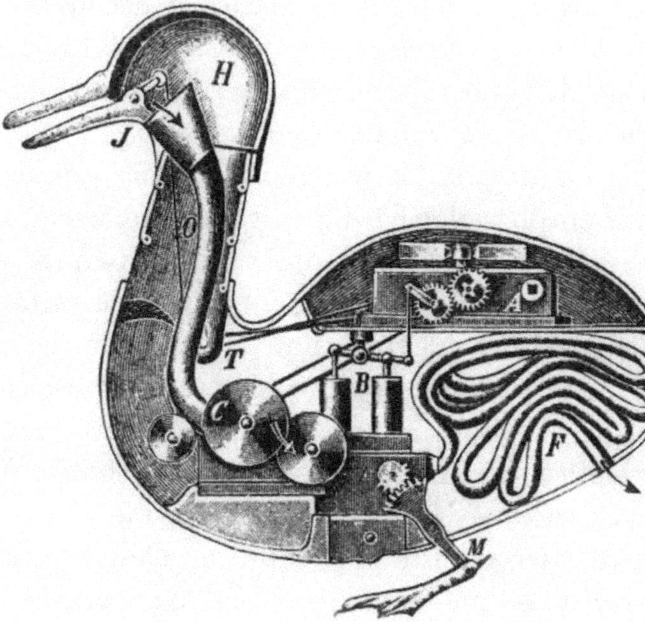

L'automate-canard construit en 1734 par l'inventeur français Jacques de Vaucanson, inspiré de l'« animal-machine » de Descartes. Il était censé démontrer que le fonctionnement strictement mécanique d'un animal suffit à expliquer son comportement et ses fonctions physiologiques.

des mêmes processus physiologiques, ceux d'un système nerveux opérant grâce aux *esprits animaux* (produits et guidés par les besoins physiologiques et adaptatifs de l'organisme) qui s'écoulent dans les nerfs et agissent sur les muscles. Huxley reconnaît à demi-mot que les *esprits animaux* n'existent pas, et qu'ils devraient être remplacés par un phénomène électrique, mais sans jamais faire référence aux découvertes d'Emil du Bois-Reymond qui, une trentaine d'années plus tôt, avait élucidé la vraie nature du messager dans le système nerveux : le potentiel d'action que nous avons détaillé. Il néglige cette découverte et considère que « [...] *la conception fondamentale* [du fonctionnement du système nerveux] *reste exactement la même que ce qu'elle était au temps de Descartes* ».

Bref, le bulldog de Darwin montre ici les limites de son savoir en physiologie ! Il aurait dû comprendre que les potentiels d'action, phénomènes intrinsèques aux neurones, ont défait définitivement le dogme cartésien surnaturel d'une interaction entre l'esprit et le cerveau, et ouvert l'ère d'une neurophysiologie de la conscience. Et dire que c'est son propre petit-fils, Andrew Huxley, qui élucida les mécanismes moléculaires des ondes électriques nerveuses révélées par du Bois-Reymond !

Là où Huxley se distingue (enfin) de Descartes, c'est dans sa certitude que les animaux possèdent une forme, même élémentaire, de subjectivité, car ils partagent avec l'espèce humaine certaines structures cérébrales qui produisent la conscience :

> *[...] nous avons le droit de conclure [...] que les brutes, bien qu'elles ne possèdent pas notre intensité de conscience, et que, par suite de l'absence de langage, elles ne puissent avoir de trains de pensées, mais seulement des trains de sentiments, ont cependant une conscience qui, plus ou moins distinctement, préfigure la nôtre, et qu'elles ne sont pas en mesure de l'exprimer*[9].

C'est ici, je pense, que l'extension du darwinisme à l'espèce humaine, dont Huxley avait été l'instigateur, intervient pour la première fois dans les théories scientifiques sur l'origine et le rôle de la conscience. Pour lui :

> *[...] cette grande doctrine de la continuité* [la théorie de l'évolution] *[...] interdit de supposer qu'un phénomène*

naturel quelconque puisse venir à l'existence soudainement et sans un précédent [10]...

En conséquence, les êtres humains et les animaux possèdent une conscience, avec un niveau de sophistication dépendant du phylum et du degré de développement du cerveau. Un grand singe, par exemple, aurait une conscience proche de la nôtre, les cerveaux de ces deux espèces étant très similaires d'un point de vue anatomique et physiologique. À l'inverse, celle d'un gastéropode serait tout autre, tant son système nerveux est organisé différemment. Idées lumineuses et novatrices au XIXe siècle, encore sous-estimées aujourd'hui et sur lesquelles nous reviendrons à la fin de ce livre.

Un autre point important développé par Huxley est que, quelle que soit l'espèce, les expériences subjectives ne sont que des productions collatérales du cerveau sans aucun effet *par elles-mêmes*, que ce soit sur le fonctionnement du cerveau ou sur le comportement. Pour expliciter son propos, il se lance dans des métaphores hasardeuses, comparant par exemple la conscience à la vapeur du sifflet d'une locomotive, qui n'influence d'aucune manière le fonctionnement de la machine ou le déplacement du train sur les rails.

Pour finir, dans une Angleterre victorienne réactionnaire, Thomas Huxley lance à l'adresse des sujets de Sa Majesté qu'ils ne sont que des « *automates conscients* », dont les expériences mentales ne sont que des produits secondaires de leur machinerie physiologique ! Pour avancer une première preuve de cette nouvelle théorie [11], Huxley fait appel à un cas bien mystérieux, celui du « sergent F » de l'armée française, qui semblait avoir perdu une part appréciable de sa conscience, sans abolir pour autant ses comportements. Il s'agit d'un des premiers « vrais » zombis de la littérature médicale. Nous verrons plus loin qu'il en existe bien d'autres !

Le sergent F : le zombi zéro ?

Peu avant son discours devant ses pairs, Huxley avait été alerté par son ami le général Strachey sur les étranges troubles du comportement du sergent F, que son médecin, le docteur Mesnet, de l'hôpital Saint-Antoine de Paris, avait décrits dans *L'Union médicale* du 21-23 juillet 1874, et qui avaient été partiellement retranscrits dans le *Journal des débats*[12]. Le soldat avait été blessé par balle à la tête au cours de la bataille de Sedan, en 1870, qui voyait s'affronter la France et la Prusse. Le projectile lui avait fracassé l'os pariétal gauche, laissant une plaie béante d'environ dix centimètres sur son crâne. Il trouva néanmoins la force de répliquer et tua son agresseur avec sa baïonnette. Le blessé marcha encore deux cents mètres, puis sa jambe droite se paralysa. Il s'effondra et perdit connaissance.

À son réveil, le sergent se vit alité dans la salle commune d'un hôpital de Mayence, en Rhénanie-Palatinat, hémiplégique du côté droit. Après six mois de convalescence, il fut transporté dans un hôpital français, où il retrouva toute sa mobilité deux ans après que son crâne eut été fracturé. Dès lors, selon les termes de son médecin, l'homme vécut deux vies. Dans son état normal, son intelligence était suffisante pour occuper divers emplois, comme celui de chanteur dans un café des Champs-Élysées, et il était serviable et aimable avec autrui. Mais, chaque mois, et pour quelques jours, alors que ses activités habituelles étaient inchangées, le sergent F semblait avoir perdu la majeure partie des expériences subjectives qui emplissent normalement la sphère consciente. Il se levait et se couchait aux heures habituelles, pouvait boire et manger voracement, s'habiller et se déshabiller lui-même ; mais il restait indifférent à ce qu'il voyait et entendait, alors qu'il n'était ni aveugle ni sourd, et semblait ne plus avoir de goût.

L'ex-soldat se cognait contre les objets placés sur sa route et, encore plus étrange, si on le poussait dans une direction, poursuivait son chemin jusqu'à heurter un obstacle, et là il s'arrêtait. Il roulait ses cigarettes, mais, si le tabac était remplacé par des copeaux de bois, il fumait comme si de rien n'était. Il en était de même si on substituait à sa nourriture de l'assa-foetida (une résine séchée à l'odeur fétide) ou à son vin du quinquina (une boisson affreusement amère). Animé par cet étrange comportement, le sergent F ira jusqu'à dérober ses propres affaires (montre, couteaux, porte-monnaie) et à cacher, avec l'apparence du mystère, le précieux butin… subtilisé à lui-même !

Pour Mesnet et Huxley, l'indifférence du sergent vis-à-vis de son environnement, son apparente insensibilité (laquelle suggère une perte des aspects qualitatifs de sa conscience), la disparition d'une volition cohérente, les actes impulsifs et déraisonnés dont il ne garde aucun souvenir, et la possibilité d'être guidé sans rechigner font de lui un véritable « automate », une sorte de zombi privé de conscience, mais capable d'exécuter les comportements élémentaires d'un être humain normal.

La blessure au cerveau semblait donc avoir provoqué chez le sergent F des interruptions récurrentes de sa vie intérieure, du contenu subjectif de sa personne pensante, le faisant plus ressembler à un animal (au sens de Descartes) uniquement animé par des fonctions instinctives, et privé de mentalisation, qu'à un humain au sens plein. Le docteur Mesnet en dressera finalement un tableau évocateur, d'après lui, du somnambulisme :

> *L'halluciné agit dans ce cas avec des apparences de libre arbitre qu'il ne possède pas ; il paraît préparer et combiner certains actes, alors qu'il n'est en réalité qu'un automate obéissant aux impulsions irrésistibles d'une volonté inconsciente.*

Il est difficile de poser un diagnostic catégorique sur les troubles de la conscience dont souffrait le sergent F il y a un siècle et demi, et d'en identifier les mécanismes cérébraux, fort des seules descriptions de Mesnet. Mais il ne s'agit certainement pas de somnambulisme. Nous verrons que ces symptômes s'apparentent plutôt à ceux d'étranges pathologies neurologiques, comme l'akinésie psychique ou l'état de mal épileptique du lobe temporal.

Partons donc à la découverte d'un continent méconnu de la neurophysiologie, où nous rencontrerons non seulement des zombis semblables au sergent F, mais aussi des patients harcelés par une conscience phénoménale étrangère, envahissante et invincible.

CHAPITRE 11

Les zombis neurophysiologiques

L'Homme sous contrôle

> [...] bien que toutes nos puissances soient endormies, et bien endormies aux choses du monde et à nous-mêmes... Il n'est pas nécessaire d'user d'artifices pour suspendre la pensée.
>
> THÉRÈSE D'AVILA

Le 10 janvier 1894, un éminent médecin décède à Londres des suites d'un empoisonnement à l'hydrate de chloral, un puissant anesthésique qui, à forte dose, provoque des troubles cardiaques potentiellement mortels. On suspecte d'emblée un suicide, et une autopsie est ordonnée. Il s'agissait d'un des patients du célèbre neurologue britannique John Hughlings Jackson (1835-1911), lequel assista à l'examen du cadavre en espérant découvrir l'origine de l'étrange maladie épileptique dont souffrait le défunt, nommé « Z » par Jackson pour des raisons de confidentialité médicale. Les crises épileptiques de Z avaient en effet ceci d'extraordinaire qu'elles pouvaient s'emparer des commandes de son cerveau et le transformer en un véritable zombi...

Avant d'examiner en détail le cas du bien nommé docteur Z, prenons un moment pour décrire ce que sont les maladies épileptiques, et comment elles sont à même d'affecter notre sphère mentale et nos comportements. Nous verrons qu'elles sont capables d'annuler notre conscience ou de nous imposer des pensées saugrenues, brouillant ainsi notre relation à la réalité et même à nous-mêmes.

Crises de conscience

Une crise d'épilepsie, quels que soient ses symptômes et son origine, résulte d'un dysfonctionnement de l'activité électrique du cerveau, consistant le plus souvent en une hyperactivité (un déclenchement excessif de potentiels d'action) rythmique et synchronisée des neurones, un ordre local opposé au profil sporadique usuel, au sein d'une région plus ou moins étendue du cortex cérébral. Ces excitations neuronales anormales, appelées « paroxysmes », causent, dans la plupart des cas, des symptômes en relation avec les fonctions normalement assurées par la région du cerveau touchée par la crise. Prenons quelques exemples.

Des paroxysmes survenant dans le cortex moteur provoquent des symptômes moteurs, comme des secousses musculaires répétées appelées clonies.

Ce type de crise peut se limiter à une zone restreinte du cortex, correspondant à un groupe musculaire spécifique, comme le montre l'*homonculus* de Penfield qui illustre la représentation des différentes parties du corps par des zones distinctes dans le cortex moteur. Elle est alors susceptible de se manifester uniquement par des mouvements saccadés d'un doigt – on parle de crises

« focales ». Nous verrons plus loin qu'il existe d'autres crises similaires qui ont pour effet de modifier le contenu de la conscience.

Au XVIIIe siècle, un célèbre médecin suisse, Samuel Tissot (1728-1797), surnommé le « *prince des médecins et le médecin des princes* », mentionne dans le premier traité scientifique sur l'épilepsie [1] que les crises peuvent « *faire perdre sur le champ le sentiment et la connaissance* ». Il fait ici référence au cas particulier des paroxysmes qui envahissent très rapidement les deux hémisphères, causant des crises dites « généralisées » qui plongent le patient dans l'inconscience. Les plus fréquentes, et les plus spectaculaires, sont ces convulsions extraordinaires, le fameux « grand mal », selon la dénomination ancienne. Au cours de ces crises « tonico-cloniques », comme on les nomme aujourd'hui, une phase de contraction musculaire intense et continue (phase tonique) est suivie de secousses rythmiques de l'ensemble du corps (clonies), d'une hypersalivation et d'énurésie. Après avoir été profondément inconscients au cours de la crise, les patients réémergent dans un état de confusion mentale, alors que leur électroencéphalogramme récupère progressivement une activité normale, non sans être passé par un aplatissement presque complet – on parle alors de dépression postcritique.

Moins fréquentes sont les crises généralisées nommées « absences ». Détaillons ce syndrome épileptique que nous avons déjà rencontré brièvement. Survenant le plus souvent chez de jeunes enfants, il semble au premier abord paradoxal, tant l'intensité des paroxysmes cérébraux contraste avec l'apparente légèreté des manifestations associées. Lors d'une crise d'absence, alors que les activités neuronales sont intenses dans presque toutes les régions du cerveau, l'enfant arrête ses activités en cours, il reste immobile – sans convulsions, donc –, indifférent à son environnement (une « rupture de contact », dit-on en langage clinique) et les yeux dans le vague. Seule sa conscience est altérée, d'autant plus d'ailleurs que les paroxysmes dans le cortex sont amples. Il ne gardera aucun souvenir de la crise.

La crise d'absence qui nous intéresse ici est un cas exceptionnel de « pure » interruption des processus conscients subjectifs. La sphère mentale est vidée de son contenu alors que l'aspect du sujet n'est que très légèrement modifié : il est juste, métaphoriquement, « absent », un peu comme quand on fixe un point dans le vide et que l'on reste indifférent à ce qui se passe autour de soi. L'autre paradoxe intrigant de cette épilepsie, découvert dans mon laboratoire en 2013 [2], est que, malgré l'inconscience, le cerveau continue à traiter les informations sensorielles, mais il est incapable de les faire émerger en tant qu'expérience consciente et n'en garde aucun souvenir.

Comment expliquer le blocage des processus conscients au cours des « absences », et que nous disent-ils du fonctionnement précis de notre cerveau dans cette condition ? Plusieurs mécanismes semblent être à l'œuvre, notamment l'impossibilité des aires corticales frontales et temporales de communiquer de manière appropriée [3], aggravée par des dysfonctionnements neuronaux subtils, comme nous l'avons récemment découvert dans mon laboratoire de l'Institut du cerveau à Paris, en insérant des électrodes dans les neurones du cortex chez des rongeurs épileptiques [4].

Souvenez-vous du bruit synaptique rapide et soutenu, toujours présent dans les neurones au cours de l'éveil

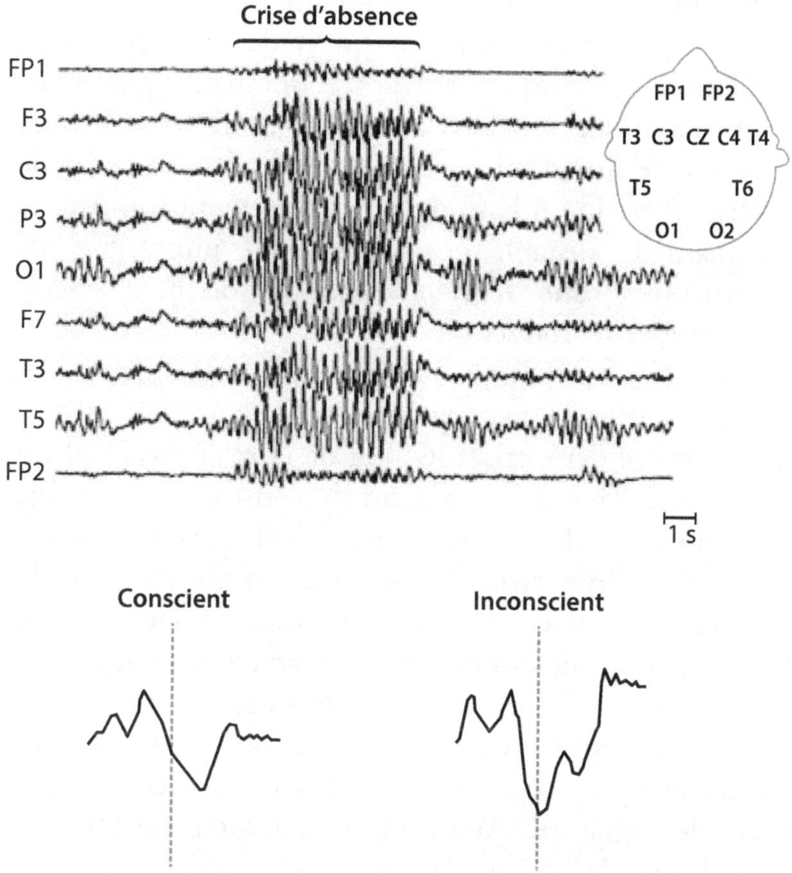

Les tracés du haut sont des enregistrements de l'électroencéphalogramme recueillis sur le cuir chevelu d'un jeune garçon de douze ans souffrant d'épilepsie-absence. Au cours de la crise, les tracés montrent de puissantes ondes rythmiques, lesquelles marquent la perte de conscience du sujet. Les tracés du bas montrent les réponses électriques du cortex d'une patiente du même âge soumise à un stimulus visuel, en dehors de la crise alors qu'elle est consciente (gauche), et lors d'une absence, quand elle est inconsciente (droite). Vous remarquerez que la réponse sensorielle persiste au cours de l'inconscience, et qu'elle est même plus grande. Ces observations ont été faites dans mon laboratoire en 2013.

conscient. Eh bien, nous avons dans un premier temps montré qu'il disparaissait au profit de lentes et larges oscillations électriques[5]. L'autre anomalie que nous avons identifiée touche la manière dont les neurones encodent le flux d'informations sensorielles au cours de la crise. Les stimuli issus de l'environnement sont traités de manière instable, et il devient impossible de « construire » une représentation sensorielle corticale cohérente et reproductible.

Dans notre modèle quadridimensionnel (p. 99), les patients souffrant d'épilepsie-absence évoluent tranquillement entre deux crises le long de la relation d'équivalence entre l'état et le contenu de conscience, avec une activité neuronale caractéristique soit de l'éveil conscient (bruit synaptique rapide), soit de la somnolence, soit du sommeil (ondes lentes). Lors des absences, leur cerveau est soudainement dominé par des activités épileptiques qui ont pour effet de précipiter le sujet vers l'axe horizontal de l'espace conscient, avec pour conséquence l'effacement du contenu mental, sans que cela affecte l'état de vigilance. Ainsi, immobile ou agité par des convulsions, le patient en crise généralisée se comporte transitoirement comme un zombi, privé de la moindre action intentionnelle.

Il existe bien d'autres crises d'épilepsie dont les conséquences sur la conscience sont plus sophistiquées et variées. Contrairement aux crises généralisées, elles ne privent pas le patient de ses comportements, mais peuvent interférer avec le contenu phénoménal de sa conscience, jusqu'à littéralement la vider ou prendre le contrôle de la pensée.

État de rêve

Des crises d'épilepsie perturbant le fonctionnement de la pensée ont été décrites dès le Moyen Âge. Un exemple assez typique a été relaté par Bernard de Gordon, un médecin montpelliérain du XIIIe siècle [6] :

J'ai souvent vu que l'attaque était si courte que la seule chose nécessaire pour le patient était de s'appuyer contre un mur, ou quelque chose de similaire, et de se frotter le visage, et l'attaque cessait. Parfois, cependant, il n'avait pas le temps de s'appuyer, il était saisi d'une confusion dans la tête, et d'une obscurité dans les yeux, et le sentant à l'avance, il disait un Ave Maria et avant qu'il ait fini, le paroxysme était passé. Il y a des gens qui, après le paroxysme, ne se souviennent absolument pas de leur chute ou de leur maladie, tandis que d'autres s'en souviennent et en ont honte.

Ce témoignage ancien, qui décrit vraisemblablement une crise du lobe temporal, nous apprend aussi, et c'est souvent le cas dans ce type d'épilepsie, que les patients « sentent » la crise approcher. Au début du XVIIIe siècle, sous le règne de Louis XIV, un certain Poupart, probablement François Poupart (1661-1709), médecin et anatomiste français, rapporta un étrange cas d'épilepsie dans les actes de l'Académie royale des sciences :

À cette occasion, M. Poupart ajouta qu'il connaissait une fille épileptique, qui aux premières approches de son mal, s'assied dans une chaise, y demeure immobile, sans parole, sans sentiment, les yeux ouverts, et ne se souvient nullement d'être tombée dans cet état après qu'elle en est revenue. Si elle avait commencé un discours que son accès ait interrompu, elle le reprend précisément au même endroit où elle l'avait quitté, et elle croit avoir parlé tout de suite.

Il faudra attendre la fin du XIXe siècle pour que Hughlings Jackson regroupe les crises perturbant la sphère mentale sous le terme générique de *dreamy state* (« état de rêve ») [7]. Les symptômes en question étaient autrefois considérés comme des signes avant-coureurs de crises plus sérieuses, des sortes d'« auras » souvent accompagnées de sensations épigastriques désagréables, comme un poids sur l'estomac doublé de la sensation d'un malaise à venir. Jackson comprit qu'il ne s'agissait pas de phénomènes secondaires, mais que la crise avait en fait déjà débuté. Il écrivit en 1888 :

La prétendue « aura intellectuelle » (je l'appelle « état de rêve ») est un symptôme frappant. Il s'agit d'un état mental très élaboré ou « volumineux ». L'une des formes de cet état est la « réminiscence », un sentiment que beaucoup de gens ont eu alors qu'ils étaient apparemment en bonne santé.

Il se trouve que Z fut l'un des premiers cas recensés d'« état de rêve » épileptique, sauf que ses symptômes n'avaient rien à voir avec les rêves. En tant que médecin, il publia lui-même en 1870, sous le pseudonyme de « Quaerens », un récit détaillé de ses propres crises :

Je regardais négligemment autour de moi, observant les gens qui passaient, etc., lorsque mon attention fut soudainement absorbée par mon propre état mental, dont je ne sais rien de plus que ce qui me semblait être un « souvenir » vif et inattendu de ce que je ne connais pas.

Aux sources du « déjà-vu »

Ce qui est arrivé à Z vous est déjà arrivé, n'est-ce-pas ? Il s'agit de cette étrange sensation de *déjà-vu* ou

John Hughlings Jackson (1835-1911), un des pères fondateurs de la neurologie moderne. Il fut entre autres le découvreur des crises d'épilepsie provoquant des activités psychiques aberrantes, comme les sensations de « déjà-vu » ou les pensées forcées.

déjà-vécu. Depuis une vingtaine d'années, lorsque j'entame mes cours sur l'épilepsie aux étudiants de Sorbonne Université, je fais un petit sondage, et, à chaque fois, il s'avère que plus de 90 % des personnes présentes dans l'amphithéâtre (dont moi) ont vécu ce type d'expérience mentale. Est-ce à dire que la quasi-totalité de la population est épileptique ? Au risque de vous inquiéter, je répondrais non… et oui. Non, car être épileptique, c'est souffrir d'une maladie épileptique avec des crises qui se répètent, dont l'origine est identifiée dans la plupart des cas : lésion cérébrale, désordre biochimique ou maladie génétique. Présenter exceptionnellement un symptôme épileptique, en particulier un de ceux présents dans les « états de rêve », ne suffit pas à faire de vous un « épileptique ». Mais j'ose aussi dire oui, puisque les singulières expériences ressenties par Z et par vous sont vraisemblablement dues au même phénomène neuronal.

Notons d'abord la banalité de la sensation de *déjà-vu*. Je vais décrire ici mon propre ressenti : nous sommes subitement envahis par un sentiment intense mais confus, celui que la situation présente est déjà connue de nous, car nous en avons déjà fait l'expérience. Quoi d'extraordinaire ? Après tout, il nous arrive tous les jours de « revivre » (ou presque) une situation : se trouver sur le même quai de gare à la même heure, pénétrer dans son bureau le matin ou encore embrasser pour la énième fois une personne aimée… Nous savons que ces événements se sont déjà produits, mais le sentiment qu'ils suscitent est celui de l'habitude et non de la surprise. L'incongruité ressentie au cours du *déjà-vu* résulte, comme le note Z, de la dissonance entre la réminiscence d'un souvenir et le fait de sentir simultanément qu'il est faux. Comment expliquer une telle contradiction ?

Mon hypothèse est que des activités paroxystiques dans les réseaux de neurones du lobe temporal – une région normalement dévolue à la mémorisation et au rappel – surviennent de manière inopportune, créant une association artificielle entre la situation vécue, somme toute banale, et l'évocation forcée d'un souvenir qui n'existe pas. Cette hypothèse est confortée par un fait découvert en 1931 par Penfield, à savoir que la stimulation électrique de cette zone du cerveau est susceptible de déclencher des souvenirs vivaces, quoique faux [8]. Voilà comment naît l'insolite sensation de *déjà-vu* et comment votre cerveau vous trompe sur votre propre passé !

Quant au sentiment d'étrangeté, il vient du fait que l'activité neuronale sous-jacente au faux souvenir entre en conflit avec d'autres régions cérébrales dont la fonction est de tester la validité de nos représentations mentales. Nous avons déjà évoqué le triangle de Penrose : nous pouvons nous le représenter mentalement, bien que nous l'analysions comme étant impossible. Le sentiment d'étrangeté existe aussi dans ce cas, mais il est moindre, car ce n'est pas notre cerveau qui bâtit l'image du triangle impossible ; contrairement au faux souvenir du *déjà-vu*, qui est une pure création de nos neurones.

Chez Z, il s'agit d'un symptôme de sa maladie épileptique. Chez vous (à condition que vous ne souffriez pas du même mal), ce n'est que le reflet d'un dysfonctionnement passager dans un réseau de neurones corticaux, sans maladie sous-jacente et sans conséquences sur votre santé.

Les errances du bon docteur Z

Les péripéties épileptiques du docteur Z ne s'arrêtaient pas au *déjà-vu*. Le médecin relate un autre épisode, bien plus long et bien plus intrigant [9], démontrant la possibilité du zombi philosophique imaginé par Robert Kirk :

> *Je m'occupais d'un jeune patient avec une histoire de symptômes pulmonaires que sa mère m'avait amené. Je souhaitais examiner sa poitrine et lui ai demandé de se déshabiller sur un divan. Je pensais qu'il avait l'air malade, mais je n'ai aucun souvenir d'une quelconque intention de lui recommander de se mettre au lit immédiatement, ni d'un quelconque diagnostic. Pendant qu'il se déshabillait, j'ai ressenti le début d'un petit mal* [trouble de l'état de conscience, similaire à une absence]. *Je me souviens avoir sorti mon stéthoscope et m'être un peu détourné pour éviter la conversation. La chose suivante que je me remémore est que j'étais assis à une table d'écriture dans la même pièce, parlant à une autre personne, et comme ma conscience redevenait complète, je me suis souvenu de mon patient, mais j'ai vu qu'il n'était pas dans la pièce. J'ai voulu savoir ce qui s'était passé, et j'ai eu l'occasion, une heure plus tard, de le voir dans son lit, avec la note d'un diagnostic que j'avais fait de « pneumonie de la base gauche ».*

Après avoir réexaminé son patient, le docteur Z comprit avec stupéfaction, et un certain amusement, que : « [...] [son] *diagnostic conscient était le même que* [son] *diagnostic inconscient* ».

Moins cocasse a été un autre événement épileptique du docteur Z, relaté par Jackson en 1898 [10], qui aurait pu être tragique :

> *En une autre occasion, il y a eu des actions post-épileptiques de Z pendant son « inconscience », d'un type qui, chez un homme pleinement conscient, serait criminel, et aurait dû entraîner des conséquences très graves si, heureusement, son état n'avait pas été connu.*

Le neurologue ne précise pas quel crime Z a failli commettre au cours d'une de ses crises, mais une affection neurologique qui, à l'instar du *bereitschaftspotential*, prend le contrôle du cerveau d'un criminel alors qu'il est manifestement inconscient serait une raison suffisante pour effacer sa responsabilité.

Voilà, quoi qu'il en soit, un homme capable de diagnostiquer une pneumonie tout en étant privé de conscience, laquelle, de fait, ne lui était pas nécessaire pour pratiquer son « art » ! Démonstration que le contenu de la conscience de Z opère comme un épiphénomène, même dans une tâche impliquant une construction intellectuelle sophistiquée. De nombreux cas similaires à Z ont été rapportés depuis, et des témoins fiables ont pu attester que les fonctions cognitives des sujets en crise restaient intactes [11].

Cependant, on peut se demander si Z ne souffrait pas d'une amnésie transitoire pendant la crise, plutôt que de la perte de sa conscience phénoménale. Mais comment savez-vous que vous étiez conscient quand vous avez lu la page précédente de ce livre ? La seule preuve, vis-à-vis de vous même, c'est le souvenir (même partiel) de ce que vous avez lu et des éventuels autres événements survenus au cours de cette tâche. Supposons maintenant que quelqu'un ait été témoin de votre comportement de lecture, mais que vous n'en ayez aucun souvenir – c'est le cas lors de crises comme celle de Z. Vous concluriez, à juste titre en ce qui concerne votre expérience, que vous n'étiez pas conscient de lire.

De fait, la conscience (dans sa dimension subjective) requiert l'utilisation de processus de mémorisation à très court terme, créant ainsi un flux ininterrompu d'informations encodées par notre cerveau, lequel assure la continuité de nos expériences mentales conscientes et de notre présence au monde. D'ailleurs, imaginez que vous soyez privé tout au long de votre existence de toute forme de mémoire, à l'échelle de la fraction de seconde, de la seconde, du jour, du mois, de l'année... Vous considéreriez-vous comme conscient ? En tout cas, vous n'auriez aucun moyen de le savoir, et, donc, ce ne serait pas le cas : pour être conscient, il faut et il suffit de le savoir !

Status epilepticus

Beaucoup de questions restaient en suspens concernant l'étrange cas du docteur Z. La toute première était celle de l'origine de ses symptômes. L'autopsie révéla « *un très petit foyer de ramollissement dans le gyrus unciné de la moitié gauche du cerveau* ». Aussi nommée *uncus*, cette structure cérébrale en forme de crochet se situe à la base interne du lobe temporal. On sait aujourd'hui que sa lésion conduit à des déficits dans la mémoire immédiate et que la survenue de paroxysmes épileptiques au sein de l'*uncus* peut provoquer (en plus de crises similaires à celles de Z) une vive excitation sexuelle, des hallucinations olfactives et gustatives, ou encore des mouvements involontaires du visage et de la bouche, comme des crachats irrépressibles [12].

Même si la région du cerveau à l'origine des crises de Z a été vraisemblablement identifiée, Jackson n'avait aucun moyen en 1888 de démontrer que ses symptômes étaient dus à des paroxysmes électriques dans cette zone précise. Pour ce faire, il aurait dû réaliser un électroencéphalogramme au moment des crises et tenter de cibler, comme nous l'avons fait avec les crises d'absence, le site de déclenchement des activités épileptiques. Alors que les premiers enregistrements des ondes électriques du cerveau ont été réalisés en 1875 par Richard Caton sur diverses espèces de mammifères, ils n'ont été possibles chez l'être humain qu'au début du XXe siècle, grâce au psychiatre allemand Hans Berger. Depuis, mais dans de rares cas, des neurologues ont pu obtenir des électroencéphalogrammes lors de crises similaires à celles du docteur Z, notamment quand le patient se comporte comme un zombi. Ce fut le cas d'un jeune épileptique suivi en 1979 à l'Institut neurologique de Bologne, en Italie.

Le garçon, alors âgé de seize ans, souffrait durant plusieurs minutes de crises qui pouvaient prendre des formes variées [13] : de vifs mouvements de rotation de la tête et des yeux, des pertes de connaissance avec chute et des illusions visuelles (les objets apparaissant plus proches et changeant de couleur) associées à un intense sentiment d'anxiété. Certaines de ses crises étaient plus longues, de plusieurs heures à quelques jours. On les nomme alors « *status epilepticus* » ou « *état de mal épileptique* ». Dans le cas du patient de Bologne, mais aussi de Z, l'*état de mal* n'interrompait pas les comportements, et la dimension quantitative de sa conscience était préservée (état de vigilance), alors que son contenu mental se vidait.

Étonnamment, alors que son cortex cérébral était submergé par des paroxysmes électriques continuels, et qu'il (tout comme Z) ne conservait aucun souvenir de la crise, le patient répondait de manière appropriée à diverses stimulations, accomplissait les tâches demandées et était même capable de réussir un calcul « mental ». Ses comportements étaient cohérents, avec une correcte évaluation du temps, et il reconnaissait les visages… mais il était inconscient ! D'ailleurs, son électroencéphalogramme permet d'écarter un simple problème de mémoire, car de tels paroxysmes ne pourraient avoir comme seul effet d'interrompre les processus mnésiques. En effet, les activités épileptiques touchent ici des régions du cortex non directement impliquées dans la mémorisation. Bref, tout comme Z, et dans une certaine mesure comme le sergent F, le jeune épileptique de Bologne se comportait « normalement » alors que la part subjective de sa personnalité avait été annihilée. Les décharges paroxystiques diffuses dans le cortex du patient italien avaient eu pour seul effet, à l'instar du zombi philosophique, d'effacer son monde intérieur.

Revenons un instant sur le triste destin du docteur Z. Les crises du lobe temporal dont il souffrait auraient-elles pu provoquer un accès de mélancolie ayant précipité son suicide ? Nous ne le saurons jamais, mais les statistiques montrent que la dépression est le trouble de l'humeur le plus fréquent chez ces patients, et que le risque de suicide chez ceux atteints d'une épilepsie du lobe temporal est vingt-cinq fois supérieur à celui de la population générale [14].

Et au fait, qui se cachait derrière la lettre Z ? Des recoupements biographiques et médico-légaux [15] indiquent avec une quasi-certitude que le docteur Z s'appelait en réalité Arthur Thomas Myers (1851-1894), médecin à l'hôpital pour enfants de Belgrave et ancien médecin-chef de l'hôpital St George de Londres. Voilà donc l'identité du zombi épileptique qui consacra la reconnaissance d'une nouvelle forme d'épilepsie : l'« *état de rêve* ».

Comme des pensées forcées

L'« *état de rêve* » épileptique ne se résume pas aux seules crises de Z. Il adopte des formes très différentes et encore plus déconcertantes, tant il est capable de détériorer le contenu et la structure de la pensée, jusqu'à pirater le psychisme du sujet en quelque sorte, en créant des illusions ou des confusions sur la réalité du monde, voire sur sa propre existence. Bien que qualifiés par certains de psychoses épileptiques ou de crises hypercognitives, ces symptômes ne sont pas ceux d'une maladie mentale : les patients ne sont nullement fous, ils sont victimes d'activités électriques cérébrales anormales, intermittentes et incontrôlables. Cette confusion entre épilepsie et folie persiste encore de nos jours, participant aux souffrances psychologiques et sociales des épileptiques.

On doit (encore) à Wilder Penfield d'avoir établi la première classification des troubles psychiques provoqués par des crises du lobe temporal ou frontal [16], et d'avoir démontré qu'ils pouvaient être reproduits par des stimulations électriques des mêmes lobes cérébraux. Aujourd'hui, la liste des crises psychiques reconnues est considérable [17] : on y trouve des sensations irrationnelles de peur ou de joie, des impressions viscérales (génitales, rectales, digestives) agréables (jusqu'à l'orgasme) ou déplaisantes, des illusions ou des hallucinations auditives, visuelles, gustatives, périphériques, une sensation de distorsion dans l'écoulement du temps, une « préscience » et l'ensemble baroque des « déjà » et « jamais » : *déjà-vu*, *déjà-rêvé*, *jamais-vu*, et même *jamais-connu*.

Parmi les plus déconcertantes figurent la « déréalisation » et la « dépersonnalisation ». Dans le premier cas, le patient est désorienté dans le temps et l'espace, et perçoit les personnes et les événements qui se produisent autour de lui comme irréels. Dans le second, il est aussi désorienté, mais vis-à-vis de lui-même. Il doute de sa véritable identité, tandis que son corps et son existence peuvent lui sembler irréels. Pire, parfois, la crise fait qu'il se « sent » à l'extérieur de son corps, signe d'expériences « extra-corporelles » similaires à celles survenant au cours des expériences de mort imminente. Dans de rares cas, il va jusqu'à s'approprier l'identité d'une autre personne, généralement un personnage célèbre ou historique…

Les crises d'épilepsie peuvent donc gouverner notre sphère mentale en produisant des expériences sensorielles et mentales envahissantes. Le plus surprenant, sans doute, c'est que, par un mécanisme de métacognition, le patient parvient à juger lui-même (donc avec sa propre conscience) du caractère aberrant des pensées intrusives qu'il subit. Par conséquent, une part de la sphère mentale consciente est capable de porter un jugement de rationalité sur une autre, un phénomène en accord avec les théories d'ordre supérieur de la conscience (voir chapitre 4).

Examinons quelques cas extraordinaires qui démontrent qu'une expérience consciente peut n'être qu'un artéfact cérébral, produit en l'occurrence par un dysfonctionnement du cortex et jugé comme tel par le reste de la sphère consciente.

Jackson, dans son article de 1888, relate le cas du patient W, dont les crises passent inaperçues pour ses proches mais qui le troublent profondément. Outre des sensations épigastriques déplaisantes, W témoigne ainsi d'un sentiment de « double-moi » et de pensées incontrôlées : « *Une idée a surgi dans ma tête, différente de celle que je pensais* » ! Une idée différente de ce que je pense ? Voilà bien un exemple de métacognition : W juge consciemment qu'une pensée produite par son cerveau lui est étrangère, et qu'elle surgit dans son esprit de manière incontrôlée et incontrôlable.

Penfield relate un grand nombre de cas similaires[18]. Un de ses patients, âgé de vingt-quatre ans, est pris au début de ses accès épileptiques par une double pensée confuse, celle de « *se dire à lui-même* » qu'il « *avait dit à quelqu'un ou à un autre de faire ceci ou cela* ». Ici, comme dans tous les autres cas, le patient « sait » que cette pensée est absurde et qu'elle surgit dans son esprit en dehors de sa sphère mentale cohérente, l'interpellant sous la forme d'un dialogue imaginaire. Un autre malade, plus jeune, raconte à Penfield que « [...] *de nombreuses pensées venaient se presser dans son esprit* », et qu'« *une succession de pensées et d'idées étranges et difficiles à expliquer* » l'avait pénétré sans comprendre pourquoi, comme l'idée obsédante de retourner ou déplacer une tranche de pain sur une table... Un troisième patient déclare que ses crises débutent par « *une conscience que des individus avec lesquels il avait récemment parlé continuaient maintenant à lui parler* ». De quoi facilement comprendre pourquoi ces crises sont considérées par un public profane (et même par certains médecins) comme des troubles psychiatriques. J'insiste sur ce point : il n'en est rien, vu que la seule origine de ces intrusions mentales est la maladie épileptique touchant le cortex, et rien d'autre.

Toutes les pensées inopinées que nous venons de décrire sont profondément déstabilisantes, tant elles sont ressenties comme étranges et étrangères, émanant d'une force « extérieure ». Penfield a judicieusement nommé en 1946 ces expériences « *forced thinking* » (*pensées forcées*) [19], qu'il définit de la façon suivante : « *Un sentiment de contrainte à penser ou l'apparition de pensées inhabituelles.* » Les *pensées forcées* étaient reconnues comme un symptôme épileptique à part entière en 1981 par la Ligue internationale contre l'épilepsie [20], puis se sont retrouvées noyées dans le descripteur commun des crises dites « cognitives ». C'est pour moi une erreur. Elles ont en effet une place bien particulière au sein des syndromes épileptiques, et, au-delà de leur aspect clinique déroutant, elles illustrent les relations contraignantes existant entre l'activité neuronale et le contenu de la conscience.

Extase neuronale

Les *pensées forcées* arborent des tournures stupéfiantes, jusqu'à imposer aux patients d'extraordinaires exaltations, laissant supposer, à tort, que les crises d'épilepsie permettent d'accéder à un niveau de conscience supérieur. On appelle ce type de paroxysmes des « *crises extatiques* ». La première description en a été faite dans les années 1860 par l'écrivain russe Fiodor Dostoïevski (1821-1881) qui, à travers le prince Mychkine, personnage principal de son roman *L'Idiot*, dépeint de manière à peine déguisée ses propres crises [21]. Dès le début du roman, Dostoïevski évoque le trouble du prince au cours d'une de ses crises [22] :

Il avait de grands yeux bleus au regard fixe ; ce regard avait quelque chose de doux mais de pesant, une expression étrange révélant aux yeux d'un observateur averti un épileptique.

Plus loin, l'extase épileptique est dévoilée :

[...] soudain, au milieu de la tristesse, des ténèbres de l'âme, de l'étouffement, son cerveau semblait s'embraser par instants, et où toutes ses forces vitales se tendaient à la fois dans un élan extraordinaire. La sensation de vie, la conscience de soi-même paraissaient décuplées dans ces moments fulgurants. Le cerveau, le cœur s'illuminaient dans une extraordinaire clarté ; tout son trouble, ses doutes, ses inquiétudes, semblaient s'apaiser aussitôt, se résolvaient dans une sorte de paix supérieure, pleine de clarté, de joie harmonieuse et d'espoir, pleine d'entendement et de conscience de la cause finale.

Un tel récit ne peut qu'être le fait d'un patient, seul à connaître l'emprise à la fois terrifiante et éblouissante de ce type de crise. La mathématicienne Sophia Kovalevskaïa, une amie proche de l'écrivain, témoigne dans ses mémoires du surgissement d'une crise extatique chez son ami, alors qu'ils discutaient religion [23] :

C'était la veille de Pâques... Tout à coup Dostoïevski s'écria : Dieu existe, il existe... et je sentis que le Ciel était descendu sur la Terre et qu'il m'avait englouti : j'ai réellement touché Dieu... Vous tous, les bien-portants, vous ne pouvez même pas soupçonner le bonheur que nous autres, les épileptiques, nous éprouvons une seconde avant la crise. Mahomet affirme qu'il a vu le Paradis et qu'il y a été. Il ne ment pas, il a réellement été au Paradis pendant une crise d'épilepsie.

Dostoïevski, à l'instar de Thérèse d'Avila, d'Ignace de Loyola, de Jeanne d'Arc et peut-être même de Blaise Pascal durant sa fameuse « nuit de feu », n'était ni fou ni délirant. Ces illustres mystiques, comme la majorité des patients souffrant de crises extatiques, dépeignent des symptômes similaires : une perception exacerbée d'eux-mêmes (ils « se sentent très présents »), une vivacité extraordinaire des perceptions sensorielles et la pénétration de forces spirituelles toutes-puissantes. Une telle grâce phénoménale pourrait s'apparenter à ce que doivent ressentir les artistes majeurs et les grands découvreurs : une sorte de jouissance de l'esprit !

La fabrique de la pensée

Les *pensées forcées*, du *déjà-vu* aux crises extatiques en passant par le phénomène de déréalisation, sont détectées, par ceux qui les subissent, comme l'intrusion de phénomènes mentaux extérieurs. Pour les neurosciences, elles ont la valeur d'une expérience, dont le protocole est dicté par la crise d'épilepsie et qui se déroule au sein d'un laboratoire improvisé, le cerveau, au moyen d'un instrument de mesure, la conscience elle-même.

Le principal résultat de cette expérience est que les paroxysmes épileptiques, le plus souvent des excitations neuronales répétées dans une petite région du cortex cérébral, peuvent déclencher des phénomènes psychiques, ressentis par le sujet comme disjoints du reste de la sphère consciente. Le sentiment d'étrangeté qu'ils produisent s'estompe rapidement, mais il est extraordinairement intense et dérangeant. Le sujet est confronté à un conflit entre deux contenus conscients antagonistes, ce qui n'arrive jamais par ailleurs. En effet, une des propriétés fondamentales de notre cerveau est sa capacité à rendre cohérente chacune de nos expériences mentales, qu'elles soient sensorielles ou endogènes. Nous ne pouvons pas fragmenter le contenu d'une expérience consciente, nous ne nous représentons jamais mentalement une même chose de deux manières différentes au même moment, et nous n'avons jamais deux avis opposés au même instant. Il est permis de changer d'avis, mais même une girouette ne tourne jamais dans les deux sens en même temps !

Tentons une brève expérience de (méta)pensée pour saisir l'incongruité des *pensées forcées* : essayez d'avoir simultanément deux idées contradictoires, par exemple la volonté de continuer à lire ce livre et celle de le fermer, ou de réfléchir à la fois à ce que vous lisez et à ce que vous écoutez à la radio. Vous le pouvez en alternance, mais jamais en même temps ! Le « *en même temps* », popularisé par les combinards de la politique, est incompatible avec la structure de la pensée. Le cerveau n'est pas configuré ainsi, et c'est heureux : il est bien en peine de créer simultanément deux activités neuronales dont les conséquences sont antagonistes. Imaginons que ce soit néanmoins possible. Nous serions assaillis d'injonctions intérieures opposées, dont une seule, on ne saurait prédire laquelle, serait suivie d'une action, possiblement entravée par une autre dans la foulée. Quant à l'organisation du mouvement, nous avons vu que l'activation conjointe des neurones ayant des effets excitateurs sur des muscles antagonistes aurait pour effet de nous paralyser. Le fait est que la crise d'épilepsie est capable dans certains cas de rompre la structure harmonieuse de la conscience phénoménale, mais il s'agit d'un fonctionnement pathologique du cerveau.

Une autre conclusion à tirer des crises psychiques est que les paroxysmes épileptiques peuvent produire des activités mentales qui, malgré leur étrangeté, ont intrinsèquement un sens. C'est très étonnant, puisque les crises sont des activités cérébrales « non-sens », n'ayant pas la structure des patterns neuronaux normalement associés avec nos sensations, nos pensées et nos souvenirs « normaux ». Une aberration neurophysiologique similaire a été découverte par Penfield au début des années 1930, quand il put produire pour la première fois des phénomènes mentaux après avoir stimulé électriquement le cortex cérébral avec des paramètres qui ne permettent pas de mimer l'activité naturelle des neurones.

Depuis, les neurochirurgiens ont testé l'effet de telles stimulations sur la quasi-totalité des zones corticales. Les résultats sont ahurissants, s'accordant le plus souvent avec les symptômes causés par des crises déclenchées dans les mêmes régions[24]. Par exemple, des stimuli électriques appliqués par Penfield et ses suiveurs sur le lobe temporal provoquent, en plus des sentiments de *déjà-vu*, des hallucinations (la vision de formes géométriques ou de visages) ou des illusions (les choses apparaissent plus petites que ce qu'elles sont) visuelles ou auditives (des voix ou de la musique), mais aussi une envie de pleurer, le sentiment d'être ailleurs ou d'être « quelqu'un d'autre ». Quant aux régions frontales, leur mise en jeu artificielle provoque des signes aussi variés que des rires sans joie, l'exécution de mouvements inconscients, un blocage du langage ou une incapacité à nommer les choses. Il est intéressant de constater que les stimulations électriques du cerveau ne parviennent pas à engendrer des pensées « constructives », comme le souligne Penfield. Elles ne constituent jamais une plus-value phénoménale améliorant notre fonctionnement mental, elles ne sont que parasites.

L'effet de la stimulation sur les neurones corticaux est tel que, lorsqu'ils sont excités de manière artificielle, ils activent des circuits neuronaux locaux spécifiques. Ces réseaux, impliqués dans la production des pensées, souvenirs ou émotions, se mettent alors à jouer une partition qu'ils ont préalablement encodée. Ce phénomène est observé lors de crises ou de chocs électriques, durant lesquels les activités neuronales créent des phénomènes mentaux *ex abrupto*, déconnectés du reste du cerveau. Cela semble contredire les théories récentes sur la conscience phénoménale, qui supposent une organisation structurée des réseaux neuronaux à grande échelle. Le caractère « dissonant » de ces expériences forcées, qui paraissent surgir de l'« extérieur », découle donc de cette décorrélation entre les circuits activés artificiellement et le reste du fonctionnement cérébral physiologique.

Les crises expérientielles de Jackson, les crises psychiques de Penfield et les crises extatiques ont pour effet d'accroître le contenu mental. Le patient qui en souffre se comporte comme une autre sorte de zombi, pas celui de la philosophie, qui est privé d'intériorité, mais celui du contrôle psychique : un être submergé par des idées et des sensations qui ne sont pas les siennes et qui semblent être imposées par une force extérieure. Ces zombis épileptiques constituent en outre un nouvel échec de la mécanique dualiste de Descartes et d'Eccles : pas d'esprit ou d'âme imposant au cerveau sa volonté, mais des neurones tout-puissants capables de superposer à un contenu conscient cohérent des pensées déraisonnables et incontrôlables.

V comme vide mental

À l'opposé des attaques psychiques produites par les crises d'épilepsie, il existe un trouble neurologique induisant des effets mentaux « négatifs ». Son principal symptôme est la disparition des pensées endogènes. Ce néant mental, alors même que le patient est pleinement éveillé et conscient, contredit l'une des propriétés les plus fondamentales de l'activité consciente, celle d'être intentionnelle, c'est-à-dire d'être toujours « à propos » de quelque chose. Essayez à cet instant de fermer ce livre puis de ne penser… à rien ! L'échec de cette tentative d'annihiler consciemment ses propres pensées est assez démonstratif du fait que le contenu phénoménal de la conscience ne saurait être vide.

Et pourtant, c'est bien le cas chez les patients atteints de « déficit d'auto-activation psychique », aussi nommé « akinésie psychique ». Ces terminologies compliquées cachent un état cérébral bien mystérieux, peut-être le plus proche de celui des zombis rêvés par les adeptes de la manipulation mentale, étant entendu que, privés de vie intérieure, ces malades peuvent néanmoins agir sur commande. Ce syndrome rare a été décrit au début des années 1980 par un groupe de neurologues parisiens dirigé par le professeur Dominique Laplane, de l'hôpital de la Pitié-Salpêtrière, et auquel appartenait le professeur Michel Baulac [25]. J'ai eu l'honneur de travailler avec ce dernier pendant de nombreuses années. Ces médecins ont montré que certaines personnes saines d'esprit subissent la perte de leur pouvoir le plus précieux, celui de penser, tout en restant conscients !

L'un des tout premiers patients de Laplane et Baulac, nommé « V », était un homme de quarante et un ans qui avait été piqué par une guêpe au bras gauche. Rien d'extraordinaire, mais sa réaction fut catastrophique et le fit plonger d'emblée dans le coma pendant vingt-quatre heures. M. V récupéra lentement, puis fut examiné par les neurologues parisiens quelques années plus tard. L'homme montra alors des symptômes très inhabituels. Bien qu'il pût se mouvoir normalement, il ne prenait aucune initiative, et ses activités quotidiennes étaient réduites à néant. Il passait ses journées à ne rien faire, mais sans pour autant, selon ses propres dires, s'ennuyer. Des troubles similaires avaient déjà été décrits en 1922 par deux psychiatres français, Dide et Guiraud [26], qui élaborèrent à l'occasion le terme *athymhormie*, du « a » privatif et de *thumos*, « humeur » en grec, pour qualifier le manque de motivation de leurs patients. Mais la nouveauté chez V était qu'il ne souffrait d'aucun trouble psychiatrique, bien qu'il confiât à ses médecins ressentir un « vide dans son esprit ». Son affect aussi était très délabré. Il pouvait s'émouvoir devant un drame familial, mais redevenait indifférent au bout de quelques secondes, comme si sa réaction première n'était qu'une sorte de réflexe émotionnel sans véritable sentiment.

À côté de cette exceptionnelle dégradation des activités mentales, V était capable, mais uniquement sur commande, de réaliser des tâches « normales » et même complexes, comme de jouer au bridge. Après deux années passées dans cet état, il tenta de nourrir son esprit en comptant, de manière compulsive, jusqu'à douze, ou par multiples de douze : « *Je dois compter... je ne peux pas arrêter, c'est plus fort que moi !* » confiait-il à ses médecins. La conscience ne semble vraiment pas aimer le vide ! Quant à son absence de comportements, il la surmontait tout aussi modestement que son vide mental en éteignant puis en allumant une lumière toutes les heures, ou en poussant à genoux une pierre, sans rime ni raison et en clamant : « *Je dois pousser la pierre !* »

Les symptômes de V sont typiques du « déficit d'auto-activation psychique ». Ils apparaissent quasi identiques chez un autre patient de Laplane, un certain « D », coach sportif âgé de vingt-quatre ans, victime d'une grave intoxication au monoxyde de carbone. D avait lui aussi conservé ses capacités intellectuelles, mais il restait, toute la journée, allongé, les yeux grands ouverts, ne parlant que s'il était sollicité. À l'instar de la victime de la piqûre de guêpe, le jeune sportif était dépourvu de toute motivation et ne prenait aucune initiative, tout en affirmant, comme V, ne pas s'ennuyer. La versatilité de ses émotions était aussi spectaculaire. Attristé, semblait-il avec sincérité, par le décès d'un proche, D changea de conversation subitement en invoquant de futiles querelles politiques. Lui aussi utilisa comme subterfuge pour combler son vide mental l'action de compter mentalement, sans cesse, mais jusqu'à vingt… un léger mieux, donc, par rapport à V.

Les comportements résiduels des sujets souffrant d'un déficit d'auto-activation psychique peuvent prendre des tournures bien étranges et parfois même dangereuses. Un patient de l'hôpital de la Timone, à Marseille, intoxiqué comme D au monoxyde de carbone, restait aussi toute la journée sur son lit, une cigarette non allumée à la bouche. Questionné sur le côté déconcertant de son comportement, il répondait calmement : « *J'attends du feu*[27] *!* » Un autre se tenait debout dans son jardin, immobile après avoir empoigné sa tondeuse à gazon. Il se mettait sans rechigner à tailler la pelouse dès que son fils lui en faisait la demande[28].

Le cas le plus spectaculaire est peut-être celui de Mme PA, suivie pendant vingt-cinq ans par des neurologues marseillais[29]. Empoisonnée par (encore) du monoxyde de carbone, elle ne faisait rien spontanément, ne semblait éprouver aucun sentiment et ne recherchait aucune interaction sociale. Sa passivité pouvait néanmoins être interrompue par des conduites dénuées de sens : nettoyer de manière compulsive sa chambre, collectionner des objets étranges ou fermer puis ouvrir une porte. Elle pouvait, cas exceptionnel dans cette maladie, lire un livre, mais toujours le même pendant vingt-cinq ans, et de la dernière à la première page… Essayez donc une telle lecture à rebours, et vous comprendrez vite qu'elle ne lisait pas pour nourrir son esprit, mais juste pour effectuer un acte de lecture sans contenu. Un acte mental vide, donc !

Il s'agit d'une nouvelle aberration concernant le fonctionnement de la pensée : lire, mais sans lire quoi que ce soit. PA pouvait faire preuve d'une action mentale, mais sans contenu ! Il en va de même pour sa sensibilité, ce qui s'est avéré être d'une extrême dangerosité. Renversée par une voiture, elle se releva sans mot dire et reprit son chemin. Plus grave encore, elle resta allongée des heures au soleil sans bouger. Bilan : une large brûlure au deuxième degré. Cette absence de ressenti de la douleur est difficilement explicable sans lésions des récepteurs sensoriels ou des structures cérébrales qui propagent et traitent les informations nociceptives. Tout se passait comme si la seule dimension subjective de la sensation douloureuse avait disparu. En langage philosophique, on dirait que les *qualia*, ces impressions indicibles qui font la qualité subjective de nos expériences mentales et que nous avons détaillées au premier chapitre, s'étaient évanouies.

Hystérie crépusculaire

La situation de la patiente de Marseille esquissa une tournure inattendue en 2006. Alors que ses capacités intellectuelles étaient toujours intactes, elle surprit ses médecins par une tendance croissante à répondre à des questions simples : « *Je ne sais pas* », ou à donner des réponses grossièrement erronées. À la question de savoir si un chien est un objet ou un animal, elle répondit sans ambages : un objet. Ces réponses, qualifiées d'« *à côté* », apparaissaient aussi bien dans des calculs mentaux élémentaires comme 7 + 1 = … 9, ou 4 × 3 = … 10, que dans la déclaration d'une suite ordonnée de chiffres : 1, 2, 4, 5, 7, 9, 11, 12, 13, 15 ; ou de lettres : A, B, D, E, F, G, H, I, K, N, O, R, T… où des lacunes sont fréquentes. Les fausses réponses étaient spontanées, et rien ne suggérait aux neurologues la simulation d'une maladie mentale.

Cette faiblesse de la pensée ressemble plutôt à un mystérieux et rare syndrome décrit la première fois au cours d'une conférence donnée en 1897 par le neurologue Sigbert Josef Maria Ganser (1853-1931)[30]. Le syndrome, ou « état », de Ganser fut d'abord identifié chez des prisonniers de la prison de Halle, en Allemagne. En plus d'anomalies dans leurs perceptions sensorielles et de troubles de la personnalité, les détenus donnaient des réponses approximatives ou absurdes à des questions simples. Ganser y a vu une tentative inconsciente d'échapper à une souffrance morale intolérable, celle de l'enfermement. Il qualifia cette échappatoire psychologique d'« *hystérie crépusculaire* ». Les malheureux auraient trouvé là une manière détournée de fuir la réalité, en optant pour la folie ou en vidant leur sphère mentale. On sait aujourd'hui [31] que le contexte de survenue du syndrome de Ganser, décrit depuis chez d'autres patients que des prisonniers, est plus généralement une situation douloureuse et subjectivement intolérable, comme une arrestation ou faire l'objet d'une enquête criminelle, des dettes insurmontables, des litiges ingérables, ou encore un stress domestique ou lié au travail. Dans le cas de PA, le syndrome de Ganser semble n'être qu'une aggravation de son incapacité à penser. Alors qu'elle pouvait au début de sa maladie, à l'instar des autres patients atteints d'akinésie psychique, agir correctement quand elle était sollicitée, elle était devenue incapable d'élaborer sur demande la moindre construction intellectuelle.

Du danger de perdre l'esprit

Nous ne connaissons aujourd'hui aucun mécanisme cérébral pouvant expliquer un vide psychique chez des personnes manifestement conscientes et éveillées. Cette dissociation inattendue entre l'état de conscience et son contenu, qui permet de n'être conscient de rien, montre que les mécanismes de ces deux phénomènes sont, au moins partiellement, disjoints. Concernant le contenu, il est intéressant, mais pas étonnant, de noter qu'il est tout autant difficile d'élucider le *fossé explicatif* (le processus de cause à effet liant les neurones aux expériences conscientes) que les bases neuronales d'une absence de pensée ! L'électroencéphalogramme des personnes souffrant du déficit d'auto-activation psychique (et du syndrome de Ganser) est étonnamment normal, ce qui élimine toute maladie épileptique ou autre défaut majeur dans l'activité électrique des neurones et des synapses du cortex cérébral. Néanmoins, une diminution du métabolisme dans les régions frontales a pu être démontrée en recourant à l'imagerie cérébrale dans quelques cas.

Des lésions cérébrales ont pu être néanmoins identifiées, mais elles sont presque toutes sous-corticales, en profondeur donc du cerveau, localisées au sein d'un vaste réseau de neurones dont nous avons déjà parlé, les ganglions de la base, connus pour façonner (entre autres) l'aspect motivationnel des comportements. Ces « noyaux gris centraux », comme on les désigne aussi, possèdent des circuits de neurones connectant indirectement différentes zones dans la région frontale du cortex, notamment la région la plus antérieure (appelée « préfrontale »), mais aussi l'*aire motrice supplémentaire*, celle-là même qui s'active avant la volonté consciente d'agir. Nous avons noté aussi qu'une lésion, ou l'amputation, d'une des deux *aires motrices supplémentaires* a pour effet de réduire les comportements spontanés ou la parole.

Une étonnante similitude entre une lésion de ces régions du cortex et l'akinésie psychique a été montrée par António Damásio [32], l'auteur de *L'Erreur de Descartes*. Une de ses patientes, souffrant d'une lésion bilatérale des *aires motrices supplémentaires*, était à la fois mutique et quasi akinétique. Après une certaine amélioration, elle a expliqué à son neurologue qu'elle n'avait

« *rien à dire* » pendant cette phase critique et que son esprit était « *vide* ». Il est dommage qu'aucune mesure du *bereitschaftspotential* n'ait été tentée sur les patients dépourvus de pensée endogène. Connaissant le rôle de cette vague électrique cérébrale dans l'intention mentale, ma prédiction est qu'elle devait être considérablement altérée.

À la lumière des maladies neurologiques que nous venons de passer en revue, nous devons abandonner l'idée que le zombi philosophique n'est qu'une lubie de philosophe, une expérience de pensée farfelue visant à démontrer qu'un humain ne saurait être réduit à un simple « objet physique ». Il doit maintenant être considéré comme une *possibilité* neurophysiologique. Les *états de mal* épileptiques du lobe temporal et l'akinésie psychique prouvent bien qu'un humain souffrant de lésions cérébrales circonscrites, comme le docteur Z, le patient de Bologne ou Mme PA, peut être conscient sans pour autant être capable d'expériences mentales.

Quant aux *pensées forcées*, qu'elles soient élémentaires et courantes, comme les sensations de *déjà-vu*, ou extraordinairement riches et rares, comme les crises extatiques, elles démontrent que nos pensées sont intégralement sous le contrôle de nos neurones, et non l'inverse. Elles constituent par ailleurs un argument supplémentaire en faveur de l'hypothèse que la conscience phénoménale n'est qu'accessoire : ces pensées parasites sont détectées comme telles par le sujet. Les zombis neurophysiologiques et les autres pathologies de la conscience nous poussent à affiner le modèle bidimensionnel de la conscience. C'est ce que nous allons faire maintenant…

CHAPITRE 12

Occuper l'espace conscient

Ou la conscience dans tous ses états

> Le temps et l'espace sont infinis, et pourtant on n'en a jamais assez.
>
> SIR WILLIAM THOMSON

> L'espace est l'ordre des choses qui coexistent.
>
> GOTTFRIED WILHELM LEIBNIZ

Contrairement aux patients souffrant d'épilepsie-absence ou de crises tonico-cloniques, chez lesquels la dissolution de la conscience empêche les comportements volontaires, les zombis neurophysiologiques vont et viennent dans le monde, et même répondent correctement à diverses sollicitations. Ils tondent la pelouse, comptent, jouent au bridge ou établissent un diagnostic médical, mais le contenu de leur conscience est généralement vide.

Même si les zombis de l'akinésie psychique ont perdu leur capacité à produire des pensées, y compris celles qui accompagnent les situations émotionnelles et sous-tendent la volonté d'agir, ils sont à même d'exécuter une action sur commande, devenant le réceptacle opérationnel d'une volonté extériorisée. L'intention mentale, ce phénomène qui résulte de l'activation de zones prémotrices du cerveau, a disparu chez eux. L'épiphénomène qui prétend au statut de libre arbitre est donc absent, et seuls les circuits cérébraux directement effecteurs des comportements restent opérants. Pour être activés, ces réseaux moteurs ne peuvent plus compter sur les activités endogènes du cerveau et doivent recevoir leurs instructions de l'environnement.

Quant aux zombis du *status epilepticus*, les plus proches de celui de la philosophie, ils sont capables d'agir spontanément malgré leur incapacité à produire une pensée endogène et consciente, et à se souvenir de leurs actes commis sous l'emprise de la crise. Ces zombis épileptiques n'ont pas l'éclair de lucidité que possèdent ceux atteints du déficit d'auto-activation psychique, aptes à exprimer *a posteriori* que leur esprit était « vide ». Ils se comportent comme tout le monde, comme si rien ne s'était passé. Ils ont tout oublié de ce qu'il est advenu durant leur période d'inconscience, et le black-out de l'expérience mentale est demeuré indétectable, pour eux-mêmes comme pour ceux qui les entourent.

Thomas Huxley aurait reconnu chez les zombis neurophysiologiques son automate privé de sa part d'inutilité : la conscience phénoménale. Dépossédé de sa subjectivité et de ses *qualia*, ce zombi n'est plus un sujet vis-à-vis de lui-même, il n'est pas un humain au « sens plein », mais il peut sembler l'être. Il nous apprend que le cerveau a le pouvoir d'effacer les pensées sans affecter pour autant l'état de conscience, en l'occurrence le fait d'être éveillé et de répondre aux stimulations. Cette situation est apparemment paradoxale, car elle contredit une des bases du modèle classique de la conscience : la relation positive entre l'état de conscience et l'intensité de l'expérience mentale.

Il est donc urgent de savoir – pour la première fois – où se positionnent les zombis neurologiques dans l'espace bidimensionnel de la conscience. Nous laisserons de côté les corrélats neuronaux (la troisième dimension du modèle) qui, dans le cas des zombis, sont insuffisamment définis. Quant à la dimension temporelle, elle sera aussi mise de côté, mais nous n'oublierons pas qu'elle constitue la trame indéfectible dans laquelle évoluent toutes les expériences, celles qui sont conscientes et celles qui ne le sont pas.

Cependant, nous commencerons par localiser les autres pathologies de la conscience, afin de montrer en quoi les zombis habitent des régions inédites du modèle. Cela nous servira aussi à montrer que des « zombis inverses » (ils existent !) se cachent dans une zone de l'espace conscient censée être interdite par les propriétés habituelles de la conscience.

Comment localiser l'inconscience

Dans les conditions physiologiques, il existe une relation positive entre les états de conscience et l'intensité des phénomènes mentaux. Toutes les conditions pathologiques durant lesquelles les processus conscients sont altérés ont pour effet de positionner l'individu soit dans une zone extrême de cette relation, soit en dehors. L'anesthésie générale et le coma profond se situent dans la zone la plus « basse » de l'espace conscient, proche du point d'intersection des deux axes, car l'état de conscience et son contenu se sont, dans les deux cas, conjointement effondrés. La première est un état d'inconscience et d'insensibilité profond, provoqué par des substances chimiques qui ont pour effet de réduire le débit sanguin dans les régions cérébrales contrôlant l'état de veille [1] et, comme nous l'avons montré dans mon laboratoire [2], d'imposer aux neurones du cortex cérébral des activités électriques proches de celles du sommeil profond. Le coma (non pharmacologique) résulte, quant à lui, d'une blessure du tronc cérébral (au sein de la « formation réticulée activatrice ascendante » qui régule les états de vigilance) ou de vastes lésions dans le cortex cérébral et/ou le thalamus, associées à un métabolisme cérébral considérablement réduit [3] et un pattern d'activité corticale aberrant [4].

Anesthésie générale et coma ne dérogent pas à la règle positive liant l'état de conscience et son contenu. Dans les deux situations, les dimensions de la conscience corrèlent positivement : l'état de vigilance est celui de l'inconscience (nous verrons plus loin les cas exceptionnels d'éveils conscients sous anesthésie générale), et aucune activité mentale n'est rapportée *a posteriori*. Tous les deux se situent à l'extrême limite du modèle, au sein d'une zone d'effondrement concomitant de toutes les dimensions de la conscience.

Nous pourrions ici ajouter une condition encore plus extrême, une sorte de singularité neurophysiologique, mais toujours en accord avec le modèle : la mort cérébrale. Dans ce cas, l'état d'inconscience est celui du coma le plus profond – il est ici irréversible –, auquel il faut ajouter une incapacité, également définitive, à respirer spontanément et un métabolisme cérébral apparemment réduit à zéro, malgré la persistance des battements cardiaques. La mort cérébrale se confond avec le point virtuel reliant les deux axes de la conscience. S'il fallait localiser numériquement la mort cérébrale dans le référentiel à deux dimensions de la conscience, on pourrait lui attribuer les coordonnées (0, 0) ! C'est ainsi que l'on définit aujourd'hui le fait d'être mort [5].

À l'autre extrémité de la relation, mais toujours sur la même droite, se trouve l'état cérébral qui est le mien à cet instant (en train d'écrire) et le vôtre (en train de me lire) : éveillé, conscient, attentif et en pleine réflexion, et auquel on pourrait attribuer les coordonnées (1, 1). Nous passons notre existence à nous déplacer entre les deux points, le point (0, 0) n'étant atteint qu'une seule fois, et sans retour.

Transgresser la règle

Les crises d'épilepsie de type absence, les états végétatifs et l'état de « conscience minimale » ont comme point commun de se situer en dehors de la zone « réglementaire » de l'espace conscient, celle d'une relation d'équivalence entre état et contenu de la conscience. Ils se situent au sein d'une région particulière où l'état de conscience est variable (du sommeil à l'éveil), mais toujours dépourvu (ou presque) d'activité mentale consciente.

Revoyons brièvement les crises d'absence. À l'instant où les paroxysmes électriques envahissent les deux hémisphères, le patient est éveillé et conscient. Subitement, et sans modification notoire de son état de vigilance – il garde les yeux ouverts et peut éventuellement conserver une activité comportementale rudimentaire –, il perd tout contact avec son environnement pendant quelques dizaines de secondes. Privé de perception sensorielle

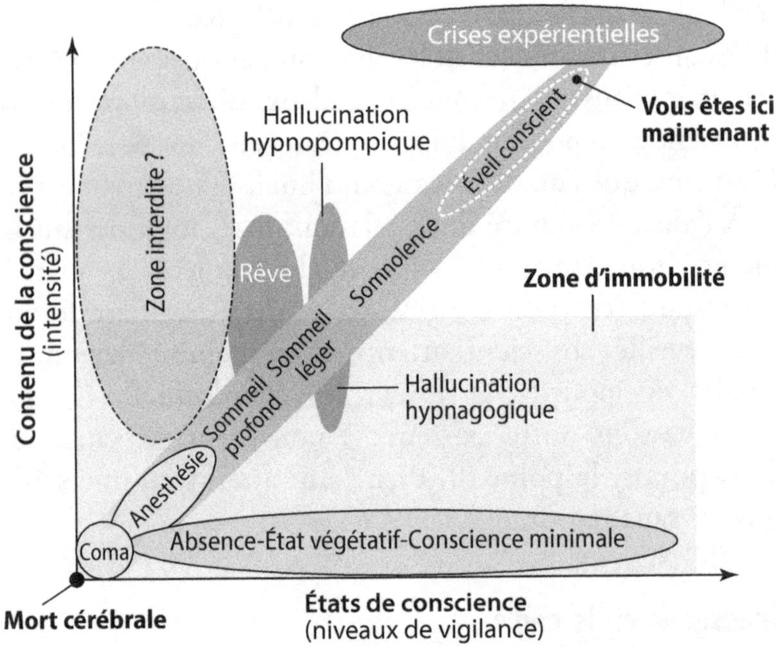

Représentation de l'espace à deux dimensions de la conscience incluant les principaux états physiologiques et diverses conditions pathologiques. Notons la présence d'une zone « interdite » qui associerait un contenu mental avec un état d'inconscience, et d'une zone d'immobilité où des combinaisons particulières des deux dimensions de la conscience empêchent l'émergence de comportements.

consciente et de pensées endogènes, il n'aura aucun souvenir des événements survenus au cours de la crise… mais il ne dort pas [6] !

Les patients en état végétatif, une condition neurologique bien plus grave que les crises d'absence, ne sont pas dans le coma (malgré ce que l'on croit souvent) et présentent aussi la particularité de pouvoir être éveillés et inconscients. Contrairement à la croyance populaire, le terme végétatif ne fait pas référence à « légume » (comme si un être humain pouvait être assimilé à un végétal !), mais, ainsi que le précisent les découvreurs de cet état cérébral en 1972, à « *un corps organique capable de croître et de se développer, mais dépourvu de sensation et de pensée*[7] ». Les patients en état végétatif, souffrant de lésions diffuses dans le cortex cérébral, peuvent dormir, puis être réveillés par des stimuli douloureux.

Cependant, même si leurs yeux sont ouverts, ils n'arborent aucun signe de conscience, ni d'eux-mêmes ni de leur environnement, et sont incapables d'actions délibérées[8]. Leurs éventuelles réponses stéréotypées aux stimuli externes, telles que des grimaces ou des « sourires », sont le reflet d'activités erratiques dans des structures cérébrales profondes et ne signifient pas pour autant qu'ils sont conscients. De douloureuses équivoques sont possibles – voir l'affaire Vincent Lambert –, tant les proches du patient veulent y voir une forme de conscience rudimentaire et une amorce de récupération, mais il n'en est souvent rien, hélas.

En 2002, des neurologues du New Jersey ont identifié un nouveau syndrome neurologique : l'état de conscience minimale[9]. La principale différence avec l'état végétatif était la survenue d'activités motrices qui se distinguaient clairement de réactions automatiques, comme des verbalisations intelligibles, des pleurs lors de situations émotionnelles, ou la capacité de toucher ou de tenir des objets d'une manière adaptée à leur taille et à leur forme. Les médecins du New Jersey en ont conclu que le contenu de la conscience de ces patients n'est pas totalement aboli, et que des bribes d'expériences subjectives surgissaient de manière intermittente au sein d'une sphère mentale très appauvrie.

Il est extrêmement difficile de se représenter la vie psychique de ces sujets. Peut-être des flashs de conscience nébuleux, un flou mental au mieux, un cauchemar éveillé au pire. Quoi qu'il en soit, nous n'en saurons jamais rien, car la moindre des activités mentales est un phénomène *à la première personne* que nous ne pouvons partager que par des interactions intelligibles ; or ces patients ne parlent pas et n'écrivent pas !

Crise d'absence, état végétatif et conscience minimale habitent une zone de l'espace conscient s'étalant le long de l'axe des états de vigilance, mais sans déborder (ou de très peu) vers le « haut », c'est-à-dire dans la direction phénoménale de la conscience. En haut et à droite, de l'autre côté de l'espace, dans un secteur parallèle où l'état de vigilance est toujours celui de l'éveil conscient, se trouvent les intenses expériences mentales que produisent les crises psychiques, comme les pensées forcées, les crises extatiques ou les hallucinations d'origine épileptique.

Le nouvel espace conscient a-t-il des limites ?

Faisons un premier bilan de l'espace conscient dans lequel nous avons ajouté les désordres de la conscience (figure de la p. 254), mais qui n'inclut pas encore les zombis neurophysiologiques. Il montre d'abord qu'il existe de nombreuses pathologies neurologiques qui nous font perdre conjointement les deux dimensions de la conscience : mort cérébrale, anesthésie générale et coma profond. Du simple point de vue du modèle (et de la personne inconsciente vis-à-vis d'elle-même), ces trois états ne sont pas discernables. Ils se positionnent au même niveau de l'échelle de Glasgow [10], qui attribue aux comas les plus profonds un score de trois : pas d'ouverture spontanée des yeux (un point), aucune réponse verbale, même à une stimulation douloureuse (un point), et aucune réponse motrice, quel que soit le type ou l'intensité des stimulations (un point). Mort, coma et anesthésie, qui annulent les deux dimensions de la conscience, restent conformes à la relation positive entre le niveau de vigilance et l'intensité de l'expérience mentale, selon laquelle nous ne pouvons pas être profondément inconscients sans être incapables de prendre conscience de quoi que ce soit.

Le nouveau graphe bidimensionnel nous révèle néanmoins une nouveauté : il est possible que les états de vigilance (continuum entre éveil et sommeil profond) soient préservés, mais que le cerveau soit néanmoins incapable, de manière transitoire ou durable, de produire une activité mentale consciente stable. C'est le cas des crises d'absence, des états de conscience minimale et des états végétatifs. Leur point commun est que la perte de la dimension subjective de la conscience (son contenu) est due à de graves dysfonctionnements du cortex cérébral. Tantôt celui-ci est pris de puissantes oscillations électriques qui déconnectent le cerveau du monde extérieur, tantôt il est lésé de manière diffuse et plus ou moins étendue (états de conscience minimale et états végétatifs), causant une activité neuronale déstructurée. Pas de pensée consciente (dans sa conception humaine) sans cortex cérébral : peut-être la seule règle inébranlable entre le fonctionnement cérébral et l'expérience mentale.

Ce modèle, plus complet puisqu'il inclut les états de conscience normaux et pathologiques, fait apparaître deux zones d'impossibilité théorique. La première, qui est une conséquence inhérente du modèle, est la présence d'une « zone interdite » qui associerait un état de conscience très « bas » avec une expérience mentale consciente. Nous verrons plus loin que cette zone théoriquement impossible serait en fait habitée par deux états cérébraux réels, mais encore mystérieux. L'autre apparaît secondairement après remplissage de l'espace conscient : la région englobant le sommeil, les différents comas, les crises d'absence et les états végétatifs bannit toute forme de comportement. J'ai appelé cette région la « zone d'immobilité ». Il est intéressant de constater que le nouveau modèle nous enseigne que notre capacité à produire des actions requiert un certain niveau d'expérience mentale. Mais, si tel est le cas, où positionner les différents zombis neurophysiologiques dans cet espace bidimensionnel de la conscience ?

Les zombis de l'espace... conscient

Qu'ils soient le produit d'une akinésie psychique ou d'un état de mal épileptique, les zombis neurophysiologiques doivent être localisables dans l'espace conscient. Mentalement vides, mais pouvant alterner les états de vigilance et agir comme des êtres conscients, ils se logent dans la zone d'immobilité théorique qui, par conséquent, se trouve partiellement invalidée, puisque ces patients ne sont pas inertes. Les zombis occupent donc une niche particulière au sein de l'espace conscient, en dehors de la relation positive entre états de conscience et expériences mentales, dans une zone où ils sont seuls. Ils ne sont pas voués à rester des entités théoriques, sorties tout droit de l'imagination de neurophilosophes ignorants du fonctionnement du cerveau.

Au contraire, ils existent et ont trouvé leur place dans le modèle bidimensionnel de la conscience, mais dans une zone où ils demeurent seuls. Les (vrais) zombis démontrent qu'une absence de contenu de la conscience ne constitue pas un veto à l'émergence de comportements. Ils constituent un cas limite du modèle qui contredit, comme le *bereitschaftspotential*, l'idée reçue selon laquelle le contenu de la conscience aurait un effet *par lui-même* sur nos actions. Au contraire, ils renforcent l'hypothèse que la conscience dans sa forme subjective n'est qu'un épiphénomène, et que celui-ci est localisable dans l'espace conscient.

Quant aux zombis R, les morts-vivants chers à George Romero, ont-ils aussi une place dans l'espace conscient ? La réponse est non ! Car cela conduirait à positionner la mort cérébrale – qui correspond à l'état neurophysiologique du zombi R – au sein de l'espace bidimensionnel et à lui attribuer un état de conscience et/ou une conscience phénoménale ; ce qui est en contradiction absolue avec l'état de mort cérébrale. C'est pourquoi j'ai positionné les zombis R en dehors de l'espace bidimensionnel de la conscience. Les inclure dans le modèle serait possible, mais à la seule condition d'y ajouter une nouvelle dimension, celle de la science-fiction ! Pourquoi pas…

Expériences de mort imminente et « sous anesthésie »

Pour conclure cette recomposition du modèle bidimensionnel, nous allons tenter de combler le dernier vide qui persiste : la « zone interdite », celle qui combine une expérience mentale consciente avec une profonde

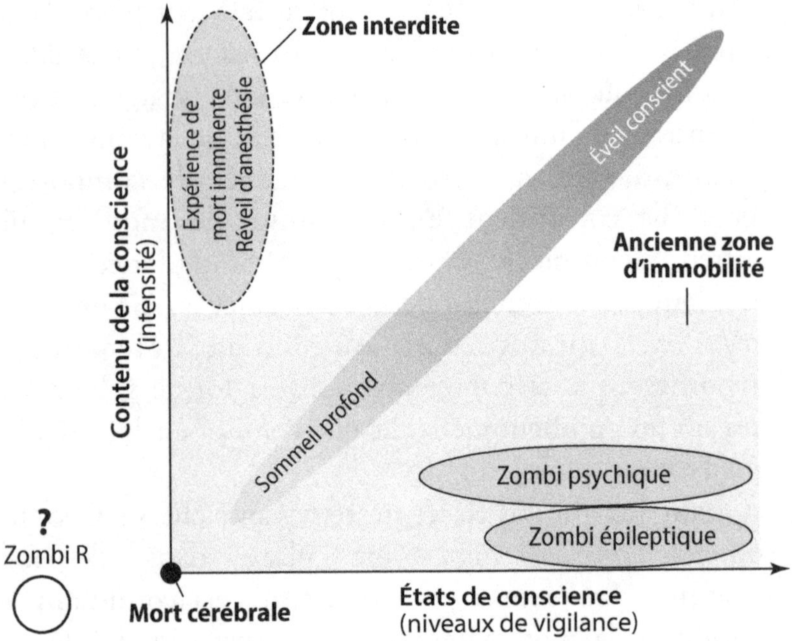

Positionnement des zombis neurophysiologiques dans l'espace bidimensionnel de la conscience au sein de la zone d'immobilité, qui se donc voit partiellement invalidée. Les « zombis inverses » se trouvent quant à eux dans la zone interdite, qui ne l'est donc plus. Le zombi du cinéma (Zombi R) se situe en dehors du modèle, car cela exclurait la mort cérébrale de la zone d'immobilité, dont elle est pourtant prisonnière.

inconscience. Elle serait la région de l'espace où évolueraient les « zombis inverses », c'est-à-dire des êtres apparemment inconscients, mais qui sont conscients ! Leur existence n'irait pas seulement à l'encontre de la relation positive entre les deux axes du modèle (nous avons vu qu'elle pouvait être enfreinte dans de nombreux cas), ce serait aussi rompre avec la théorie générale selon laquelle, pour être conscient de quelque chose, eh bien, il faut être conscient ! Ni la neurophysiologie ni aucune autre science ne sauraient tolérer une telle incohérence au sein d'une de ses théories. Et pourtant, deux états mentaux avérés, mais dont nous ignorons les mécanismes, semblent correspondre à un tel paradoxe : les EMI, que nous avons déjà croisées lors de notre discussion sur le dualisme, et les éveils sous anesthésie générale, que nous allons découvrir.

Quand j'ai commencé à étudier les neurosciences à la fin des années 1980, les EMI n'étaient pas considérées par l'establishment scientifique français comme sérieuses. Elles étaient, pour la plupart d'entre nous, des maîtres aux élèves, de simples rumeurs ou des escroqueries spiritualistes destinées à accréditer l'existence d'une vie après la mort ou, encore mieux, du paradis. De nos jours, les EMI sont non seulement reconnues comme des phénomènes patents par l'immense majorité des neurologues et des neurobiologistes, mais elles sont devenues l'objet de recherches à part entière dans des laboratoires internationaux de premier plan, aux États-Unis comme en Belgique. En France, la situation est toujours délicate. J'ai dans mon laboratoire un thésard dont les recherches doctorales pourraient conduire à l'élucidation des bases neuronales des EMI à l'aide d'un modèle expérimental utilisant des rongeurs. Il s'agit, je crois, du premier projet de recherche fondamentale dans l'Hexagone portant sur ce sujet.

Comme nous l'avons vu, les « expérienceurs » relatent un ensemble d'expériences mentales d'une intensité extraordinaire à l'approche de la mort. Nous ignorons l'instant de survenue des EMI, mais on considère généralement qu'elles surviennent à un moment où l'état du patient est tel qu'il n'est censé produire aucune expérience mentale structurée, étant dans un coma de profondeur variable. Voilà pourquoi les EMI font des « expérienceurs » des zombis inverses.

Ce ne sont pas les seules à répondre à une telle définition. Certains patients plongés dans l'inconscience par un cocktail de substances anesthésiantes sont soudainement capables de mentalisation, mais sans sortir pour autant de leur profonde sédation. Aux États-Unis, de 0,2 à 0,7 personne sur 1 000 anesthésiées pour une intervention chirurgicale (soit de 40 000 à 140 000 par an, tout de même) s'éveillent subitement, tout en restant immobiles, muettes et insensibles, et sont capables de raconter après l'opération ce qu'elles ont vécu pendant l'anesthésie.

Un grand nombre de ces patients développent par la suite un grave trouble psychologique similaire à un stress post-traumatique. Les « expériences » sous anesthésie sont terriblement angoissantes, quel que soit d'ailleurs le type d'intervention durant laquelle elles surviennent. À l'instar des EMI, elles présentent des traits communs : le sentiment d'être paralysé (ce qui est parfois réellement le cas), de se sentir impuissant, pris au piège, abandonné par les médecins… S'y greffent souvent une peur panique, l'impression de suffoquer tout en respirant, la sensation d'être en train de mourir : autant d'épouvantables émotions pouvant néanmoins être interrompues par de fugaces « rêves » merveilleux [11]. Un autre aspect terrifiant est que rien n'indique aux anesthésistes et aux chirurgiens que leurs patients sont éveillés. Ces derniers s'en rendent bien compte au cours de leurs expériences mentales sous anesthésie, car ils entendent et comprennent les conversations dans la salle d'opération.

EMI et éveil sous anesthésie générale sont deux situations rares, mais bien réelles. Ils sont particulièrement troublants car, dans les deux cas, les témoins, souvent des médecins, se trouvent devant des corps inertes qu'ils pensent être inconscients et donc privés d'activité mentale. Mais il n'en est rien. La torpeur physique est là, mais les esprits sont bouillonnants, effrayés ou émerveillés, toujours impuissants. En fait, ils ne restent à ces deux types d'expérienceurs que leurs *qualia*, le *quelque chose de plus*. Ils ne possèdent transitoirement que leur intériorité.

Les « zombis inverses » sont réduits à de simples épiphénomènes, incapables d'interagir avec le monde physique, car ils sont privés de corps fonctionnel. Une partie de leur cortex cérébral reste active bien que les circuits de neurones qui établissent l'état conscient soient en mode « déconnexion ». Il leur est néanmoins possible de produire une activité mentale, certes dans un environnement qui reste indifférent à la manifestation intérieure de leurs pensées.

Observons une dernière fois l'espace bidimensionnel de la conscience, qui combine maintenant l'ensemble des conditions physiologiques et pathologiques. Nous constatons que la zone interdite et celle de l'immobilité ont disparu, grâce à l'ajout des zombis, neurophysiologiques et inverses. Aucune région n'est maintenant vide, et il apparaît que toutes les combinaisons entre les dimensions quantitatives et qualitatives de la conscience sont possibles. La relation positive entre contenu et état de conscience ne représente qu'un cas particulier des liens pouvant exister entre les systèmes neurophysiologiques des états de vigilance et ceux de la pensée. Mais la correspondance harmonieuse entre état et contenu de la conscience est bien la situation la plus fréquente au cours de notre existence, y compris au moment de notre mort, quand les deux s'effondrent conjointement et pour toujours.

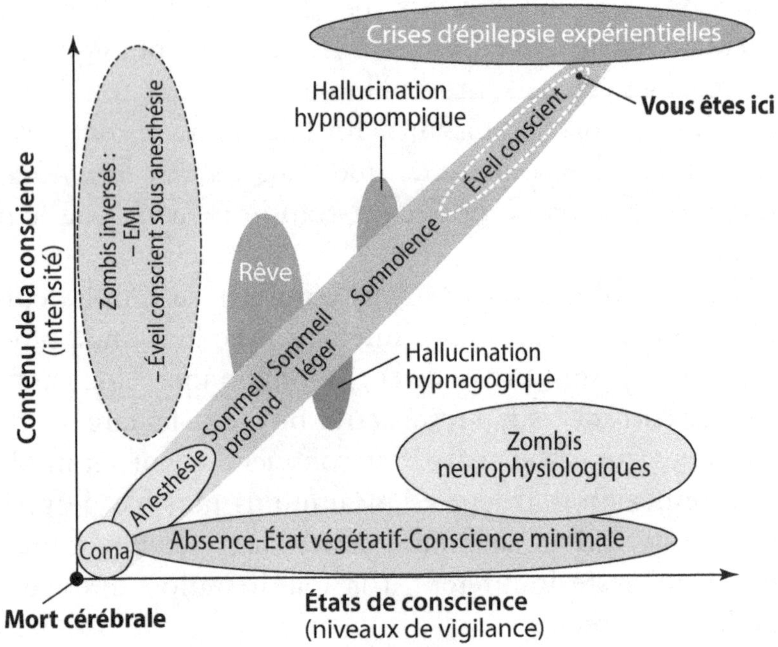

L'espace conscient est maintenant comblé. Les zombis neurophysiologiques et inverses y ont trouvé leur place, dans des zones préalablement considérées comme inhabitables. Toutes les relations entre état et contenu de la conscience sont possibles.

ÉPILOGUE

Un épiphénomène merveilleux

De l'importance de l'inutile

> Le superflu n'est inutile qu'à ceux dont le nécessaire est suffisant.
>
> PIERRE DESPROGES

> La conscience règne et ne gouverne pas.
>
> PAUL VALÉRY

Notre long voyage d'exploration dans le monde de la subjectivité touche bientôt à sa fin. Quel savoir en rapportons-nous sur la nature et sur la fonction de l'expérience mentale, ce *quelque chose de plus* qui nous habite, tant que nous sommes éveillés et conscients, du moins ? Tout d'abord qu'elle est un phénomène *à la première personne*, inaccessible à autrui, un secret intérieur, indicible et impénétrable. Nous avons également découvert à quel point il est difficile de la définir sans tomber dans l'écueil des raisonnements tautologiques ou le recours à des métaphores stériles, autant de pièges épistémologiques dans lesquels les neurophilosophes ne cessent de tomber.

Depuis le milieu du XIXe siècle et la découverte des potentiels d'action, la conscience n'appartient plus au domaine de la philosophie, mais à celui des neurosciences. Elle reste néanmoins un concept primaire, ne découlant d'aucun autre, que la neurophysiologie n'explore pour l'instant que par le truchement de corrélations avec l'activité correspondante du cerveau.

Au-delà de ces considérations générales, prenons le temps de faire un bilan de notre périple, quitte à dénicher des découvertes qui pourraient coûter cher aux croyances ordinaires – ce sera le cas.

Carnets de voyage

Malgré la prédominance des croyances spiritualistes et du dualisme, sans parler des élucubrations sur les EMI qui font florès, il n'existe aucune preuve qu'une expérience mentale, qu'il s'agisse de la *res cogitans* de Descartes, du sentiment amoureux ou de la sensation du bout de mon doigt tapant sur ce clavier, ne soit pas le produit d'une activité neuronale particulière. Malgré les efforts déployés par certains, il n'existe aucune preuve d'esprits ou de pensées ayant une existence propre et indépendante, planant dans un éther subtil et capable d'agir sur le monde physique, y compris le cerveau. Et d'ailleurs, comment cela se pourrait-il ?

Au contraire, tout prouve que la relation de cause à effet neurones → conscience est unidirectionnelle. Même si les théories sur cette dernière foisonnent comme nous l'avons esquissé, toutes les expériences de neurophysiologie menées à ce jour montrent que le contenu de la conscience résulte de la transformation ontologique d'informations neuronales. Nous savons aussi que celles-ci sont sculptées à la fois par un codage numérique, établi par l'organisation temporelle de potentiels d'action, et par des variations continues (nous dirions analogiques) de signaux électriques d'origine synaptique. Ceux-ci possèdent, dans chaque région et à toutes les échelles (de l'électroencéphalogramme d'une large région cérébrale au bruit synaptique des neurones individuels), une structure particulière en fréquence et en intensité.

À partir du nouveau modèle développé dans ce livre, seul à tenir compte de toutes les dimensions de la conscience, il apparaît que chaque instant de notre existence, que nous soyons en bonne santé, éveillés ou endormis, ou souffrant d'une pathologie affectant les mécanismes de la conscience, est localisable dans un espace mettant en relation l'état de conscience et son contenu avec un pattern cérébral particulier, lequel peut adopter des formes extrêmement variées, qu'il s'agisse du bruit synaptique ou de l'électroencéphalogramme.

L'intérêt de cette représentation est de pouvoir attribuer à nos expériences (E) quatre coordonnées : E (P, V, n, *t*), avec P, le contenu phénoménal de l'expérience (seul paramètre subjectif) ; V, l'état de conscience (ou niveau de vigilance); n, une activité neuronale ; et *t*, un instant donné. Chacune des expériences est unique, ne se répliquant jamais à l'identique : la conscience n'est qu'un changement continuel de l'expérience subjective. Sa dissolution définitive est atteinte au moment de la mort cérébrale, quand sont abolies toutes les activités neuronales dont elle est le produit.

Il est probable que les expériences intérieures de toutes les espèces animales dotées d'un cerveau répondent à cette même représentation quadridimensionnelle. Comme chez les humains, les paramètres V, n et *t* y sont mesurables objectivement. P, la dimension phénoménale, restera quant à lui le secret de chacun des individus doués de conscience, qu'il s'agisse de l'insecte microscopique se déplaçant à cet instant sur ma table ou de votre animal de compagnie, qui vous fixe peut-être au même moment et chez lequel vous lisez les signes évidents d'une intériorité, et même de sentiments affectueux.

Malgré les considérables avancées scientifiques sur les corrélats neuronaux de la conscience phénoménale (résumées dans les chapitres 4 et 5), le *fossé explicatif*, brandi d'abord par le physiologiste du Bois-Reymond dans les années 1870, puis explicité en termes philosophiques par Levine et Chalmers au XXe siècle, est loin d'être résolu. Nous avons vu que les tentatives monistes d'éluder la question en fondant les dimensions matérielles et subjectives de la conscience en une même entité ont été vaines et conduisent à des absurdités.

Illusionnisme contre épiphénoménisme

Peut-on faire l'économie du délicat problème de la nature phénoménale de la conscience ? Certains le pensent. La seule approche, que je n'ai pas encore abordée tant elle est déraisonnable, mais qui pourrait définitivement régler la question, serait de considérer tout simplement que la conscience… n'existe pas ! La théorie en question est tantôt nommée « illusionnisme », tantôt « éliminativisme ». Elle ne consiste pas, comme je le suggère, à soutenir que l'expérience mentale est un épiphénomène ou encore que conscience et activité neuronale ne sont que les deux faces d'une même pièce, comme le pensent les monistes, mais plutôt à affirmer que sa nature phénoménale supposée n'a pas de réalité.

Dans l'illusionnisme, les pseudo-*qualia* ne seraient que des propriétés physiques du cerveau que des mécanismes de décryptage internes représentent de manière erronée comme étant ineffables et privées. Selon Nicholas Humphrey, neuropsychologue anglais, l'expérience subjective serait une sorte de « fiction de l'impossible », la production chimérique d'un état neuronal quand il est « vu » de manière introspective [1]. Quant à Daniel Dennett (1942-2024), célèbre neurophilosophe du MIT, il compare la conscience phénoménale aux interfaces graphiques qui nous permettent de contrôler nos ordinateurs [2], comme ce « dossier » sur mon bureau, ou ce curseur clignotant sur la page de mon traitement de texte, qui ne sont pas de véritables objets, mais de simples chemins d'accès virtuels, des pictogrammes métaphoriques fabriqués par mon logiciel d'exploitation. Encore plus simplement, on pourrait oser l'analogie avec un arc-en-ciel, la Lune extraordinairement grande quand elle est proche de l'horizon (la fameuse « illusion de la Lune [3] ») et l'horizon lui-même, qui ne sont que des reconstructions imaginaires.

Que penser de l'illusionnisme ? En premier lieu que cette théorie est bien commode, car elle annule l'objet à l'origine du problème : la conscience phénoménale. Elle n'est qu'une forme amputée du monisme, consistant à supprimer une des deux parties censées fusionner, abandonnant le cerveau à la solitude de sa matérialité. Pour moi, la seule illusion dans l'illusionnisme est la théorie elle-même, une forme d'intellectualisme suicidaire où le philosophe se dissout dans la négation de sa propre pensée ! À quoi bon défendre une théorie si l'idée même de la théorie n'existe pas ? Non, la conscience phénoménale est une réalité qui s'impose par l'expérience intérieure, quelle que soit son origine : une introspection neuronale, comme le prônent les philosophes illusionnistes, ou une transposition d'état, comme le montre la neurophysiologie. Mais nous devons reconnaître que la science bute ici sur un problème, pour l'instant, insoluble. Le « problème difficile » de Chalmers perdurera encore longtemps.

Nous avons vu que la neurophysiologie et la neurologie ont néanmoins pu démontrer que l'expérience subjective, qui existe bel et bien, n'est qu'une production collatérale du cerveau, un épiphénomène de certaines activités neuronales, dont l'individu n'a nul besoin pour accomplir ses tâches, qu'elles soient élémentaires ou complexes. Cette affirmation, démontrée par le *bereitschaftspotential* de Kornhuber-Libet et par les zombis neurophysiologiques, est terriblement transgressive dans un monde où les convictions (sans preuves) et les émotions l'emportent sur la réalité des faits, et dans lequel les idéologies, qu'elles soient sacrées ou profanes, opèrent un retour autoritaire, et parfois même sanglant, alors qu'elles aspirent prétendument au bien-être universel.

Il faut en convenir : que la conscience soit un épiphénomène est également contre-intuitif et apparemment absurde. N'est-il pas tout simplement évident que nos douleurs, nos plaisirs et nos désirs, et l'ensemble de nos émotions et pensées, ont un rôle déterminant dans notre existence ? Comment imaginer que nos conduites quotidiennes seraient telles qu'elles sont, si notre sphère mentale était vide ? Écoutant le *naïf de Schopenhauer* qui est en chacun de nous, *nous*, personnes pensantes et agissantes, sommes persuadés d'être guidés par le contenu de notre conscience. Mais la preuve est faite que ce n'est pas le cas : c'est notre cerveau qui nous gouverne, et sans que la part phénoménale de notre personne ait son mot à dire. Si vous retirez l'axe de la subjectivité de votre espace conscient, rien ne changera dans la conduite de votre existence.

Dans la nuit du 10 au 11 novembre 1619, le jeune René Descartes, âgé de vingt-trois ans, fit trois rêves qui le marquèrent durablement et le confortèrent à devenir le philosophe du dualisme [4]. La démonstration faite dans ce livre que sa chère *res cogitans* n'est qu'un produit annexe de son cerveau, incapable d'agir en retour sur lui, aurait certainement constitué son pire cauchemar…

L'épiphénoménisme est aujourd'hui irréfutable. Il ne nie pas la dimension subjective de chaque individu, il conteste juste le rôle causal du phénomène mental dans les comportements. Et pourtant, la conscience est devenue centrale pour déterminer si nous sommes vivants ou non, et même pour définir ce qu'*est* un être humain. Voyons comment et pourquoi.

Être conscient, être vivant

Le sentiment illusoire que notre intériorité gouverne notre existence, nous le projetons chez l'autre. Nous attribuons à autrui des sentiments et des pensées conscientes qui sont, selon notre intuition et nos croyances, les seuls déterminants de ses actes et de ses réactions. Il ne vous viendrait jamais à l'esprit (*sic*) de considérer les personnes que vous aimez, ou qui vous déplaisent, ou même n'importe quel quidam d'ailleurs, comme des machines dont les comportements ne seraient régulés *que* par des rouages mécaniques, ceux de leur corps et de leur cerveau.

C'est ainsi : dans nos expériences quotidiennes, le statut d'être humain, de soi-même et de l'autre, s'impose grâce à la capacité à détecter, par introspection ou par empathie, la présence d'une conscience phénoménale. Les relations que nous entretenons entre nous passent donc par la reconnaissance réciproque d'épiphénomènes. Quant aux rapports que nous entretenons avec nous-mêmes, ils sont fondés exclusivement sur la dimension phénoménale de nos expériences.

De manière furtive, la conscience est devenue au XXe siècle un critère médical qui a bouleversé notre manière de concevoir la vie humaine. Tout a commencé en 1959 avec deux médecins français, Pierre Mollaret et Maurice Goulon, pris par un vertige métaphysique devant des patients d'un genre tout nouveau [5]. Nous sommes à une époque où se développent en France les services de réanimation, notamment grâce à la récente mise au point d'un système inédit de ventilation artificielle visant à oxygéner des patients incapables de respirer spontanément. Ceux de Mollaret et Goulon, au nombre de vingt-trois, répondaient à un état pathologique d'une immense gravité, nommé par eux « *coma dépassé* ». Il s'agit, selon leurs propres termes, d'un…

> *coma, dans lequel se surajoute à l'abolition totale des fonctions de relation, non des perturbations, mais une abolition également totale des fonctions de la vie végétative.*

Cela signifiait que ces patients, appelons-les ainsi pour l'instant, avaient subi de tels dommages au cerveau (incluant le tronc cérébral) qu'ils étaient non seulement incapables de respirer sans assistance, mais aussi plongés dans un coma d'une profondeur maximale, accompagné d'un électroencéphalogramme plat. Les deux réanimateurs comprirent que leurs patients ne se réveilleraient jamais, malgré un cœur qui continuait de battre grâce au respirateur, et que l'arrêt de la machine précipiterait une mort cardiorespiratoire rapide.

Comment appréhender, par la médecine et la métaphysique, de tels sujets ? Par souci d'« humanité », doit-on interrompre les soins de survie physiologique ? Serait-ce un crime, et un parjure au serment d'Hippocrate, que d'arrêter un cœur battant et qui nourrit, par du sang oxygéné et riche en glucose, la totalité des organes, hormis le cerveau [6] ? Ces questions sont loin d'être simples, mais Mollaret et Goulon, inventeurs du *coma dépassé*, eurent l'à-propos de les exposer clairement et avec courage, en posant cette terrible question :

> *A-t-on le droit d'arrêter la réanimation au nom de critères prétendant tracer une frontière valable entre la vie et la mort ?*

Quelle est donc cette « *frontière valable* » ? Ici, les deux médecins français restent perplexes :

> *[…] quand le cœur continue à battre, jour après jour, sans que réapparaisse le moindre réveil d'une fonction (dont la conscience), la désespérance finit par le disputer à la pitié.*

Voilà que le *cogito* de Descartes fait une apparition inattendue dans les services de réanimation, car la question de la « frontière » entre la vie et la mort rejoint celle que pose le philosophe tourangeau quand il s'interroge sur sa propre existence [7] :

> *Je connus de là que j'étais une substance dont toute l'essence ou la nature n'est que de penser, et qui, pour être, n'a besoin d'aucun lieu, ni ne dépend d'aucune chose matérielle…*

Si l'essence d'une personne humaine est de penser, nous devons admettre que les patients en *coma dépassé* n'ont pas d'existence ! Pierre Mollaret, lui, hésite et renonce au geste fatal [8]:

> *Que l'on me pardonne… mais je n'ai encore pu, ni voulu, consentir le geste du* pollice verso [9].

La question est néanmoins posée : est-il légitime de laisser en vie (en l'occurrence avec un cœur qui bat) une personne incapable de respirer spontanément et dont la capacité de conscience, dans toutes ses dimensions, est définitivement abolie ? Une réponse claire, et sans contredit depuis, sera donnée en 1968 par un comité de la Harvard Medical School, composé de médecins, d'un physiologiste, d'un historien des sciences, d'un théologien, d'un juriste, d'un responsable de la santé publique et, surtout, de deux spécialistes de la transplantation d'organes [10]. La conclusion de ce collectif éclectique conduira à l'une des plus importantes révolutions médicales et physiologiques de tous les temps : une personne dont les principales fonctions physiologiques persistent grâce à une assistance respiratoire, mais qui a subi des lésions cérébrales dévastatrices et irréversibles l'empêchant définitivement d'être consciente, doit être considérée comme morte. Vous avez reconnu la mort cérébrale, cette singularité du modèle multidimensionnel où la conscience phénoménale, les états de vigilance et les activités neuronales n'ont plus lieu, et pour toujours.

Le but du comité d'Harvard n'était pas seulement de trouver une « *frontière valable entre la vie et la mort* », comme le voulaient les réanimateurs français, il désirait aussi définir une condition permettant le prélèvement d'organes fonctionnels – grâce au maintien artificiel des fonctions cardiocirculatoires – chez des personnes juridiquement mortes. La mort cérébrale, en plus de donner une nouvelle définition à la mort, centrée sur l'incapacité d'être conscient, offre la possibilité d'accroître de manière considérable le nombre de greffes d'organes. La nouvelle mort, celle de Mollaret-Goulon et du comité d'Harvard, est celle d'un double paradoxe : celui de l'existence, pour la première fois dans l'histoire de l'humanité, de « cadavres au cœur battant », et la capacité de sauver des vies grâce à ces mêmes cadavres.

Depuis 1968, et dans l'immense majorité des pays, il existe donc deux définitions de la mort : l'ancienne, et la plus fréquente, dont la pierre angulaire reste l'arrêt cardiorespiratoire ; l'autre, cérébro-centrée, qui pose que la vie humaine dépend de la capacité à respirer naturellement et à être conscient, c'est-à-dire d'une intégrité fonctionnelle du tronc cérébral. La coexistence de ces deux morts, équivalentes devant la médecine et la loi, fait que le cerveau est devenu le seul organe dont l'arrêt définitif des fonctions est nécessaire et suffisant pour considérer qu'une personne est morte.

Ce n'est pas l'endroit pour entrer dans les complications physiologico-philosophiques et évolutives de la mort cérébrale, mais on peut aisément comprendre que la réduction de la mort (et donc de la vie) au seul fonctionnement du cerveau élimine du monde des vivants tous les animaux qui sont privés de cet organe, comme les cnidaires (les polypes et les méduses), les huîtres, les étoiles de mer et même les céphalocordés, cousins des vertébrés vivant sur Terre depuis plus de cinq cents millions d'années !

Besoin d'intériorité

Nous sommes passés d'une mort cardio-centrée à une mort soumise au strict fonctionnement du cerveau, même si la « mort du cœur » reste symboliquement la seule, comme le démontrent les médias qui, fréquemment, nous informent du décès d'une personne après avoir annoncé, quelques jours plus tôt, qu'elle se trouvait en état de mort cérébrale. La « vraie » mort est ici l'arrêt du cœur précipité par l'interruption de la respiration artificielle chez un sujet qui était, en fait, déjà passé de vie à trépas ! J'émets l'hypothèse que la mort cérébro-centrée laissera progressivement place à une mort « cogito-centrée », où il ne sera plus nécessaire d'être apnéique et inconscient pour avoir « perdu la vie », mais juste d'avoir perdu cette fois la capacité d'être conscient de quelque chose. Compte tenu du rôle crucial du cortex cérébral dans l'activité mentale consciente, la mort cérébrale sera remplacée par une mort plus restrictive : celle du cortex et des fonctions cognitives.

La manière dont on considère de nos jours les patients en état végétatif permanent annonce cette dérive phénoménale de l'existence humaine. Non seulement leur dépendance est totale, puisqu'ils sont incapables du moindre comportement, mais leur état est généralement considéré comme « indigne » d'un être humain. Les défenseurs de cette « indignité cognitive » expriment leur point de vue par une question, qui n'autorise qu'une seule réponse : comment tolérer qu'une personne poursuive son existence dans un tel état, vide de conscience, physiquement présente mais dépourvue d'intériorité ?

Examinons le cas de Vincent Lambert (1976-2019), diagnostiqué en état de conscience minimale en 2011, conséquence d'un accident de la route survenu en 2008, puis en état végétatif permanent en 2018. Les médecins, la justice, le Conseil d'État tout comme le gouvernement d'Édouard Philippe de 2019 ont finalement donné raison à la femme et au neveu du jeune infirmier en psychiatrie, en confirmant que la poursuite de son existence n'était pas acceptable. Après avoir joué au yoyo avec la physiologie du patient, interrompant, réinstaurant puis interrompant de nouveau les soins de survie au gré des tergiversations des cours d'appel et des tribunaux administratifs, et considérant que ses lésions cérébrales étaient irréversibles et l'empêchaient définitivement d'être conscient, il a été ordonné de mettre fin à sa vie. L'arrêt de l'alimentation et de l'hydratation, accompagné d'une sédation profonde et continue, a été mis en œuvre le mardi 2 juillet 2019. Vincent Lambert mourait neuf jours plus tard.

Le malheureux garçon a évolué pendant huit ans dans un monde dépourvu de subjectivité, sans émotions, sans envies, sans amour et, espérons, sans douleur. Aucune trace de conscience phénoménale n'ayant pu être détectée chez lui, son espace existentiel était restreint aux trois dimensions objectives de notre modèle de la conscience : le temps, une certaine activité neuronale (pathologique dans son cas) et des états de vigilance fluctuants. Sa femme et son neveu, ainsi que la plupart des voyeurs qui ont donné un avis tranché sur une « affaire » qui ne les concernait pas, étaient convaincus qu'il fallait « *le laisser partir* » (expression fréquemment présente dans les médias), doux euphémisme pour réclamer l'euthanasie.

Mais qui était « *le* » dans cette injonction humaniste ? Si la sphère mentale de Vincent Lambert était vide, comme l'affirmaient ceux qui voulaient l'aider à « partir », alors, le sujet n'en était pas un. Il ne s'agissait en définitive que d'un corps dont on voulait interrompre le fonctionnement, car il était accusé de retenir prisonnier, pour son malheur, une conscience qui, pourtant, n'était plus censée être présente. On saisit alors que la métaphore utilisée pour demander la « libération » du patient en état végétatif était à la fois dualiste – bien qu'elle fût le plus souvent émise par des personnes athées – et inadaptée. Dualiste, puisqu'il y aurait deux Vincent Lambert : un corps et une subjectivité, ici coincée en enfer. Et inadaptée, car la principale raison pour demander l'arrêt des soins était justement l'absence de cette subjectivité.

L'autre camp, celui de la mère et des défenseurs de la vie à tout prix, était, dans une certaine mesure, plus cohérent. Avançant le fait avéré que M. Lambert n'était ni en état de mort cérébrale ni en fin de vie, ils réclamaient, également par humanité, que l'infirmier poursuive son existence, s'accrochant à l'espoir irraisonnable d'une possible récupération. Leur point de vue était de surcroît politique, dénonçant un « crime d'État », qui foulait aux pieds le serment d'Hippocrate et visait à légaliser à terme l'euthanasie en France, pas moins.

La justice et la médecine ont tranché, ce fut la mort par agonie physiologique. Au-delà des formules toutes faites et des idéologies *a priori*, essayons de comprendre pourquoi cette décision est apparue comme la plus raisonnable et la plus humaine. Pour moi, c'est essentiellement du fait du sentiment intolérable que l'on éprouve face à une personne que l'on sait privée d'intériorité, vide de sensations et d'émotions. L'accepter serait admettre qu'un sujet puisse être habité par un néant phénoménal, n'être qu'un zombi au sens du philosophe Robert Kirk, une coquille biologique vide. Un paradoxe surgit alors : le contenu de la conscience serait à la fois un épiphénomène et la part de l'individu qui en constitue l'humanité.

Même si les recherches se poursuivent pour améliorer notre capacité à détecter une conscience, éventuellement résiduelle, chez les patients non communicants, il est probable que la sphère mentale de l'immense majorité des patients en état végétatif permanent soit effectivement vide. Cependant, à partir de quel seuil phénoménal une personne perd-elle son humanité, comme ce fut le cas pour Vincent Lambert ? Cette frontière, attestant un vide intérieur, pourrait-elle être étendue aux patients en état de conscience minimale ? Ou à nos nombreux aînés souffrant de démences corticales avancées, ne reconnaissant plus leurs proches, dont les capacités cognitives sont profondément dégradées et dont la personnalité a radicalement changé ?

Notre intolérance face à la perte d'intériorité, et à l'impossibilité d'interagir de manière cohérente et avec émotion, grandira vraisemblablement dans l'avenir. Le cas Lambert n'est qu'un premier pas dans cette direction. Quelles seront les nouvelles limites d'une existence humaine « digne » ? Je l'ignore, mais il faudra une réflexion collective et profonde pour délimiter la juste frontière entre la mort cogito-centrée qui s'annonce et un néo-eugénisme, pseudo-humaniste, mais véritablement sinistre et criminel !

Mais à quoi sert la conscience ?

Notre réflexion sur la conscience en tant qu'épiphénomène ne saurait s'arrêter à ce simple constat, qui a davantage l'air d'un renoncement que d'une théorie scientifique. Même si elle n'est qu'un sous-produit du fonctionnement cérébral, sans effet par elle-même sur le monde physique et sur nos comportements, impossible de nier la réalité de la conscience phénoménale. À l'instar de Hilbert refusant le défaitisme de Du Bois-Reymond, nous devons poursuivre notre questionnement : à quoi peut-elle bien servir ?

Nous avons vu qu'une méthode éprouvée pour comprendre la fonction d'une propriété physiologique consistait à mesurer l'effet de sa disparition. Nous avons aussi conclu qu'une telle approche dans le cas de la conscience n'était pas éthique, et qu'il était, de toute façon, inconcevable de la mettre en pratique. Nous pouvons néanmoins tenter cette expérience ultime, mais par la pensée. Une expérience de pensée qui sera surtout faite de questions que vous ne vous êtes jamais posées.

Imaginons. Une météorite d'un genre nouveau s'est écrasée au pôle Nord, modifiant à la fois le champ magnétique terrestre et les propriétés électriques des neurones qui leur permettent de façonner la conscience phénoménale. Pour des raisons inconnues, seul votre cerveau a échappé au séisme neurophysiologique, alors que tous les êtres vivants pourvus d'un cerveau, incluant les membres de votre famille, vos amis, vos collègues, vos amours et vos amant(e)s, se sont transformés en zombis philosophiques.

Indiscernables qu'elles sont des personnes qu'elles étaient auparavant, vous pouvez échanger, rire, boire un verre ou faire l'amour avec eux, sans détecter dans leurs regards ou dans leurs réactions le moindre indice de l'absence d'intériorité. Si la situation perdurait, vous pourriez même passer toute votre vie à leurs côtés sans réaliser qu'ils n'étaient pas conscients. Notons au passage que c'est peut-être déjà le cas, mais vous ne le saurez jamais, et eux non plus d'ailleurs, puisque leur sphère mentale est vide... Quoi qu'il en soit, si une telle catastrophe se produisait, personne ne s'en rendrait compte, ni les victimes de la météorite ni la personne restée indemne. Voilà une preuve supplémentaire de l'inutilité de la conscience phénoménale dans les interactions humaines, du moins quand vous ignorez qu'elle a disparu chez l'autre.

Supposons maintenant que vous ayez été mis au courant de sa disparition chez les autres humains. Vous vous trouvez alors plongé dans un univers inédit, dans lequel vous êtes le seul à posséder une intériorité : vous êtes la seule conscience du monde, et vous le savez ! Peut-être pris d'un vertige métaphysique ou d'une crise de mégalomanie, vous devez quand même faire face à un nouveau défi : vivre aux côtés de personnes apparemment normales mais intérieurement vides. Comment percevriez-vous ce nouveau monde fait exclusivement d'objets, de machines, de vies non conscientes et d'automates humains ? Comment allez-vous vous comporter avec vos congénères, sachant qu'ils ne sont conscients de rien ? Aurez-vous encore envie de rire, d'échanger ou de folâtrer avec ces zombis *de novo*, comme si de rien n'était ? Et si c'était le cas, le feriez-vous avec autant d'enthousiasme ?

Chacun répondra à sa manière à ces questions, mais, en écrivant ces lignes, je réalise que, si j'étais dans une telle situation, je ne serais certainement pas en train d'écrire. À quoi bon laisser des traces matérielles de mes idées (même si elles ne sont que des sous-produits de mon cerveau) si elles ne peuvent pénétrer une autre sphère consciente que la mienne ? C'est bien mon cerveau, et rien d'autre, qui détermine le positionnement de mes doigts sur ce clavier, et l'appui sur les bonnes touches ; et c'est bien votre cerveau, et rien d'autre, qui intègre et décode les signes sur ce papier ou cet écran.

Mais tout l'intérêt de notre relation, même si nous ne nous rencontrerons peut-être jamais, réside précisément dans le fait que nous possédons tous deux une forme de subjectivité. Où puiserais-je ma motivation d'écrivain, de chercheur ou de professeur si j'avais la certitude que mes interlocuteurs n'étaient que des zombis philosophiques ? Écrire un livre pour des lecteurs sans intériorité ou faire un cours dans un amphithéâtre rempli d'automates serait peine perdue. Un immense sentiment de solitude m'envahirait, doublé d'une souffrance morale insupportable dans le cas des interactions avec les personnes aimées, avec lesquelles il est si important de partager ses émotions, ses excitations intellectuelles, ses sentiments affectueux et amoureux.

Imaginons maintenant que nous soyons deux zombis. Quelle serait la véritable nature de ce que nous vivons à cet instant ? En fait, nos personnes, privées toutes deux de subjectivité, ne « vivraient » rien. Ce ne serait qu'une confrontation physique à distance, et avec un décalage temporel de plusieurs mois, entre deux objets bouillonnant de bruits synaptiques : nos cerveaux. C'est tout. Seuls les témoins conscients de nos actions respectives pourraient attester, par leurs expériences intérieures, la réalité de quelqu'un qui rédige un livre et de celui qui le lit. Cependant, notre modèle de la conscience privée du seul axe de la subjectivité suggère que cette relation, sans contrepartie phénoménale, pourrait ne pas être vaine. Comme tous les cerveaux, ceux des zombis se nourriraient en continu de toutes les informations captées (la lecture du livre) et de toutes les actions entreprises (son écriture), et pourraient les utiliser pour perfectionner leur mode de fonctionnement ultérieur. Notre échange inter-zombis aurait donc des conséquences sur nos comportements, mais ceux-ci s'effectueraient sans que nous « sachions » qu'ils ont eu lieu.

La conscience, le monde et l'Homme

Pour conclure, je vous propose une ultime version de notre expérience de pensée. Elle sera la plus radicale et, qui sait, la plus instructive sur le rôle de la conscience. La chute de la météorite a eu des conséquences encore plus dévastatrices qu'imaginé : plus aucun cerveau sur Terre n'est capable de conscience phénoménale. Selon le point de vue de toutes les espèces (y compris la nôtre), plus rien ne se produit en termes d'expérience subjective. Le monde phénoménal n'existe désormais plus : tous les êtres vivants évoluent dans un espace constitué exclusivement par les trois axes objectifs de notre modèle multidimensionnel de l'existence. Si des extraterrestres, pourvus ou non d'intériorité, pouvaient nous observer avant et après la catastrophe phénoménale, ils ne détecteraient rien de changé sur notre planète. La vie suivrait son cours comme d'habitude, vos actes et ceux de vos semblables se déploieraient comme à l'accoutumée, et les comportements humains, individuels et collectifs, apparaîtraient toujours aussi erratiques.

Comment dépeindre un tel monde ? Pour tous ceux en mesure de le décrire (les zombis qui peuplent la Terre), il est devenu exempt de *qualia*, ces phénomènes mentaux élémentaires qui composent le contenu de notre conscience. Quels que soient nos croyances religieuses, nos positionnements philosophiques ou nos approches scientifiques pour comprendre le monde, la première connaissance que nous en avons passe par les représentations subjectives et qualitatives que nous nous en faisons : les *qualia*. Nous devons en tirer la simple, et terrible, conclusion : sans conscience phénoménale, le monde ne peut plus être « représenté ».

Pour beaucoup d'entre nous, cette affirmation n'est qu'un truisme qui ne questionne en rien la réalité du monde physique. Pour les idéalistes, qui prônent que tout ce qui existe doit être d'une manière ou d'une autre de nature mentale, il en est tout autrement. L'évêque Berkeley (1685-1753), champion de l'idéalisme depuis le XVIIIe siècle, dont la doctrine est souvent résumée par sa célèbre formule latine « *Esse est percipi* [11] », affirmait que le monde qui nous entoure ne peut exister sans être perçu consciemment. Le livre, par exemple, que vous tenez dans vos mains, n'existe qu'en vertu des sensations et des idées qu'il produit dans votre cerveau, puis dans votre esprit. Et même si vous admettez qu'il continue d'exister alors que vous le remettez dans votre sac, et qu'il disparaît de votre vue, rien ne prouve que ce soit le cas. Il en va de même pour tous les objets et personnes qui vous sont invisibles à cet instant, la Lune ou le Soleil, le canapé dans votre séjour ou le lit de votre chambre, et même toutes les personnes qui ne sont pas à vos côtés. Le truisme se mue alors en sophisme : la conscience, d'abord requise pour se représenter le monde, devient un prérequis pour son existence !

Un chat dans sa boîte

L'idéalisme peut prendre, avec la physique quantique, une forme plus scientifique, et donc encore plus déroutante. Cette science des particules élémentaires bute depuis un siècle sur un délicat problème d'interprétation, dit de la « mesure », dont le *chat de Schrödinger* constitue un célèbre avatar. Selon la théorie, d'une solidité par ailleurs inégalée, un objet quantique se trouve dans une multitude d'états possibles (position, vitesse…), chacun ayant une certaine probabilité, calculée par la fameuse équation de Schrödinger. C'est ici qu'intervient le rôle déterminant de la mesure, car la particule, l'instrument de mesure et l'observateur lui-même constituent un trio intriqué, et la réduction de l'objet quantique à un de ses états propres ne s'effectue qu'au moment de la mesure, et au hasard, selon les probabilités indiquées par la théorie, toutefois ! On comprend aisément le « problème » si l'on est attaché à une réalité intrinsèque et indépendante du monde physique.

Selon Eugene Wigner (1902-1995), il pourrait même remettre en cause le matérialisme en physique. Ce physicien américain d'origine hongroise, prix Nobel en 1963 pour ses contributions fondamentales à la physique mathématique et à la mécanique quantique, montra en 1961 qu'une conséquence directe de la théorie était que la mesure n'est pas finie tant que l'observateur n'a pas pris conscience du résultat de l'expérience [12]. La conscience phénoménale joue alors un rôle exorbitant, puisque c'est elle qui, *in fine*, fait le tri entre les différentes réalités possibles ! Prenons l'exemple du chat martyr : ce n'est pas simplement l'ouverture de la boîte qui décide si le greffier est vivant ou mort, mais l'expérience mentale consciente de celui qui l'ouvre.

L'idéalisme quantique ne va pas sans quelques paradoxes et autres bizarreries. La première concerne les mécanismes d'action de la conscience sur la matière. L'expérience mentale étant de nature phénoménale, sans dimension physique, les processus par lesquels elle pourrait agir sur les objets quantiques restent un mystère impénétrable. Et dès lors que l'acte mental constitue l'ultime étape de l'expérience, que se passerait-il si aucune prise de conscience sensorielle n'était réalisée ? Dans le cas du chat, si personne n'est témoin de l'ouverture de la boîte, l'animal restera-t-il coincé dans un monde fantomatique, vivant et mort à la fois, errant dans un monde indécis sur son destin ?

Le paradoxe le plus déconcertant a été imaginé par Wigner lui-même, qui, dans une expérience de pensée, s'est inventé un ami imaginaire. L'« ami de Wigner », donc, se trouve être celui qui ouvre la fameuse boîte. Le physicien se tient à distance et demande à son ami si le chat est vivant ou mort. La conscience de Wigner étant le dernier maillon de la chaîne de mesure, la théorie veut que ce n'est qu'au moment où il apprend le résultat transmis par son ami que la superposition d'états à l'intérieur de la boîte s'effondre, et que le sort du chat est scellé ! Ce qu'Eugene Wigner veut exprimer ici est que la conscience n'est pas seulement partie prenante dans les processus de mesure de la mécanique quantique, mais qu'elle constitue la réalité ultime. Il écrivit ainsi en 1961 :

Tout ce que la mécanique quantique prétend fournir sont des connexions de probabilité entre les impressions subséquentes de la conscience.

De l'enchantement d'être conscient

L'idéalisme de Berkeley et celui de Wigner attribuent à la conscience un rôle démesuré : le premier prétend qu'elle confère une existence au monde, le second qu'elle choisit une réalité parmi d'autres. À les croire, chaque être capable de conscience détient une sorte de pouvoir suprême, un contrôle absolu sur le monde, le faisant et le défaisant au gré de ses expériences mentales. Le « *quelque de chose de plus* » en nous prend ici l'allure d'une toute-puissance créatrice, de quoi flatter tous les egos ! Que la conscience constitue la réalité primaire est certes une idée plaisante, mais peut-on le démontrer ? Pour bien faire, il faudrait, comme dans notre expérience de pensée, la faire disparaître et examiner les conséquences sur le monde. Notons que l'étude en question serait assurée par des zombis, c'est-à-dire des êtres dépourvus de conscience, qui, du fait de l'idéalisme de Berkeley, ne devraient même pas exister ! Les différentes formes d'idéalisme, philosophique ou scientifique, ne sont que des théories vaines et indémontrables, de simples solipsismes se mordant indéfiniment la queue.

Nous commençons à comprendre ce que la conscience phénoménale n'est pas, et un peu ce qu'elle est. Elle n'est pas l'alpha et l'oméga du monde physique, lequel se doit d'exister en tant que tel, même s'il n'est pas conscientisé. Nous devons néanmoins admettre, comme une évidence sans autre portée, qu'un Univers sans conscience serait inconnaissable et que, même si des machines « intelligentes », mais non conscientes, cherchaient à découvrir par le seul calcul son origine et son avenir, il n'aurait aucune contrepartie subjective. Privé de représentation phénoménale, il ne serait qu'un secret enfermé dans sa propre matérialité.

La conscience n'est pas non plus une substance immatérielle, un éther phénoménal existant indépendamment du cerveau et agissant sur lui par le truchement d'un mécanisme inconnu, dans le seul but de nous commander. Descartes et Eccles se sont fourvoyés, mais il faut admirer leurs efforts pour élaborer un dualisme à visage scientifique dans le but de donner corps à une âme qui n'existe pas. Une question, hors de propos dans ce livre, surgit : quelles sont les raisons de l'invention de l'âme ? Selon moi, quoi d'autre qu'une ultime échappatoire à l'insupportable, et indescriptible, néant existentiel de la mort.

Les philosophes ont échoué à résoudre les « mystères » de la conscience qui, depuis la découverte des potentiels d'action au milieu du XIXe siècle, est définitivement devenue une affaire de neurones. Leur volonté de sauver à tout prix l'existence du libre arbitre, pour des raisons plus morales que logiques, s'est heurtée à la dure réalité de l'expérimentation en neurophysiologie. Ils ont néanmoins eu le mérite de poser les bonnes questions, en particulier grâce à d'astucieuses expériences de pensée, et de mettre les neurobiologistes face à leur incapacité, espérons provisoire, à décrire par la physiologie l'aspect phénoménal de la conscience.

Le « mystère » de Du Bois-Reymond et le « problème difficile » de Chalmers sont toujours d'actualité. Il ne fait aucun doute que tous les phénomènes conscients émergent à partir de propriétés physiques des neurones et du cerveau. Néanmoins, c'est précisément ici que réside l'énigme. Comment se fait-il que le cerveau soit capable d'une telle conversion ontologique ? Cette capacité a dû naître à un moment particulier de l'évolution de la vie sur Terre, après que des cellules spécialisées, appelées « neurones », sont apparues. L'importance du cortex cérébral dans la conscience humaine suggère que le développement de cette structure chez les reptiles au cours du Carbonifère, il y a environ 300 millions d'années, a été l'autre événement majeur dans l'histoire de la subjectivité.

Cependant, rien ne prouve que d'autres espèces plus anciennes, comme les céphalopodes, qui présentent indubitablement des capacités cognitives élaborées [13], ne possédaient pas, il y a 500 millions d'années, une forme d'intériorité. Il est même possible que bon nombre des espèces découvertes dans les schistes de Burgess, un gisement de fossiles situé dans le parc national de Yoho, en Colombie-Britannique, et datant du Cambrien (entre –540 et –485 millions d'années environ), étaient douées de conscience. Avec leur extinction se sont volatilisées pour toujours les représentations conscientes du monde de l'époque.

Il n'existe à l'heure actuelle aucune piste sérieuse pour combler le fossé entre cerveau et expérience phénoménale, car la science n'a rien à dire sur la subjectivité. Elle peut établir des corrélations entre les activités cérébrales et les expériences conscientes, elle peut disséquer les mécanismes neuronaux qui autorisent, façonnent, ou empêchent la production d'un contenu mental, mais elle est incapable d'expliquer comment. Nous devons peut-être faire le deuil d'une compréhension de cette dichotomie, sauf à imaginer une nouvelle science, capable d'identifier et de mesurer, dans les neurones ou dans les réseaux de neurones, les briques élémentaires de la subjectivité. Pour l'instant, nous n'y parvenons pas.

Terminons néanmoins sur une note optimiste. L'expérience de Marie a été concluante : la seule matérialité du cerveau ne peut rendre compte de nos expériences intérieures, mais elle montre aussi tout l'enchantement de la connaissance des couleurs par la subjectivité. Pour paraphraser l'aphorisme de Paul Valéry, mis en exergue à l'ouverture de cet épilogue, la conscience phénoménale, ce *quelque chose de plus en nous* qui n'est qu'une production collatérale de notre cerveau, ne nous gouverne pas, mais elle règne sur notre existence. En être privé, c'est inexister. Savourer sa présence, c'est faire naître la possibilité d'un merveilleux intérieur.

NOTES

Avant-propos

1. Il relate lui-même cette rencontre dans son autobiographie (*Terres promises de notre temps*, Odile Jacob, 2016), mais en omettant ce détail.

2. Charpier S., Behrends J.C., Triller A., Faber D.S., Korn H., « "Latent" inhibitory connections become functional during activity-dependent plasticity », *Proc Natl Acad Sci USA*, 1995, vol. 92, n° 1, p. 117-120.

3. Eccles J.C., « Evolution of consciousness », *Proc Natl Acad Sci USA*, 1992, vol. 89, n° 16, p. 7320-7324.

4. Beck F., Eccles J.C., « Quantum aspects of brain activity and the role of consciousness », *Proc Natl Acad Sci USA*, 1992, vol. 89, n° 23, p. 11357-11361.

1. Quelque chose de plus

1. Laplace P.S., *Essai philosophique sur les probabilités*, Courcier, 1814.

2. Jackson F., « What Mary Didn't Know », *The Journal of Philosophy*, vol. 83, n° 5, p. 291-295.

3. Wittgenstein L., *Notes sur l'expérience privée et les sense data*. Trans-Europ-Repress (T.E.R. bilingue), 1982.

4. Définition de l'encyclopédie Larousse.

5. Searle J.R., « Consciousness », *Annu Rev Neurosci.*, 2000, vol. 23, p. 557-578.

6. Le terme anglais était ici *awareness*, qui se traduit en français par « prise de conscience », soit permettre à une expérience mentale de devenir consciente. Pour ne pas compliquer inutilement mon propos, je ne ferai pas ici la distinction entre expérience subjective et la capacité de la faire accéder à la sphère consciente.

7. Tsytsarev V., « Methodological aspects of studying the mechanisms of consciousness », *Behav Brain Res.*, 2022, vol. 419, 113684.

8. Saint Augustin, *Les Confessions*, Livre XI, ch. XIV, entre 397 et 401 apr. J.-C.

9. Wittgenstein L., *op. cit.*, 1982.

10. Cushing H., « A note upon the faradic stimulation of the post-central gyrus in conscious patients », *Brain*, vol. 32, p. 44-53, 1909.

2. Conscience et cerveau

1. Descartes R., *Traité de l'Homme.* Clerselier, 1664.

2. Notons que Descartes prend le lecteur à témoin, le rangeant d'emblée dans son camp.

3. Klein D., « The Pineal Gland and Melatonin », dans Jameson J.L, DeGroot L., *et al.*, *Endocrinology : Adult and Pediatric*, 2016, p. 312-322.

4. Les expériences de Swammerdam sont décrites en détail par l'auteur dans *La Science de la résurrection*, Flammarion, 2020.

5. Demertzi A., Liew C., Ledoux D., Bruno M.A., Sharpe M., Laureys S., Zeman A., « Dualism persists in the science of mind », *Ann N Y Acad Sci*, 2009, vol. 1157, p. 1-9.

6. Moody, Jr. R.A., *Life After Life – Survival of Bodily Death*, Mockingbird Books, 1975.

7. Greyson, B., « Varieties of near-death experience », *Psychiatry*, 1993, vol. 56, n° 4, p. 390-399. Parnia, S., « Death

and consciousness – an overview of the mental and cognitive experience of death », *Ann NY Acad Sci*, 2014, vol. 1330, p. 75-93.

8. Timmermann C., Roseman L., Williams L., Erritzoe D., Martial C., Cassol H., Laureys S., Nutt D., Carhart-Harris R., « DMT Models the Near-Death Experience », *Front Psychol.* 2018, vol. 9, p. 1424.

9. Charpier S., « Between life and death: the brain twilight zones », *Front. Neurosci.*, 2023, vol. 17, p. 1156368.

10. Uhlhaas P.J., Singer W., « Abnormal neural oscillations and synchrony in schizophrenia », *Nat Rev Neurosci.*, 2010, vol. 11, n° 2, p. 100-113.

11. Schramm A.E., Carton-Leclercq A., Diallo S., Navarro V., Chavez M., Mahon S., Charpier S., « Identifying neuronal correlates of dying and resuscitation in a model of reversible brain anoxia », *Prog Neurobiol.*, 2020, vol. 185, p. 101733.

12. Martial C., Cassol H., Charland-Verville V., Pallavicini C., Sanz C., Zamberlan F., Vivot R.M., Erowid F., Erowid E., Laureys S., Greyson B., Tagliazucchi E., « Neurochemical models of near-death experiences: A large-scale study based on the semantic similarity of written reports », *Conscious Cogn.*, 2019, vol. 69, p. 52-69.

13. Hiromitsu K., Shinoura N., Yamada R., Midorikawa A., « Dissociation of the subjective and objective bodies: Out-of-body experiences following the development of a posterior cingulate lesion », *J Neuropsychol.*, 2020, vol. 14, n° 1, p. 183-192.

14. Blanke O., Ortigue S., Landis T., Seeck M., « Stimulating illusory own-body perceptions », *Nature*, 2002, vol. 419, n° 6904, p. 269-270.

15. Van Lommel P., van Wees R., Meyers V., Elfferich I., « Near-death experience in survivors of cardiac arrest: a prospective study in the Netherlands », *Lancet*, 2001, vol. 358, n° 9298, p. 2039-2045.

16. Dans le cas particulier de l'anoxie. Si l'état isoélectrique est provoqué par des anesthésiques, les propriétés fonctionnelles neuronales sont préservées.

17. Van Lommel P., « Near-death experiences: the experience of the self as real and not as an illusion », *Ann N Y Acad Sci.*, 2011, vol. 1234, p. 19-28.

18. Todman D., « John Carew Eccles (1903-1997) », *J Neurol.*, 2008, vol. 255, n° 6, p. 946-947. Fillenz M. « Memories of John Eccles. » *J Hist Neurosci.*, 2012, vol. 21, n° 2, p. 214-226.

19. Voir son discours du prix Nobel « The ionic mechanism of postsynaptic inhibition », 11 décembre 1963.

20. Eccles J.C. (éd.) *Brain and Conscious Experience. Study Week September 28 to October 4, 1964, of the Pontificia Academia Scientiarum.*, Springer-Verlag. 1966.

21. Eccles J.C., « Dualist-interactionism-My Story », dans *How the Self Controls Its Brain*, Springer-Verlag, 1994.

22. Eccles J.C., « Hypotheses relating to the brain-mind problem », *Nature*, 1951, vol. 168, p. 53-57.

23. Eccles J.C., « Evolution of consciousness », *Proc Natl Acad Sci USA*, 1992, vol. 89, n° 16, p. 7320-7324. Beck F., Eccles J.C. « Quantum aspects of brain activity and the role of consciousness », *Proc Natl Acad Sci USA*, 1992, vol. 89, n° 23, p. 11357-11361.

24. Eccles J.C., « A unitary hypothesis of mind-brain interaction in the cerebral cortex », *Proc R Soc Lond B Biol Sci.*, 1990, vol. 240, n° 1299, p. 433-451.

25. Un examen détaillé de cette théorie est donné par l'auteur dans *La Science de la résurrection*, Flammarion, 2020.

26. Eccles J.C., « Evolution of consciousness », *Proc Natl Acad Sci USA*, 1992, vol. 89, n°16, p. 7320-7324.

27. Beck F., « My odyssey with Sir John Eccles », *NeuroQuantology*, 2008, vol. 6, n° 2, p. 161-163.

28. Beck F., Eccles J.C., « Quantum aspects of brain activity and the role of consciousness », *Proc Natl Acad Sci USA*, 1992, vol. 89, n° 23, p. 11357-11361.

29. Charpier S., Behrends J.C., Triller A., Faber D.S., Korn H., « "Latent" inhibitory connections become functional during activity-dependent plasticity », *Proc Natl Acad Sci USA*, 1995, vol. 92, n° 1, p. 117-120.

3. La conscience invisible

1. Aristote. *Traité de l'Âme*. Traduit par R. Rodier, Ernest Leroux, 1900.

2. Leibniz, G.W., *La Monadologie*. 1714.

3. *Ibid.*

4. Finkelstein G., « The ascent of man? Emil du Bois-Reymond's reflections on scientific progress », *Endeavour: Review of the Progress of Science*, 2000, vol. 24, p. 129-132.

5. Piccolino M., Wade N.J.., « Carlo Matteucci (1811-1868), the "frogs pile", and the Risorgimento of electrophysiology », *Cortex*, 2012, vol. 48, n° 6, p. 645-646.

6. Il l'a nommé ainsi car elle était associée à une inversion de la polarité électrique entre l'intérieur et l'extérieur du nerf, laquelle est négative en absence d'excitation.

7. Hodgkin A.L., Huxley A., « A quantitative description of membrane current and its application to conduction and excitation in nerve », *J Physiol.*, 1952, vol. 117, n° 4, p. 500-544.

8. Du Bois-Reymond, E., « Limits of our knowledge of nature. » *Popular Science Monthly*, 1874, vol. 5, p. 17-32.

9. du Bois-Reymond, E., « The Seven World-Problems », *Popular Science Monthly*, 1882, vol. 20, p. 433-447.

10. Pecere, P., « Reconsidering the ignorabimus: Du Bois-Reymond and the hard problem of consciousness », *Science in Context*, 2020, vol. 33, n° 1, p. 1-18.

11. Fritsch G., Hitzig E., « Über die elektrische Erregbarkeit des Grosshirns », *Archiv für Anatomie und Physiologie*, 1870, vol. 37, p. 300-332.

12. Un autre nerf sensoriel aurait tout aussi bien fait l'affaire, comme le nerf optique ou le nerf acoustique, produisant respectivement une expérience visuelle ou auditive.

13. Levine J., « Materialism and Qualia: The Explanatory Gap », *Pacific Philosophical Quarterly*, vol. 64, n° 4, 1983, p. 354-361.

14. Chalmers D., « Facing up to the problem of consciousness », *Journal of Consciousness Studies*, 1995, vol. 2, n° 3, p. 200-219.

15. On peut faire le même raisonnement pour n'importe quelle *qualia*.

16. Interview avec David J. Chalmers dans *Neuron.*, 2023, vol. 111, n° 21, p. 3341-3343.

17. Même si on peut recourir à une échelle relative pour exprimer sa douleur, de 1 à 10 par exemple, celle-ci reste subjective.

18. On parle également de « théorie de l'identité », identité de nature entre la conscience et le cerveau.

19. Pour un développement philosophique de ces théories, voir l'excellent ouvrage de Paul M. Churchland : *Matter and consciousness*, The MIT Press, 2001.

20. Leibniz G.W., *Recherches générales sur l'analyse des notions et des vérités*, Rauzy, J.B. (éd.), PUF, 1998.

21. Penfield W., Boldrey E., « Somatic motor and sensory representation in the cerebral cortex of man as studied by electrical stimulation », *Brain*, 1937, vol. 60, p. 389-443.

22. Levin R.J., « The pharmacology of the human female orgasm – its biological and physiological backgrounds », *Pharmacol Biochem Behav.*, 2014, vol. 121 p. 62-70.

23. Discours à la radio de David Hilbert, 1930. (https://www.youtube.com/watch?v=EbgAu_X2mm4)

4. Trente théories

1. Lewis E.R., Macgregor R.J., « A natural science approach to consciousness », *J Integr Neurosci.*, 2010, vol. 9, n° 2, p. 153-191.

2. McFadden, J., « The conscious electromagnetic information (cemi) field theory: The hard problem made easy? », *Journal of Consciousness Studies*, 2002, vol. 9, n° 8, p. 45-60.

3. Ward L.M., « The thalamic dynamic core theory of conscious experience », *Conscious Cogn.*, 2011, vol. 20, n° 2, p. 464-486.

4. Laberge D., Kasevich R., « The apical dendrite theory of consciousness », *Neural Netw.*, 2007, vol. 20, n° 9, p. 1004-1020.

5. Morsella E., Godwin C.A., Jantz T.K., Krieger S.C., Gazzaley A., « Homing in on consciousness in the nervous system: An action-based synthesis », *Behav Brain Sci.*, 2016, vol. 39, e168.

6. Seth A.K., Bayne T., « Theories of consciousness », *Nat Rev Neurosci.*, 2022, vol. 23, n° 7, p. 439-452.

7. Penrose L.S., Penrose R., « Impossible objects: a special type of visual illusion », *Br J Psychol.*, 1958, vol. 49, n° 1, p. 31-33. Le second des auteurs n'est autre que le mathématicien et cosmologiste Roger Penrose, lauréat du prix Nobel de physique en 2020.

8. Berkeley G., *Principes de la connaissance humaine*, GF-Flammarion, 1991 [1710].

9. Baars B.J., *A Cognitive Theory of Consciousness*, Cambridge University Press, 1989.

10. J'ai eu la chance de faire mes premiers pas dans la recherche dans le même laboratoire que Michel Kerszberg (1951-2017), alors dans l'équipe du professeur Henri Korn (1934-2023) à l'Institut Pasteur. Physicien de formation, Michel Kerszberg avait une vision originale et exceptionnellement profonde du fonctionnement cérébral. Son humour et sa bonne humeur permanente furent une aide dans les moments difficiles de mon initiation à la neurophysiologie.

11. Dehaene S., Kerszberg M., Changeux J.P., « A neuronal model of a global workspace in effortful cognitive tasks », *Proc Natl Acad Sci USA*, 1998, vol. 95, n° 24, p. 14529-14534.

12. Cours de la chaire de Psychologie cognitive expérimentale du Collège de France en 2010. (https://podcastfichiers.college-de-france.fr/dehaene-20100112.pdf)

13. Dehaene S., Naccache L., « Towards a cognitive neuroscience of consciousness: basic evidence and a workspace framework », *Cognition*, 2001, vol. 79, n° 1-2, p. 1-37.

14. McIntosh A.R., Rajah M.N., Lobaugh N.J., « Interactions of prefrontal cortex in relation to awareness in sensory learning », *Science*, 1999, vol. 284, n° 5419, p. 1531-1533.

15. Tononi G., « An information integration theory of consciousness », *BMC Neurosci.*, 2004, vol. 5, p. 42.

16. Turing A.M., « Computing Machinery and Intelligence », *Mind*, 1950, vol. 49, p. 433-460.

17. Polger T.W., « Functionalism as a philosophical theory of the cognitive sciences », *WIREs Cogn Sci.*, 2012, vol. 3, p. 337-348.

18. Tononi G., Boly M., Massamini M., Koch C., « Integrated information theory: from consciousness to its physical substrate », *Nat. Rev. Neurosci.*, 2016, vol. 17, p. 450-461.

5. Les dimensions de la conscience

1. Laureys S., « The neural correlate of (un)awareness: lessons from the vegetative state », *Trends Cogn Sci.*, 2005, vol. 9, n° 12, p. 556-559.

2. Et pas seulement avec un cœur qui bat, car on peut avoir un cerveau mort (ce qui vous empêcherait de lire) avec un cœur fonctionnel, c'est le cas de la mort cérébrale.

3. D'où l'autre nom de cette phase de sommeil : REM-Sleep, pour *Rapid Eye Movement Sleep*.

4. Siclari F., Bernardi G., Cataldi J., Tononi G., « Dreaming in NREM Sleep: A High-Density EEG Study of Slow Waves and Spindles », *J Neurosci.*, 2018, vol. 38, n° 43, p. 9175-9185.

5. Caton R., « The electric currents of the brain », *Br Med J.*, 1875, vol. 2, p. 278.

6. Fatt P., Katz B., « Spontaneous subthreshold activity at motor nerve endings. » *J Physiol.*, 1952, vol. 117, n° 1, p. 109-128.

7. Brock L.G., Coombs J.S., Eccles J.C., « The recording of potentials from motoneurones with an intracellular electrode », *J Physiol.*, 1952, vol. 117, n° 4, p. 431-460.

6. Neurophysiologie de l'esprit libre

1. John Searle, *Liberté et neurobiologie*, Grasset, 2004.

2. Notons toutefois que même l'acte de monter dans le bus ou de traverser la route est une possibilité parmi d'autres, car nous pouvons aussi faire le libre choix d'aller à contre-courant.

3. Kornhuber H.H., Deecke L., « Readiness for movement – The Bereitschaftspotential Story », *Current Contents Life Sciences*, 1990, vol. 33, n° 4, p. 14.

4. Hubel D.H., Wiesel T.N., « Receptive fields of single neurones in the cat's striate cortex », *J Physiol.*, 1959, vol. 148, n° 3, p. 574-591.

5. Kuhn T., *The structure of scientific revolutions*, 1962. Tr. fr. : *La Structure des révolutions scientifiques*, Flammarion, 1970.

6. Deecke L. « Obituary », *J Neurol.*, 2010, vol. 257, p. 1599-1601.

7. Kornhuber H.H., « Human freedom and the brain », *Acta Neuropsychiatr.* 2009, vol. 21, n° spécial 2, p. 1-6.

8. Kornhuber H. H., Deecke L., *The Will and Its Brain: An Appraisal of Reasoned Free Will*, University Press of America (UPA), 2012.

9. Deecke, L., « Obituary », *J Neurol.*, *op. cit.*

10. Grinker R.R., Serota H., Stein S.I., « Myoclonic epilepsy », *Arch Neurol Psychiatry*, 1938, vol. 40, p. 968-980.

11. Nous l'avons démontré récemment dans mon équipe de recherche en enregistrant simultanément l'électroencéphalogramme, les contractions musculaires et les neurones de cette zone corticale au cours d'une crise d'épilepsie.

12. Nous verrons d'ailleurs que, quand cette zone cérébrale est activée, il devient impossible d'arrêter le mouvement à venir.

13. Jasper H., Penfield W., « Electrocorticograms in man: effect of voluntary movement upon the electrical activity of the precentral gyrus », *Arch. Psychiat. Nervenkr.*, 1949, vol. 183, p. 163.

14. Shvets T.B., *Conference on electrophysiology of higher nervous activity. Abstracts*, Moscou, 1958, p.138.

15. Rowland V., Goldstone M., « Appetitively conditioned and drive-related bioelectric baseline shift in cat cortex », *Electroencephalogr Clin Neurophysiol*, 1963, vol. 15, p. 474.

16. Walter W.G. « Slow potential waves in the human brain associated with expectancy, attention and decision », *Arch. Psychiatr. Nervenkr.*, 1964, vol. 206, p. 309.

17. Kornhuber H.H., Deecke L., « Hirnpotentialänderungen bei Willkürbewegungen und passiven Bewegungen des Menschen: Bereitschaftspotential und reafferente Potentiale », *Pflüger's Archiv für die gesamte Physiologie des Menschen und der Tiere*, vol. 284, n° 1, p. 1-17.

18. Cette précision est importante, car beaucoup de psychotropes (anxiolytiques, antidépresseurs, drogues d'abus…) agissent non seulement sur l'humeur ou l'état de vigilance mais aussi sur l'activité électrique neuronale, en la ralentissant ou en l'accélérant.

19. Jahanshahi, M. *et al.*, « Self-initiated versus externally triggered movements. I. An investigation using measurement of regional cerebral blood flow with PET and movement-related potentials in normal and Parkinson's disease subjects », *Brain*, 1995, vol. 118, p. 913-933.

20. Penfield W., Welch K., « The supplementary motor area in the cerebral cortex of man », *Transactions of the American Neurological Association*, 1949, vol. 74, p. 179-184.

21. Fried I. *et al.*, « Functional organization of human supplementary motor cortex studied by electrical stimulation », *J. Neurosci.*, 1991, vol. 11, p. 3656-3666. Mitz A.R., Wise S.P., « The somatotopic organization of the supplementary motor area: intracortical microstimulation mapping », *J. Neurosci.*, 1987, vol. 7, p. 1010-1021.

22. Nachev P., Kennard C., Husain M., « Functional role of the supplementary and pre-supplementary motor areas », *Nat Rev Neurosci.*, 2008, vol. 9, n° 11, p. 856-869.

23. Jenkins I.H., Jahanshahi M., Jueptner M., Passingham R.E., Brooks D.J., « Self-initiated versus externally triggered movements. II. The effect of movement predictability on regional cerebral blood flow », *Brain*, vol. 123, p. 1216-1228.

24. Lau H.C., Rogers R.D., Haggard P. & Passingham R.E., « Attention to intention », *Science*, 2004, vol. 303, p. 1208-1210.

25. Roland P.E., Larsen B., Lassen N.A., Skinhøj E., « Supplementary motor area and other cortical areas in organization

of voluntary movements in man », *J Neurophysiol.*, 1980, vol. 43, n° 1, p. 118-136.

26. Fried I., Katz A., McCarthy G., Sass K.J., Williamson P., Spencer S.S., Spencer D.D., « Functional organization of human supplementary motor cortex studied by electrical stimulation », *J Neurosci.*, 1991, vol. 11, n° 11, p. 3656-3666.

27. Un de mes maîtres à l'université, le professeur Pierre Buser (1921-2013), qui avait lui-même stimulé des patients, avait mentionné en cours des réactions plus insolites encore, comme le « cri de l'aire motrice supplémentaire » (cri d'effroi) ou une posture de protection avec un bras, ou encore, chez les patients alités, l'action de remonter lentement son drap jusqu'à la tête.

28. Laplane D., Talairach J., Meininger V., Bancaud J., Orgogozo J.M., « Clinical consequences of corticectomies involving the supplementary motor area in man », *J. Neurol. Sci.*, 1977, vol. 34, p. 301-314. Nachev P., Kennard C., Husain M., « Functional role of the supplementary and pre-supplementary motor areas », *Nat Rev Neurosci.*, 2008, vol. 9, n° 11, p. 856-869.

29. Della Sala S., Marchetti C., Spinnler, H., « Right-sided anarchic (alien) hand: a longitudinal study », *Neuropsychologia*, 1991, vol. 29, p. 1113-1127. Feinberg T.E., Schindler R.J., Flanagan N.G. & Haber L.D., « Two alien hand syndromes », *Neurology*, 1992, vol. 42, p. 19-24.

7. L'impossible libre arbitre

1. Libet B., *The History of Neuroscience in Autobiography*. Larry R. Squire (éd.) vol. 1, Society for Neuroscience, 1996.

2. Libet B., Gerard R.W., « Control of the potential rhythm of the isolated frog brain », *J Neurophysiol.*, 1939, vol. 2, p. 153-169.

3. Libet B., Gerard R.W., « Steady potential fields and neurone activity », *J Neurophysiol*, 1941, vol. 4, p. 438-455. L'origine et la fonction de ce phénomène électrique transcérébral,

qui existe aussi chez les mammifères, et même chez l'être humain, restent mystérieuses, tout comme le *bereitschaftspotential*, qui lui ressemble à bien des égards.

4. Eccles J.C., Libet B., Young R. R., « The behaviour of chromatolysed motoneurones studied by intracellular recording », *J Physiol*, 1958, vol. 143, p. 11-40.

5. Cushing H., « A note upon the faradic stimulation of the post-central gyrus in conscious patients », *Brain*, 1909, vol. 32, p. 44-53. Penfield W., Boldrey, E., « Somatic motor and sensory representation in the cerebral cortex of man as studied by electrical stimulation », *Brain*, 1937, vol. 60, p. 389–443.

6. Penfield W., « Some mechanisms of consciousness discovered during electrical stimulation of the brain », *Proc Natl Acad Sci USA*, 1958, vol. 44, n° 2, p. 51-66.

7. Libet B., Alberts W., Wright E., Delattre L., Levin G., Feinstein B., « Production of threshold levels of conscious sensation by electrical stimulation of human somatosensory cortex », *J Neurophysiol*, 1964, vol. 27, p. 546-578.

8. Libet B., Alberts W.W., Wright E.W. Jr, Feinstein B., « Responses of human somatosensory cortex to stimuli below threshold for conscious sensation », *Science*, 1967, vol. 158, n° 3808, p. 1597-1600.

9. Ehret G., Romand R., « Awareness and consciousness in humans and animals – neural and behavioral correlates in an evolutionary perspective », *Front Syst Neurosci.*, 2022, vol. 16, p. 941534.

10. Rodriguez E., George N., Lachaux J.P., Martinerie J., Renault B., Varela F.J., « Perception's shadow: long-distance synchronization of human brain activity », *Nature*, 1999, vol. 397, n° 6718, p. 430-433.

11. Altwegg-Boussac T., Schramm AE, Ballestero J., Grosselin F., Chavez M., Lecas S., Baulac M., Naccache L., Demeret S., Navarro V., Mahon S., Charpier S., « Cortical neurons and networks are dormant but fully responsive during isoelectric brain state », *Brain*, 2017, vol. 140, n° 9, p. 2381-2398.

12. Chipaux M., Vercueil L., Kaminska A., Mahon S., Charpier S., « Persistence of cortical sensory processing during absence

seizures in human and an animal model: evidence from EEG and intracellular recordings », *PLoS One*, 2013, vol. 8, n° 3, e58180.

13. Libet B., Gleason C.A, Wright E.W, Pearl D.K., « Time of conscious intention to act in relation to onset of cerebral activities (readiness-potential): The unconscious initiation of a freely voluntary act », *Brain*, 1983, vol. 106, p. 623-642.

14. Haggard P., Eimer M., « On the relation between brain potentials and the awareness of voluntary movements », *Exp. Brain Res.*, 1999, vol. 126, p. 128-133.

15. Matsuhashi M., Hallett M., « The timing of the conscious intention to move », *Eur. J. Neurosci.*, 2008, vol. 28, p. 2344-2351.

16. Soon C.S., Brass M., Heinze H.J., Haynes J.D., « Unconscious determinants of free decisions in the human brain », *Nat. Neurosci.*, 2008, vol. 11, p. 543-545.

17. Je précise que Benjamin Libet avait anticipé ce problème et évalué l'erreur de mesure de l'instant de la prise de conscience à quelques dizaines de millisecondes, ce qui ne change en rien la séquence temporelle : *bereitschaftspotential* → intention mentale.

18. Crick F., *The Astonishing Hypothesis: The Science Search for the Soul*, Scribner's, 1994.

19. Shibasaki H., Hallett M., « What is the Bereitschaftspotential? », *Clin. Neurophysiol.*, 2006, vol. 117, p. 2341-2356.

20. Fried I., Mukamel R., Kreiman G., « Internally generated preactivation of single neurons in human medial frontal cortex predicts volition », *Neuron.*, 2011, vol. 69, n° 3, p. 548-562.

21. En effet, les propriétés intrinsèques des neurones du cortex sont incapables à elles seules de façonner à long terme leur activité. Ainsi, des informations entrantes portées par les synapses sont toujours nécessaires.

22. Desmurget M., Reilly K.T., Richard N., Szathmari A., Mottolese C., Sirigu A., « Movement intention after parietal cortex stimulation in humans », *Science*, 2009, vol. 324, n° 5928, p. 811-813.

23. Schurger A., Sitt J.D., Dehaene S., « An accumulator model for spontaneous neural activity prior to self-initiated

movement », *Proc Natl Acad Sci USA*, 2012, vol. 109, n° 42, E2904-13.

8. Neurocentrisme

1. Searle J., « Theory of mind and Darwin's legacy », *Proc Natl Acad Sci USA*, 2013, vol. 110, n° spécial 2, p. 10343-10348.

2. Schopenhauer A., *Pensées et fragments*, tr. fr. J. Bourdeau, Félix Alcan, 1900.

3. Schopenhauer A., *Essai sur le libre arbitre*, Payot & Rivages, 2018.

4. Ici la notion de *moi* n'est pas celle de la psychanalyse, qui ne fut inventée qu'un demi-siècle plus tard ; elle représente plutôt l'ensemble du contenu de la conscience immédiate.

5. Son essai sur le libre arbitre ne fut publié qu'en 1841, avant la découverte des potentiels d'action par son compatriote Emil du Bois-Reymond.

6. Hallett M., « Volitional control of movement: the physiology of free will », *Clin Neurophysiol.*, 2007, vol. 118, n° 6, p. 1179-1192.

7. Schultze-Kraft M., Jonany V., Binns T.S., Soch J., Blankertz B., Haynes J.D., « Suppress Me if You Can: Neurofeedback of the Readiness Potential », *eNeuro*, 2021, vol. 8, n° 2.

8. Georgopoulos A.P., Schwartz A.B., Kettner R.E., « Neuronal population coding of movement direction », *Science*, 1986, vol. 233, n° 4771, p. 1416-1419. Georgopoulos A.P., Carpenter A.F., « Coding of movements in the motor cortex », *Curr Opin Neurobiol.*, 2015, vol. 33, p. 34-39.

9. Le niveau d'excitation d'un neurone du cortex moteur (E) lors d'un mouvement dans une direction donnée peut être prédit selon l'équation suivante : $E = 0.48 + 0.471 \cos \alpha$, où α est l'angle entre le mouvement en cours et la direction du mouvement pour laquelle le neurone possède une excitation maximale.

10. Agid Y., *Subconsciousness: Automatic Behavior and the Brain*, Columbia University Press, 2021.

11. Libet B., Wright E.W. and Gleason C.A., « Preparation – or intention-to-act, in relation to pre-event potentials recorded at the vertex », *Electroenceph. & Clin. Neurophysiology*, 1983, vol. 56, p. 367-372.

12. De La Tourette, G., « Étude sur une affection caractérisée par de l'incoordination motrice accompagnée d'écholalie et de coprolalie (jumping, Latah, Myriachit) », *Arch Neurol.*, 1885, vol. 9, p. 19-42.

13. Johnson K.A., Worbe Y., Foote K.D., Butson C.R., Gunduz A., Okun M.S., « Tourette syndrome: clinical features, pathophysiology, and treatment », *Lancet Neurol.*, 2023, vol. 22, n° 2, p. 147-158.

14. Obeso J.A., Rothwell C.R., Marsden C.D., « Simple tics in Gilles de La Tourette's syndrome are not prefaced by a normal premovement EEG potential », *J Neurol Neurosurg Psychiatry*, 1981, vol. 44, p. 735-738.

15. Karp B., Porter S., Toro C., Hallett M. « Simple motor tics may be preceded by a premotor potential », *J Neurol Neurosurg Psychiatry*, 1996, vol. 61, p. 103-106.

16. Libet B., « Do we have free will? », *Journal of Consciousness Studies*, 1999, vol. 6, n° 8-9, p. 47-57.

17. Il s'agit toujours de le faire dans le cadre de théories scientifiques, car une théorie complète ne doit souffrir d'aucune exception.

18. Pockett S., « The concept of free will: philosophy, neuroscience and the law », *Behav Sci Law*, 2007, vol. 25, n° 2, p. 281-293. Wegner D.M., *The Illusion of Conscious Will*, MIT Press, 2002.

19. Wegner D.M., Wheatley T., « Apparent mental causation: Sources of the experience of will », *American Psychologist*, 1999, vol. 54, p. 480-492.

9. L'étrange univers des zombis

1. *Shaun of the Dead*, Edgar Wright, 2005.

2. Charpier S., *La Science de la résurrection*, Flammarion, 2020.

3. Littlewood R., Douyon C., « Clinical findings in three cases of zombification », *Lancet*, 1997, vol. 350, n° 9084, p. 1094-1096.

4. Lobato-Freitas C., Brito-da-Costa A.M., Dinis-Oliveira R.J., Carmo H., Carvalho F., Silva J.P., Dias-da-Silva D., « Overview of Synthetic Cannabinoids ADB-FUBINACA and AMB-FUBINACA: Clinical, Analytical, and Forensic Implications », *Pharmaceuticals*, Bâle, 2021, vol. 14, n° 3, p. 186.

5. Adams A.J., Banister S.D., Irizarry L., Trecki J., Schwartz M., Gerona R., « "Zombie" Outbreak Caused by the Synthetic Cannabinoid AMB-FUBINACA in New York », *N Engl J Med*, 2017, vol. 376, n° 3, p. 235-242.

6. Lago J., Rodríguez L.P., Blanco L., Vieites J.M., Cabado A.G., « Tetrodotoxin, an Extremely Potent Marine Neurotoxin: Distribution, Toxicity, Origin and Therapeutical Uses », *Mar Drugs*, 2015, vol. 13, n° 10, p. 6384-6406.

7. Davis E.W., « The ethnobiology of the Haitian zombi », *J Ethnopharmacol.*, 1983, vol. 9, n° 1, p. 85-104.

8. Anderson W.H., « Tetrodotoxin and the zombi phenomenon », *J Ethnopharmacol.*, 1988, vol. 23, n° 1, p. 121-126.

9. Efthimiou C.J. et Gandhi S., « Cinema Fiction vs. Physics Reality: Ghosts, Vampires, and Zombies », *Skeptical Inquirer*, 2007, vol. 31, n° 4, p. 28-34.

10. Ropper A.H., « Unusual spontaneous movements in brain-dead patients », *Neurology*, 1984, vol. 34, n° 8, p. 1089-1092.

11. Kirk R., Squires J.E.R. « Zombies v. Materialists », *Aristotelian Society Supplementary*, 1974, vol. 48, n° 1, p. 135-164.

10. L'épiphénoménisme

1. Darwin C., *On the Origin of Species by Means of Natural Selection, or the Preservation of Favoured Races in the Struggle for Life*. Murray, 1859.

2. Huxley T.H. *Evidence as to Man's Place in Nature*, Williams & Norgate, 1863.

3. Huxley T.H. « On the Hypothesis That Animals Are Automata, and Its History », *Nature*, 1874, vol. 10, p. 362-366.

4. Spalding D.A., « Mind and Body. The Theories of their Relation », *Nature*, 1874, vol. 9, p. 178-179.

5. Williams M.S., Lecas S., Charpier S., Mahon S., « Phase-dependent modulation of cortical and thalamic sensory responses during spike-and-wave discharges », *Epilepsia*, 2020, vol. 61, n° 2, p. 330-341. Polack P.O., Mahon S., Chavez M., Charpier S., « Inactivation of the somatosensory cortex prevents paroxysmal oscillations in cortical and related thalamic neurons in a genetic model of absence epilepsy », *Cereb Cortex*, 2009, vol. 19, n° 9, p. 2078-2091.

6. James W., *The Principles of Psychology*, 2 vol., H. Holt, 1890.

7. Wittgenstein L., *op. cit.*, 1982.

8. Huxley T.H. « On the Hypothesis That Animals Are Automata, and Its History », *Nature*, 1874, vol. 10, p. 365.

9. *Ibid.*

10. *Ibid.*

11. On pourrait même parler de révolution scientifique, car il s'agit d'un changement de paradigme radical dans la conception des relations entre la conscience et le cerveau.

12. *Journal des débats politiques et littéraires. Revue des Sciences*, vendredi 07 août 1874.

11. Les zombis neurophysiologiques

1. Tissot S., *Traité de l'épilepsie. Faisant le tome troisième du traité des nerfs et de leurs maladies*, P.F. Didot le Jeune, 1770.

2. Chipaux M., Vercueil L., Kaminska A., Mahon S., Charpier S. « Persistence of cortical sensory processing during absence seizures in human and an animal model: evidence from EEG and intracellular recordings », *PLoS One*, 2013, vol. 8, n° 3, e58180.

3. Cavanna A., Monaco F., « Brain mechanisms of altered conscious states during epileptic seizures », *Nat Rev Neurol*, 2009, vol. 5, p. 267-276.

4. Williams M.S., Lecas S., Charpier S., Mahon S., « Phase-dependent modulation of cortical and thalamic sensory responses during spike-and-wave discharges », *Epilepsia*, 2020, vol. 6, n° 2, p. 330-341.

5. Polack P.O., Guillemain I., Hu E., Deransart C., Depaulis A., Charpier S., « Deep layer somatosensory cortical neurons initiate spike-and-wave discharges in a genetic model of absence seizures », *J Neurosci.*, 2007, vol. 27, n° 24, p. 6590-6599.

6. *In* Temkin O., *The Falling Sickness*. Johns Hopkins University Press, 1971, p. 122.

7. Hughlings-Jackson J., « On a particular variety of epilepsy ("intellectual aura"), one case with symptoms of organic brain disease », *Brain*, 1888, vol. 11, p. 179-207.

8. Penfield W., « Some Mechanisms of Consciousness Discovered During Electrical Stimulation of the Brain », *Proc Natl Acad Sci USA*, 1958, vol. 44, n° 2, p. 51-66.

9. *Selected Writings of John Hughlings Jackson*, vol. 1. Taylor J. (éd.) Basic Books, 1958, p. 458-463.

10. Hughlings Jackson J., Colman W.S., « Case of epilepsy with tasting movements and "dreamy state" – very small patch off softening in the left uncinate gyrus », *Brain*, 1898; vol. 21, p. 580-590.

11. Zeman A.Z.J., Boniface S.J., Hodges J.R., « Transient epileptic amnesia: a description of the clinical and neuropsychological features in 10 cases and a review of the literature », *Journal of Neurology, Neurosurgery & Psychiatry*, 1998, vol. 64, p. 435-443.

12. Von Der Heide R.J., Skipper L.M., Klobusicky E., Olson I.R., « Dissecting the uncinate fasciculus: disorders, controversies and a hypothesis », *Brain*, 2013, vol. 136, n° 6, p. 1692-1707.

13. Sacquegna T., Pazzaglia P., Baldrati A., De Carolis P., Gallassi R., Maccheroni M., « Status epilepticus with cognitive

symptomatology in a patient with partial complex epilepsy », *Eur Neurol.*, 1981, vol. 20, n° 4, p. 319-325.

14. Barraclough B.M., « The suicide rate of epilepsy. » *Acta Psychiatr Scand*, 1987, vol. 43, p. 644-651.

15. Taylor D.C., Marsh S.M., « Hughlings Jackson's Dr Z: the paradigm of temporal lobe epilepsy revealed », *J Neurol Neurosurg Psychiatry*, 1980, vol. 43, p. 758-767.

16. Penfield W., « Psychical Seizures », *Br. Med. J*, 1946, vol. 2, p. 639–641. Penfield W., « Some Mechanisms of Consciousness Discovered During Electrical Stimulation of the Brain », *Proc Natl Acad Sci USA*, 1958, vol. 44, n° 2, p. 51-66.

17. Fish D.R., « Psychic seizures » *in* Engel J. Jr, Pedley T.A. (éds.), *Epilepsy: A Comprehensive Textbook*,, Lippincott-Raven Publishers, 1997, p. 543-548. Gnanamuthu C., « Confusional states and seizures », *Postgraduate Medicine*, 1988, vol. 84, n° 2, p. 149-158.

18. Penfield W., *op. cit.*, 1946. Penfield W., Jasper H., *Epilepsy and the Functional Anatomy of the Brain*, Churchill Livingstone, 1954.

19. Penfield W., *op. cit.*, 1946.

20. International League Against Epilepsy, « Proposal for revised clinical and electroencephalographic classification of epileptic seizures. From the Commission on Classification and Terminology of the International League Against Epilepsy », *Epilepsia*, 1981, vol. 22, p. 489-501.

21. Cambier. J., « Dostoïevski épileptique : un hémisphère droit aux abois », *Bull Acad Natl Méd*, 2021, vol. 205, n° 6.

22. Dostoïevski F. M., *L'Idiot*, Books On Demand, 2022.

23. Kovalevskaïa S.V., « Souvenirs d'enfance », *in Dostoïevski vivant*, Gallimard, 1972, p. 173-174.

24. Selimbeyoglu A., Parvizi J., « Electrical stimulation of the human brain: perceptual and behavioral phenomena reported in the old and new literature », *Front Hum Neurosci.*, 2010, vol. 4, p. 46.

25. Laplane D., Baulac M., Pillon B., Panayotopoulou-Achimastos I., « Perte de l'auto-activation psychique. Activité

compulsive d'allure obsessionnelle. Lésion lenticulaire bilatérale », *Rev Neurol*, 1982, vol. 138, p. 137-141. Laplane D., Baulac M., Widlocher D., Dubois B., « Pure psychic akinesia with bilateral lesions of basal ganglia », *J Neurol Neurosurg Psychiatry*, 1984, vol. 47, p. 377-385.

26. Dide M., Guiraud P., *Psychiatrie du médecin praticien*. Masson, 1922.

27. Ali-Chérif A., Royère M.L., Gosset A., Poncet M., Salamon G., Khalil R., « Troubles du comportement et de l'activité mentale après intoxication oxycarbonée. Lésions pallidales bilatérales », *Rev Neurol*, 1984, vol. 140, p. 401-405.

28. Trillet M., Croisile B., Tourniaire B., Schott B., « Perturbations de l'activité motrice volontaire et lésions des noyaux caudés », *Rev Neurol*, 1990, vol. 146, p. 338-344.

29. Kaphan E., Barbeau E., Royère M.L., Guedj E., Pelletier J., Ali-Chérif A., « Ganser-like syndrome after loss of psychic self-activation syndrome: psychogenic or organic? », *Arch Clin Neuropsychol.*, 2014, vol. 29, n° 7, p. 715-723.

30. Ganser S.J., « Über einen eigenartigen hysterischen Dämmerzustand », *Arch Psychiatr Nervenkr*, 1898, vol. 30, p. 633-640.

31. Dieguez S., « Ganser Syndrome. Neurologic-Psychiatric Syndromes in Focus. Part II – From Psychiatry to Neurology », *Front Neurol Neurosci.*, 2018, vol 42, p. 1-22.

32. Damásio A.R., Van Hoersen G.W., « Emotional disturbances associated with focal lesions of the limbic frontal lobe », *in* Heilman K.M., Satz P. (éds.) *Neuropsychology of human emotion*, The Guilford Press, 1983.

12. Occuper l'espace conscient

1. Fiset P., Paus T., Daloze T., Plourde G., Meuret P., Bonhomme V. *et al.*, « Brain mechanisms of propofol-induced loss of consciousness in humans: a positron emission tomographic study », *Journal of Neuroscience*, 1999, vol. 19, p. 5506-5513.

2. Mahon S., Deniau J.M., Charpier S., « Relationship between EEG potentials and intracellular activity of striatal and cortico-striatal neurons: an in vivo study under different anesthetics », *Cereb Cortex*, 2001, vol. 11, n° 4, p. 360-373.

3. Hattori N., Huang S.C., Wu H.M., Yeh E., Glenn T.C., Vespa P.M. *et al.*, « Correlation of regional metabolic rates of glucose with Glasgow coma scale after traumatic brain injury », *Journal of Nuclear Medicine*, 2003, vol. 44, p. 1709-1716.

4. Husain A.M., « Electroencephalographic assessment of coma », *J Clin Neurophysiol*, 2006, vol. 23, n° 3, p. 208-220.

5. Voir Charpier S.. *La Science de la résurrection*, Flammarion, 2020, pour une description détaillée de l'état de mort cérébrale.

6. Chipaux M., Vercueil L., Kaminska A., Mahon S., Charpier S., « Persistence of cortical sensory processing during absence seizures in human and an animal model: evidence from EEG and intracellular recordings », *PLoS One*, 2013, vol. 8, n° 3, e58180.

7. Jennett B., Plum F., « Persistent vegetative state after brain damage, A syndrome in search of a name », *Lancet*, 1972, vol. 1, n° 7753, p. 734-737.

8. Hermann B., Sangaré A., Munoz-Musat E., Salah A.B., Perez P., *et al.*, « Importance, limits and caveats of the use of "disorders of consciousness" to theorize consciousness », *Neurosci Conscious.*, 2022, vol. 2021, n° 2, niab048.

9. Giacino J.T., Ashwal S., Childs N., *et al.*, « The minimally conscious state: definition and diagnostic criteria », *Neurology.* 2002, vol. 58, n° 3, p. 349-353.

10. Barlow P., « A practical review of the Glasgow Coma Scale and Score », *Surgeon.* 2012, vol. 10, n° 2, p. 114-119.

11. Osterman J.E., Hopper J., Heran W.J., Keane T.M., van der Kolk B.A., « Awareness under anesthesia and the development of posttraumatic stress disorder », *Gen Hosp Psychiatry,* 2001, vol. 23, n° 4, p. 198-204.

Épilogue

1. Humphrey N., *Soul Dust: The Magic of Consciousness*, Princeton University Press, 2011.

2. Dennett D.C., *Consciousness Explained*, Brown, 1991.

3. Kaufman L., Kaufman J.H., « Explaining the moon illusion », *Proc Natl Acad Sci USA* 2000, vol. 97, n° 1, p. 500-505.

4. Silhol R., « Les rêves de Descartes », *Cahiers Charles V*, 1989, n° 11 « Psychanalyse et littérature », p. 189-204.

5. Mollaret P., Goulon M., « Le coma dépassé », *Rev. Neurol.*, 1959, vol. 101, p. 3-15.

6. La circulation sanguine intracrânienne est fréquemment interrompue chez ce type de patients.

7. Descartes, R. *Discours de la méthode pour bien conduire sa raison et chercher la vérité dans les sciences, plus la Dioptrique, les Météores et la Géométrie, qui sont des Essais de cette Méthode*, chapitre IV, 1637.

8. Mollaret P., *In Les acquisitions médicales récentes – 1959. La réanimation respiratoire à l'hôpital Claude-Bernard.* Éditions médicales Flammarion, 1959, p. 18-19.

9. Le « pouce renversé », renvoyant au geste de la foule de la Rome antique pour condamner à la mort un gladiateur qui a perdu son combat.

10. « A definition of irreversible coma. Report of the Ad Hoc Committee of the Harvard Medical School to Examine the Definition of Brain Death », *JAMA*, 1968, vol. 205, p. 337-340.

11. « *Être, c'est être perçu.* »

12. Wigner E.P., « Remarks on the Mind-Body Question », *In* Mehra J. (éd.), *Philosophical Reflections and Syntheses. The Collected Works of Eugene Paul Wigner*, vol. B, Springer, 1995.

13. Ponte G., Chiandetti C., Edelman D.B., Imperadore P., Pieroni E.M., Fiorito G., « Cephalopod Behavior: From Neural Plasticity to Consciousness », *Front Syst Neurosci.*, 2022, vol. 15, p. 787139.

REMERCIEMENTS

Je souhaite remercier chaleureusement mes étudiants de la Sorbonne. Les discussions stimulantes que nous avons eues, durant mes cours et en dehors, ont grandement nourri ce livre. Il leur est en grande partie dédié.

Je remercie également Ambre pour sa lecture attentive et ses critiques constructives, bien que subjectives.

Je tiens à exprimer ma sincère gratitude à mon éditeur Christian Counillon, qui, depuis mes premiers pas dans l'« univers des livres », n'a cessé de me soutenir, de m'encourager et de me gratifier de ses conseils avisés.

CRÉDITS

p. 41 – Australian National University Archives. ANUA 225/359. Staff portrait of Sir John Eccles, c. 1960s.

p. 113 – Photo par Jürgen C. Aschoff / CC BY-SA 4.0

p. 117 – © Lüder Deecke

p. 124 – © akg-images / Album / Hawk Films Prod / Columbia

p. 129 – Courtesy of UCSF Archives and Special Collections.

p. 167 – © Andrew Cowie / Shutterstock

p. 181 – © Image Ten / Kobal / Shutterstock

p. 195 – © Christine_Kohler / iStock Photo

Infographies – Laurent Blondel © Albin Michel

TABLE

Avant-propos 5

Chapitre premier. Quelque chose de plus 15
De van Gogh à Memling 16
Expérience de pensée 17
Ce que Marie ne pouvait pas savoir 19
Une impossible définition 22
Tautologies 23
Un concept primaire 26
Questionner l'indicible 27

Chapitre 2. Conscience et cerveau 31
Un dualisme bien ancré 33
Quand la conscience quitte le corps 34
Une conscience désincarnée 37
John Eccles et le monde des psychons 40
Les quanta de la conscience 44

Chapitre 3. La conscience invisible 49
L'énigme du moulin 50
La variation négative 52
Ignorabimus 55
Le mystère du nerf trijumeau 57
Peut-on mesurer l'indicible ? 59
Les deux faces d'une même pièce 61
Sortir de l'impasse 64

Chapitre 4. Trente théories 65
Entre gaz et liquide 66
Ordre supérieur 68
Conscience et réalité 69
Espace de travail 73
Conscience et computation 77
Les axiomes de la conscience 80
Panpsychisme 83
Repenser la conscience 85

Chapitre 5. Les dimensions de la conscience 87
La vie en 2D 88
Voyage dans l'espace conscient 90
La conscience électrique 93
La conscience vue de l'intérieur des neurones 95
Musiques neuronales 97
Une dimension à part 100
À quoi sert le « quelque chose de plus » ? 103

Chapitre 6. Neurophysiologie de l'esprit libre 105
Cerveau et liberté 107
Le printemps 1964 108
Comment Kornhuber voyait le monde 111
Réflexe intellectuel 114
Retour vers le passé 116
Le bereitschaftspotential 118
Les mystères de l'aire motrice supplémentaire 121
Un carrefour entre négligence motrice et libre arbitre 123

Chapitre 7. L'impossible libre arbitre 127
Un rêve ukrainien 128
De la grenouille à la conscience 131
Le temps de l'expérience consciente 132
L'horloge magique 136
Une conscience en retard… 140
« Juste une illusion » ? 141

Les neurones de la préconscience 145
Big Bang neuronal ? 149
L'hypothèse du hasard synaptique 151

Chapitre 8. Neurocentrisme 155
Le naïf de Schopenhauer 156
Dans les rouages du monde neuronal 159
Les lois cachées du mouvement 163
Viser les perches 165
La liberté par l'interdit ? 168
Sommes-nous les auteurs de nos actes ? 172
Coupable mais pas responsable 176

Chapitre 9. L'étrange univers des zombis 179
George Romero chez les Bokos 180
De la marijuana au poisson-globe 185
Et s'il n'en reste qu'un… 192
Zulliver à la rescousse 193
Je ne pense pas, mais je suis 197

Chapitre 10. L'épiphénoménisme 201
Le bulldog de Darwin 202
L'invention de l'épiphénoménisme 205
Huxley et les automates conscients 208
Le sergent F : le zombi zéro ? 212

Chapitre 11. Les zombis neurophysiologiques 215
Crises de conscience 216
État de rêve 221
Aux sources du « déjà-vu » 222
Les errances du bon docteur Z 225
Status epilepticus 228
Comme des pensées forcées 231
Extase neuronale 234
La fabrique de la pensée 236
V comme vide mental 240

Hystérie crépusculaire 244
Du danger de perdre l'esprit 245

Chapitre 12. Occuper l'espace conscient 249
Comment localiser l'inconscience................................. 251
Transgresser la règle.. 253
Le nouvel espace conscient a-t-il des limites ? 256
Les zombis de l'espace… conscient 258
Expériences de mort imminente et « sous anesthésie » 259

Épilogue. Un épiphénomène merveilleux 265
Carnets de voyage 266
Illusionnisme contre épiphénoménisme 268
Être conscient, être vivant 271
Besoin d'intériorité... 276
Mais à quoi sert la conscience ?..................................... 280
La conscience, le monde et l'Homme 283
Un chat dans sa boîte 285
De l'enchantement d'être conscient............................... 287

Notes 291
Remerciements 313
Crédits... 315

Retrouvez toute l'actualité des éditions Albin Michel
sur notre site albin-michel.fr
et suivez-nous sur les réseaux sociaux
Instagram : editionsalbinmichel
Facebook : Éditions Albin Michel
YouTube : Editions Albin Michel

Composition : Pixellence
Impression : CPI Firmin-Didot en octobre 2025
Éditions Albin Michel
22, rue Huyghens, 75014 Paris
www.albin-michel.fr
ISBN : 978-2-226-49444-3
N° d'édition : 25941/02 - N° d'impression : 186146
Dépôt légal : mai 2025
Imprimé en France